本书由"南疆纺织业发展与社会稳定研究"（编号：XJEDU040116B03）课题提供经费支持

A STUDY ON THE ASSISTANCE OF EASTERN REGION AND
THE IMPROVEMENT OF XINJIANG'S SELF-DEVELOPMENT ABILITY FROM
THE PERSPECTIVE OF INDUSTRIAL TRANSFER

产业转移视角下东部地区援助与新疆自我发展能力提升研究

李志翠◎著

经济管理出版社
ECONOMY & MANAGEMENT PUBLISHING HOUSE

图书在版编目（CIP）数据

产业转移视角下东部地区援助与新疆自我发展能力提升研究/李志翠著. —北京：
经济管理出版社，2017.12
ISBN 978-7-5096-5608-2

Ⅰ. ①产…　Ⅱ. ①李…　Ⅲ. ①不发达地区—区域经济发展—研究—新疆
Ⅳ. ①F127.45

中国版本图书馆 CIP 数据核字（2017）第 316422 号

组稿编辑：丁慧敏
责任编辑：丁慧敏
责任印制：司东翔
责任校对：王淑卿

出版发行：经济管理出版社
　　　　　（北京市海淀区北蜂窝 8 号中雅大厦 A 座 11 层　100038）
网　　址：www. E-mp. com. cn
电　　话：（010）51915602
印　　刷：北京玺诚印务有限公司
经　　销：新华书店
开　　本：720mm×1000mm/16
印　　张：14.25
字　　数：231 千字
版　　次：2017 年 12 月第 1 版　　2017 年 12 月第 1 次印刷
书　　号：ISBN 978-7-5096-5608-2
定　　价：48.00 元

前　言

以东部省市为主导的新一轮对口援疆工作是中央对新疆工作总体部署的重要组成部分。同时随着资源、要素价格等的不断上涨和经济结构转型升级不断深入，东部地区需要向外转移的产业规模也在快速增长。在此背景下，以新疆这个具有特殊战略地位更是实现区域均衡发展的重点难点区域为研究典型，系统研究东部援助（以东部省市为主要支援方的新一轮对口援疆）和产业转移对新疆自我发展能力提升的作用机理和作用效果，准确把握对口援助与新疆经济社会发展的现实进展，不仅对于有序推进产业转移和对口援疆工作具有重要的现实意义，也有助于在理论上研究政府主导下的产业援助和转移规律及特征，丰富以市场化为主导的产业转移理论研究内容。

本书在对国内外相关研究文献进行细致梳理的基础上，针对现有研究的不足，将研究重点集中从三方面来展开：一是基础研究，即研究东部援助、产业转移与新疆经济社会发展进展，主要反映东部援助的进展及成效，产业援疆与新疆承接产业转移的进展及特征，新疆及各地州市经济发展进展及特征等；二是理论研究，即产业援助及转移与新疆自我发展能力提升的理论研究，主要内容是构建我国区域间产业份额空间分布变动与区域经济发展作用的理论模型，揭示东部产业援助及转移与新疆各主要经济变量（经济增长、市场规模、收入差距变动等）之间内在作用关系，并进一步从影响新疆承接产业援助及转移的主要因素入手，分析各影响因素对新疆自我发展能力提升的作用机制；三是实证研究，主要内容是评价新疆各地州市承接优势与自我发展能力的具体演变，检验东部援助、产业转移对新疆自我发展能力提升的具体表现，遴选出新疆具有显著承接优势的具体行业，对援疆政策的有效性进行评价等。因此，深入探究东部援助和产业转移对新疆自我发展能力提升效果还有待加强的原因，并提出具体的对策建议。

综合来看，本书在理论研究和实证分析方面的主要研究结论和观点如下：

第一，通过构建我国区域间产业份额空间分布变动与区域经济发展作用的理论模型的推演发现：在市场机制作用下，产业份额的空间分布主要是由市场规模决定的，东部地区市场规模越大，该区域的产业份额越高（产业份额的空间分布更集中），全国经济增长率也越高，但新疆与东部区域实际收入差距也会加剧。要改变这种产业分布非对称情况下的自我强化机制，促进新疆这样的欠发达地区的经济发展，就需要政府进行政策干预，这为政府对不同经济发展区域实施差别化的干预政策提供了强有力的理论支持。

第二，形成了东部产业援助及转移与新疆自我发展能力提升之间的理论分析框架。即由比较优势和集聚优势决定的承接优势是影响区域自我发展能力的最根本因素，其中比较优势对承接规模和承接产业的类型起主要作用，集聚优势对承接模式和承接的根植性起主要作用，承接规模、承接产业类型和承接模式是影响区域自我发展能力提升的短期因素，承接模式与承接根植性是影响区域自我发展能力提升的长期因素。改善东部产业援助及转移对区域自我发展能力提升的效果需要从影响因素着手。

第三，分别构建更全面、更科学的相对指标体系和绝对指标体系对新疆各地州承接优势和自我发展能力演变轨迹进行客观呈现和评价。综合来看，新疆各地州市承接优势和自我发展能力可以分为三个梯度：最高的地区是乌鲁木齐市、昌吉州、伊犁州直属县市、克拉玛依市；最低的地区是和田地区、克州、吐鲁番地区、喀什地区和塔城地区；其余地州市处于中间位次。

第四，产业援助和转移对新疆自我发展能力提升的计量回归结果表明：产业援助及转移对于提高新疆当地人均 GDP、第二产业增加值所占份额、农村居民收入和规模以上工业企业个数具有显著正向作用，而其对于第三产业增加值所占份额、城镇居民收入、工业集聚度等没有显著作用，说明当前其对于新疆自我发展能力提升效果还不够；同时，基于倾向得分匹配法对政府新一轮援疆政策的有效性评价，也发现政策效果不够显著，这也能大致说明东部援助和产业转移对新疆自我发展能力提升的效果还有待提高。

第五，遴选出的新疆具有显著承接优势的行业主要有石油和天然气开采业、石油炼焦及核燃料加工业、黑色金属冶炼及压延加工业、化学纤维制造业、化学原料及化学制品制造业、电力热力的生产和供应业等行业，同时承接优势在资源型行业的下游呈现出逐渐增强的演变特征，一定程度上说明新疆石油工业一支独大的产业结构不合理状况开始好转。

第六，问卷调查和典型案例研究发现：民生和教育援疆满意度最高，调查对象的民族、地域分布、户口性质、收入及职业等对援疆成效评价存在显著差异；援疆过程中存在援疆资源缺乏有效整合、援疆项目成长性差、相关政府部门和民众参与不够、援疆干部人才水土不服等问题；总结典型案例，归纳出六种产业援疆的典型模式。

第七，指出借助东部援助和产业转移提升新疆自我发展能力的思路：一是需要整合双方资源，通过援疆资源的流量，盘活新疆资源的存量（围绕区域特色优势产业及其延伸产业链所需的关键节点，集中承接和培育当地具有潜力的企业，真正形成根植于当地经济的产业集聚群）；二是通过差别化政策支持，提高新疆的收入水平和消费能力，彻底改变新疆由于市场规模小而必然带来的产业份额低和自我发展能力差的问题。

目　录

图目录

表目录

第1章 导 论

　　新疆的发展和稳定在我国现代化建设全局中具有特殊重要的战略地位，但当前其发展和稳定仍然面临许多特殊困难和严峻挑战，为此，中央专门召开新疆工作座谈会，新一轮对口援疆工作的实施是中央对新疆工作总体部署的重要组成部分。我国东部地区，一方面，由于具有较高的经济发展水平，而在新一轮对口援疆中承担更多责任和期许；另一方面，随着"十二五"期间资源、要素价格等的不断上涨和经济结构转型升级不断深入，需要向外转移的产业规模也在快速增长。在此背景下，从产业转移的视角，将东部援助和新疆自我发展能力提升结合起来，全面分析新一轮对口援疆工作开启以来，以产业援疆为主要内容的东部援助的现实进展及特征，客观评价其对新疆自我发展能力提升的影响和效果，调查、总结援疆工作中存在的主要问题，不仅有助于实践中更好地指导对口援疆工作的顺利推进，促进新疆长治久安，更有助于在理论上研究政府主导下的产业转移演变规律及特征，丰富一般意义上以市场化为主导的产业转移理论研究内容。

1.1　研究背景与研究意义

1.1.1　研究背景

　　新疆是地处祖国西部的民族地区，其发展和稳定在我国现代化建设全局中具有特殊重要的战略地位，中央对新疆有着精准的定位：新疆不仅是我国重要的能源资源战略基地和西部大开发的重点地区，更是我国向西开放的重要门户和西北边疆的战略屏障，为此，促进新疆经济社会的发展是一项重大而紧迫的任务，事关我国改革发展大局。由于历史、自然和社会等多方面原因，相对于我国东部沿海地区和其他内陆地区，新疆的发展和稳定仍然面临许多特殊困难和严峻挑战：截至 2015 年，新疆仍还有 35 个贫困县（含自治区级），3029 个贫困村，60 万贫困户，219 万贫困人口，扶贫、脱贫任务十分艰巨；受境内外"三股势力"干扰，社会不稳定因素增加，2009 年在乌鲁木齐市发生的"7·5 事件"就是明证，新疆正处在发展和稳定的关键时期。在此背景下，中央专门召开新疆工作座谈会，部署推进新疆跨越式发展和长治久安的一系列重要决策，对口援疆政策是中央对新疆工作总体部署的重要组成部分。新一轮对口支援不仅有利于加强各民族团结，更有助于加强边疆与内地的联系，增强新疆自我发展能力，实现长治久安。

随着我国东部沿海地区资源、要素价格的不断上涨和中西部区域市场规模和产业承接条件的进一步提升，我国区际产业转移进入规模越来越大、层次越来越高的新阶段。进一步来看，不断加速发展的国内区际产业转移，为东部地区在新一轮对口援疆工作中借助产业援疆、促进当地不具备比较优势的产业向新疆转移带来了有利契机。由于产业援疆主要形式的产业转移，是在政府的主导作用下推进的，这种形式的产业转移与通常意义上以市场为主导力量的产业转移有很大的区别。实践中以市场为主导的产业转移对于产业转出地和承接区具有双重影响：一方面，在对承接区的就业增加和经济增长产生了显著效果的同时，也带来了资源环境压力增加、产业结构升级缓慢等不容忽视的问题；另一方面，东部转出区受到产业转出的影响，使得部分经济发展指标增速放缓的同时，也为其产业结构优化升级腾出了空间，更有助于高附加值产业集聚在东部发达地区。而新一轮对口援疆工作中，东部沿海地区作为新一轮对口援疆工作支援方的主力地区，通过对新疆经济、教育、科技、人才等多个领域的援助，具体参与新疆各受援地区的援建工作，这样有助于东部地区在参与新疆的具体援建工作中准确把握各受援地区的承接优势和承接需求，而且有助于提升产业转移的积极效果，降低产业承接的消极作用。为此，在新一轮对口援疆实施和区际产业转移加速发展的背景下，以新疆这一不仅具有特殊战略地位，更是实现区域均衡发展的重点难点区域为研究典型，系统研究东部援助（以东部省市为主要支援方的新一轮对口援疆）和产

业转移对于新疆自我发展能力提升的作用机理和作用效果,系统分析对口援助的
进展及成效,新疆承接产业援助及转移的规模、行业特征、承接模式,新疆各地
州市承接优势与自我发展能力演变轨迹,东部援助和产业转移对于新疆自我发展
能力提升的具体表现等内容构成本研究的重点内容。

1.1.2 研究意义

当前我国区际(区域间)产业转移与国际间产业转移有着较大差异,我国区
域间已有的产业转移的客观实际与传统国际产业转移理论在转移的条件、动因、
模式及区位选择等方面出现了较大的背离,主要体现在:一方面,东中西部区域
间没有按照理论预期那样发生大规模的产业转移,只发生了部分的相对产业转
移;另一方面,部分技术密集型产业先于劳动密集型产业进行转移。同时,在我
国区际产业转移进入加速发展的新阶段,区域差距仍在扩大的问题并没有从根本
上得到扭转,而区域差距的实质是产业发展差距,这使得我国区际产业转移不仅
是顺应产业结构调整、优化产业布局的客观需要,更肩负着缩小区域发展差距、
统筹区域协调发展的时代使命。在此背景下,以新疆这一实现区域协调发展的重
点难点区域,同时具有特殊战略地位的省份为典型,系统研究以东部省市为主要
支援方推进实施的新一轮对口援疆工作对于新疆承接东部产业转移与自我发展能
力提升的作用效果和影响,不仅对于落实中央新疆工作座谈会精神,实现新疆的
长治久安具有重要的现实意义,同时,也具有丰富现有的以市场力量为主导的产
业转移理论的理论价值。

1.1.2.1 理论意义

第一,对产业转移对于转出区和承接地经济社会发展的作用机理进行了深入
探讨,构建了基于比较优势和集聚优势(竞争优势)的产业转移理论分析框架。
现有的主流经济学中产业转移理论主要包含两方面:一是较早形成的基于比较优
势的产业转移理论,如雁行形态理论、边际产业扩张理论、产品生命周期理论、
国际生产折中理论等,它是将国际贸易理论和对外直接投资理论纳入统一的比较
优势分析框架下发展起来的,产业转移理论认为,比较优势是由地区的初始禀赋
外生决定的,产业要在具有比较优势的地区进行布局,随着地区比较优势发生变
化,导致产业在不同区域转移;二是在新经济地理学基础上形成的基于集聚优势

的产业转移理论，该理论与比较优势理论最大的区别是将经济活动的空间结构内生化，通过分析产业集聚演进过程中集聚效果带来的竞争优势的提升，使得产业沿着集聚区位产生中心—边缘的转移。综合来看，这两种理论对于产业转移的解释都有其突出的优点和不足。为此，本书尝试将这两种理论结合起来，将初始要素禀赋差异与经济活动空间内生化结合起来，构造了更合理的研究区际产业转移的分析框架，进而揭示出转出区和承接地产业份额空间分布的变动与经济增长、收入差距等主要经济变量之间的关系及内在影响机制，并基于资源优化配置的视角，分析了承接优势、承接规模、承接产业类型、承接模式、承接产业根植性等主要影响产业转移的因素之间的关系及其对新疆自我发展能力提升的作用机理。

第二，从产业组织优化的视角对产业转移的本质进行了更深入的认识。现有的对产业转移的界定更多是从产业演变层面对产业转移现象的描述，更强调产业转移对于产业结构调整优化的作用。笔者认为，企业作为产业转移的微观主体，只有转移企业和当地企业通过分工合作，形成有效竞争的市场结构，才能实现资源在产业间合理的流动和配置，才能获得良好的市场绩效，进而形成合理的产业结构。所以说，合理的产业组织形式，是产业结构调整优化的基础，要通过产业转移实现产业结构调整优化的目标，应从寻求产业转移与产业组织优化的内在关系入手。现有的理论研究普遍认为，产业的空间集聚发展已成为当代产业组织演进的基本路径，产业集群是其组织载体，它主要是通过对生产活动的集聚力（报酬递增、集聚经济和累积循环过程）实现对产业组织形态的优化调整，而产业转移和产业集聚是同一经济过程的不同阶段，产业集聚是产业转移均衡的空间结果。随着产业发展条件的变化，产业将会呈现：空间上从一个集聚区向另一个集聚区（发达国家或地区向发展中国家或地区）的转移；时间上发生转移的产业从低级向较高级产业演进过程（从劳动密集型到资本密集型和技术密集型）。产业转移过程并不是简单的企业生产设施的空间转移或者产品市场在不同地域的扩张过程，而是各种资源和生产要素，通过时间和空间两个维度的优化配置，获得更好的市场绩效，实现产业组织优化升级的过程。所以说，产业转移与产业组织优化有着内在的一致性，从产业组织优化的视角来认识产业转移，才能更好地体现产业转移的微观基础，更好地反映产业转移的本质。

1.1.2.2 现实意义

第一，有助于准确把握新疆承接产业援助及转移发展演变的现实进展。产业转移的产生和发展是产业转出区与转入区经济社会发展综合基础和实力动态发展演变的结果。随着东部产业结构升级步伐不断加快和新疆承接条件的不断改善，通过对比新一轮对口援疆实施前后产业援助及承接现状的演变，可以更准确地把握新疆承接产业援助及转移的规模、产业类型、承接模式等的演变特征。

第二，有助于准确把握新疆承接产业转移对其经济社会发展的具体影响。分析以东部省市为主要支援方的对口支援与产业转移对于新疆经济社会发展和自我发展能力提升的具体影响有：从经济社会发展的层面来看，经济发展的速度、基础设施的建设、环境的改善、区域均衡发展等方面是否发生显著变化；从产业发展的层面来看，产业结构升级、产业布局优化、产业发展集聚程度提升等方面是否明显改善；从居民和企业层面来看，就业和工资、规模以上企业成长等方面是否直接受益。

第三，为政府部门决策提供政策参考。通过对东部援助和产业转移对新疆自我发展能力效果的全面考察，指出东部援助和产业转移过程中存在的主要问题及对新疆自我发展能力提升效果不够理想的原因，可以为政府相关部门设计更有效的对口援助和产业承接规划、更好地引导产业援助和转移、提升新疆的自我发展能力提供政策参考。

1.2 相关概念与研究对象界定

1.2.1 "产业转移"的概念界定

对产业转移的研究涉及多种不同的学科和理论，不同的研究者有不同的研究视角和侧重点。通过文献检索发现，"产业转移"一词在我国语境下更多的是为了便于区别"对外投资"和"FDI"而采用的概念，国外学者更多的是使用"跨区域投资"或者"企业迁移"（Firm Relocation）与其对应。综合看来，国内外研究者对既包含产业维度又包含空间维度的产业转移，没有形成特别明确的统一界定，研究者普遍粗略地将其理解为一种产业空间布局上产生移动或者迁移的现象。国内学者对于产业转移的研究也是随着产业转移实践的发展不断深入，国内学者对产业转移的界定比较有代表性的有：卢根鑫（1997）提出产业转移是由于产品市场和生产要素市场需求或供给发生变化导致的产业在国际或区域间的转移[①]；陈建军（2002）认为，产业转移是由于资源供给或者产品需求条件发生变化后，某些产业从某一地区或者国家转移到另一地区或者国家，进而促进移出地和移入地产业结构的调整和升级，形成新的分工格局的经济活动[②]；顾朝林（2003）界定产业转移是一个具有时间和空间维度的动态过程，它不仅是对生产要素空间移动的简单描述，更是对不同产业部门形成与演进历史的梳理[③]；魏后凯（2003）指明产业转移的本质是企业的扩张，产业转移的过程也就是企业区位的调整和再选择的过程[④]。从以上定义可以看出，现有的对产业转移的界定，更多是从产业发展这一中观视角来研究，更突出其对于产业结构升级的作用。而本书认为，企业之所以选择进行区际产业转移，除了利用产业承接地已经形成的比较优势之外，更希望能够在产业承接地与承接地企业一起，通过生产要素和资源整合，获取更为优质的企业生产经营资源组合体系，在承接地形成新的集聚经济。产业的空间集聚发展已成为当代产业组织演进的基本路径，而产业转移和产业集聚是同一经济过程的不同阶段。为此，将中观的产业和微观的企业统一到产业组织优化的视角界定产业转移更能体现其本质。

本书从产业组织调整优化的视角，对产业转移进行界定：产业转移是指在开放的经济系统中，在各类要素自由流动的条件下，随着经济发展水平不同的各区域在经济系统分工中的比较优势发生变化后，相对发达区域的企业通过跨区域投资等方式，把相关生产要素逐渐转移到具有比较优势的相对欠发达地区，并进一步结合或利用该区域优势资源，形成新的集聚经济，获得更好的市场绩效的经济

---

① 卢根鑫. 国际产业转移论 [M]. 上海：上海人民出版社，1997：16-17.
② 陈建军. 中国现阶段的产业区域转移及其动力机制 [J]. 中国工业经济，2002（8）：37-44.
③ 顾朝林. 产业结构重构与转移——长江三角地区及主要城市比较研究 [M]. 南京：江苏人民出版社，2003：26.
④ 魏后凯. 产业转移的发展趋势及其对竞争力的影响 [J]. 福建论坛，2003（4）：11-15.

过程，该过程通过循环累积效果使越来越多的生产同类产品的企业转移过来，随着该地区企业市场集中度不断提高，该地区将逐渐成为产业集聚的主导地区，也就逐渐完成了该产业从相对发达地区转移到相对欠发达地区的产业转移过程。从这一界定中可以看出，产业转移本质上是产业分工和产业区位不断调整的动态过程，更进一步来看，产业分工的动态调整过程对应着产业组织时间上的优化升级演进过程，产业区位的动态调整对应着产业组织空间上的优化升级演进过程。产业转移与简单的生产要素或者单个企业生产能力的空间移动的本质区别就在于：产业转移是顺应现代产业组织演进规律，对资源优化配置的客观结果。产业转移实现过程是宏观上将转移的各种生产要素和资源与承接地区的资源有效结合并逐渐在承接区域重新形成产业集聚的过程，是微观上转移的企业与承接地区的企业形成有效竞争的市场结构，通过规模经济的利用和交易成本的节约，获得更高市场绩效的新生产方式的过程。

1.2.2 "区域自我发展能力"的界定

为了对"区域自我发展能力"进行界定，需要对这一概念的发展演变进行简单梳理。从学术界层面来看，周忠瑜（1988）、吴传钧（1997）等学者针对国家扶贫的政策效果没有完全达到预期并出现区域性返贫的问题，提出缓解东西部区域发展差距"根本是要增强区域自我发展能力"的观点[①]；从政府层面来看，在党的十六大报告中（2002）明确提出"西部地区要进一步解放思想，增强自我发展能力"，并在《中华人民共和国国民经济和社会发展第十一个五年规划纲要》（2006）中明确提出"西部地区要加快改革步伐，通过国家支持、自身努力和区域合作，增强自我发展能力"，使得自我发展能力问题以及援助与自我发展关系等成为学术界的研究热点。进一步梳理发现，对于"自我发展能力"内涵的研究主要从两方面展开：一是按照自我发展能力的不同主体，从个人自我发展能力推理到企业自我发展能力再进一步扩展到区域自我发展能力；二是从区域自我发展能力的具体构成角度来界定其内涵。其中较具代表性的界定有：李盛刚等（2006）认为，区域自我发展能力是区域的一种长效发展能力，并可以具体

---

① 吴传钧. 增强我国西部地区自我发展能力是根本 [J]. 学会，1997（11）：13-14.

划分为自我经济发展、社会发展、区域组织协调以及生态平衡发展等具体领域的能力[1]；王科(2008) 指出区域自我发展能力是一个综合性的概念，并由自然生态环境可持续发展能力、区域社会发展能力、区域经济集聚能力三个方面的"子能力"构成[2]；姜安印 (2012) 认为，区域自我发展能力是一个包含特定区域的自然生产力与社会生产力的总和的复合函数，并可以用区域经济资源的利用能力和创生能力来体现[3]。

结合学者们的现有研究，本书对"区域自我发展能力"界定如下：区域主体从国家和本区域发展战略出发，整合利用区域内外各种资源，激发区域发展活力，挖掘区域发展潜力，通过系统内部发展机制的作用，形成区域发展优势和竞争力，以保证区域内经济、社会、生态等实现可持续发展的一种能力。可见该界定包含以下四方面的内涵：一是从能力的主体来看，区域自我发展能力是一个综合概念，是区域内部多种有利或者不利因素互相抗争、消长而形成的能力，是区域这一宏观主体内所有微观行为主体对自身发展发挥作用的综合表征；二是从能力的形成途径来看，区域自我发展能力是通过对区域内外资源的整合利用能力来发挥作用的，可见对资源的整合利用是区域发展的关键，当然这里的资源不仅包括区域内部的自然资源、人力资源，还包括区域外部的流动性资源、政府政策扶持以及外部援助等一切可以利用条件；三是从能力的作用机制来看，区域自我发展能力是对比于区域系统的发展主要依靠"输血"的方式而提出的概念，它更强调的是区域系统依靠自身内部的力量促进发展，即实现"造血"式的发展，虽然外部的资源和条件对区域经济发展也具有重要作用，但只有将外部资源融合进区域内部，区域的长久发展才具有内在根基，当区域外部资源与区域内部资源进行充分流动聚合的时候，才会形成对区域发展的强大内在动力；四是从能力提升目的来看，区域自我发展能力的形成和提升是为了提高区域经济发展的自主性，减轻区域经济发展受外部影响的波动性，通过区域自我发展能力的提升使得区域经济获得可

---

① 李盛刚，畅向丽. 西部民族地区农村自我发展问题研究 [J]. 甘肃社会科学，2006 (6)：152-154.
② 王科. 中国贫困地区自我发展能力解构与培育——基于主体功能区的新视角 [J]. 甘肃社会科学，2008 (3)：100-103.
③ 姜安印. 区域发展能力理论——一个初步分析框架 [J]. 兰州大学学报 (社会科学版)，2012 (6)：128-134.

持续协调发展，进而为当地生产发展和对居民生活改善提供内在的稳定保障。

当前对于区域自我发展能力的研究，是经济学界尤其是区域经济学者非常关注的内容，但从现有研究内容来看，对于区域发展能力的研究及评价更多的是宏观层面的研究，而对于企业及居民等这样的微观主体在区域自我发展能力建设及评价等方面的作用缺少足够的关注。本书从三个层面对新疆区域自我发展能力建设及评价进行较全面的考察：区域自我发展能力主要包括资源利用与经济社会发展能力（资源环境支撑能力、经济增长能力等）、产业集聚与结构调整能力（产业集聚化发展能力、产业结构优化调整能力等）、企业成长与居民收入改善能力（规模以上工业企业成长能力、城乡居民收入及差距改善能力等）。通过关注区域自我发展能力的微观主体作用，不仅能为区域自我发展能力的提升提供扎实的微观基础，更能客观评价区域自我发展能力建设对企业及居民等行为主体的真实传递效果。

1.2.3 "承接优势"的界定

"承接优势"就是某国家或地区面对产业转移时所表现出来的更有利的条件和能力，它主要包括对潜在承接产业的吸引力、对符合进入条件的承接产业进行甄别的选择力、对移入产业的后续发展的支撑力以及对承接产业与当地产业互动发展的集聚力，是承接区所具备的比较优势和竞争优势的综合体现。通常"承接优势"主要体现在两方面：一方面，体现在资源、区位、相关优惠政策等方面的比较（互补）优势，比较优势与产业转出区域差距越大越有利于承接产业转移，比较优势的主要作用是降低转移企业的生产成本；另一方面，体现在其产业基础、市场化水平、市场规模、合理的产业组织形式等方面的竞争优势（集聚优势），竞争优势与产业转出区域差距越小越有利于承接产业转入，并进一步在承接地与当地产业形成集聚效应，竞争优势的主要作用是降低产业转移过程中产生的各种交易成本，并为承接产业与当地产业的融合互动提供更好的发展条件和环境。

从本书对承接优势的界定中可以发现承接优势主要由比较优势和竞争优势（集聚优势）决定，而只有将承接地与转出地相比较，才能得出是否具有比较优势和竞争优势。比如，本书说新疆在劳动力成本方面具有优势，那一定是将新疆承接地的劳动力成本与东部劳动力成本比较后得出的结论，可见，把承接优势区分为绝对承接优势和相对承接优势更合适。简单来说，绝对承接优势演变是指，仅考虑承接地自身资源要素及经济社会发展引起的承接优势的变动；相对承接优势演变是指，考虑承接地资源要素及经济社会发展变化与转出地资源要素及经济社会发展变化的比值的演变。从上述论述中不难理解，承接优势应该是用相对指标来体现更合适（承接地与转出地的比值），即承接优势本质上就是本书所指的相对承接优势。但由于现有的很多相关研究都没有对该概念进行清晰的界定，致使很多文献中，谈到承接优势也仅是从承接地区自身来考虑，即用绝对指标来表示承接优势。更严格来说，现有的很多文献谈到承接地承接优势时，仅从承接地自身经济发展演变来衡量（即用绝对指标），此时称为承接优势不是很恰当，严格来说，称为承接条件更合适。本书对新疆各地州市承接优势的演变的衡量，是采用新疆各地州市的资源及经济社会发展指标与东部产业转出区的相应指标的比值，即用相对指标来衡量真正承接优势的变动。

1.2.4 研究对象与核心研究内容的界定

2010 年 3 月，全国对口支援新疆工作会议确定北京、上海、天津、广东、深圳等 19 个省市承担对口支援新疆的任务。新一轮对口援疆工作主要集中在民生援疆、产业援疆、干部人才援疆和教育援疆等方面。产业由相对发达区域向相对欠发达地区的跨区域转移，既可以发生在不同经济发展水平的国家之间，也可以发生在国家内部具有不同经济发展水平的区域之间，根据产业跨区域转移的范围不同，可把产业转移简单划分为国际产业转移和国内区际产业转移（也有学者称为区域产业转移）。本书的核心是从产业转移的理论视角考察东部地区的援助与新疆自我发展能力提升问题。随着全球经济结构进入深度调整，我国东部沿海地区传统产业转型升级的压力越来越突出，这使得东部沿海地区向中西部内陆地区的区际产业转移进入加速发展阶段，正是考虑到我国东部地区是我国区际产业转移的主要转出区域，同时东部地区由于发展水平较高，也在 19 个省市援疆中承担更多的责任和期许。由于新疆承接东部地区的产业转移主要是以产业援疆的形式带动的，但由于现有的统计数据并没有区分承接转移的产业的具体来源省份，这使得本书难以仅研究来自东部省份的援助或转移的产业，而只能用新疆承接的国内全部产业转移量来代替。考虑到除了东部省市之外，其他省市的对口援疆通过改善新疆的民生、基础设施、教育和科技水平等软硬件环境，进而对新疆承接以东部地区为主要转出区的区际产业转移也具有重要的促进作用，为此，本书的研究对象也不仅限于考察东部地区的援助与产业转移。基于以上解释，对本书对象做出如下界定：

研究对象：在新一轮对口援疆正式启动和国内区际产业转移不断加速的背景下，研究东部援助和产业转移与新疆自我发展能力提升的作用机理和作用效果，这里的东部援助指的就是以东部为主导的新一轮对口援疆。同时，从对后面的援疆进展数据分析可知，无论从承接的产业转移的资金来源来看，还是从援助项目的数量来看，新疆承接的产业转移的资金和项目中，近 70%来源于东部地区，所以，东部援助及产业转移通过 19 个省市的援助情况和承接的国内区际产业转移总量来考量是合适的。

本书的核心内容主要由以下三部分组成：一是基础研究，即研究东部援助和产业转移与新疆经济社会发展进展，主要反映东部援助的进展及成效，产业援疆与新疆承接产业转移的进展及特征，新疆及各地州市经济发展进展及特征等；二是理论研究，即产业援助及转移与新疆自我发展能力提升的理论研究，主要内容是构建我国区域间产业份额空间分布变动与区域经济发展作用的理论模型，揭示东部产业援助及转移与新疆各主要经济变量（经济增长、市场规模、收入差距变动等）之间内在作用关系，并进一步从影响新疆承接产业援助及转移的主要因素入手，分析各影响因素对新疆自我发展能力提升的作用机制；三是实证研究，主要内容是对新疆各地州市承接优势与自我发展能力演变进行具体评价，对东部援助和产业转移对于新疆自我发展能力提升的具体表现进行检验，对新疆具有显著承接优势的行业进行统计，对援疆政策的有效性进行评价等。

虽然研究对象和研究内容受数据可获得性的限制，与最初课题申报时相比稍作调整。但通过调整后的研究对象和核心研究内容，更符合本书设计初衷：东部地区向外产业转移进入加速发展的阶段和新一轮对口援疆实施的阶段，将东部地区的产业转移和新一轮对口援疆结合起来，系统考察东部援助和产业转移对新疆自我发展能力提升的作用机制和作用效果，进而发现其中存在的问题，以便更好地推进产业转移和对口援疆工作，实现支援方和受援地互动双赢发展和区域协调发展。

1.3 研究内容与研究方法

1.3.1 研究内容及框架图

本书采用规范的学术研究框架，共 10 章。第 1 章、第 2 章，是导论、理论基础与文献综述；第 3 章，东部援助、产业转移与新疆经济社会发展进展研究；第 4 章，东部援助、产业转移与新疆自我发展能力提升的理论研究；第 5 章，新疆各地州市承接优势与自我发展能力演变评价；第 6 章，产业援助与转移规模对新疆自我发展能力提升的实证研究；第 7 章，新疆具有显著承接优势产业遴选与政府援疆政策有效性评价；第 8 章，案例研究：新疆纺织服装产业发展与承接研究；第 9 章，东部援助和产业承接提升新疆自我发展能力效果不够理想的原因分析与对策建议；第 10 章，主要结论与研究展望，具体内容列示如下：

第 1 章，导论。主要介绍了本书的研究背景、研究意义、研究方法和研究框架设计，勾勒出本书的研究框架和研究内容的脉络，概括本书的主要创新点和不足之处，并对本书中的重要概念进行清楚的界定，以明确本书的研究对象和研究界限。

第 2 章，理论基础与文献综述。本章研究目的是通过梳理与本书相关的文献进展，评述现有研究的薄弱点和欠缺之处，为本书的展开提供理论基础和文献支撑。本章主要内容是：在梳理国外产业转移理论与实证进展基础上，对国内区际产业转移的动因、进展及效果和新疆承接区际产业转移的进展、模式及效果等进行细致梳理，最后对现有研究进行了有针对性的总结和评述，以现有研究的薄弱之处为切入点，指明本书对现有研究的拓展和丰富之处。

第 3 章，东部援助、产业转移与新疆经济社会发展进展研究。本章研究目的是掌握东部援助（以东部省市为主要支援方的新一轮对口援疆）、承接产业转移和新疆经济社会发展的现实进展，为后续研究提供现实基础。本章主要内容由四部分构成：一是介绍东部援助（以东部省市为主要支援方的新一轮对口援疆）的总体进展及成效；二是分析以产业援疆为主要途径的新疆承接产业转移的具体进展及特征；三是客观呈现援疆前后新疆经济社会发展演变轨迹及特征；四是通过问卷调查和典型案例分析，评价援疆成效、归纳出产业援疆中的六种模式、总结援疆过程中存在的主要问题。本章研究主要发现：东部援助（新一轮对口援疆）通过民生援疆、干部人才援疆、产业援疆等形式对新疆经济社会发展发挥重要作用；从产业援疆的规模和行业特征来看，新疆承接产业转移的规模和层次得到显著提高；通过问卷调查和典型案例研究，发现东部援助在改善民生和基础设施方面成效显著，但存在援疆资源缺乏有效整合、援疆项目成长性差、相关政府部门和普通民众参与不够、援疆人才干部水土不服等问题。

第 4 章，东部援助、产业转移与新疆自我发展能力提升的理论研究。本章研究目的是构建本书的理论框架，为后面的实证研究提供理论支撑。本章主要内容由两部分构成：一是在借鉴新经济地理学相关模型基础上，通过引入比较优势参数和经济增长参数，构建我国区域间产业份额空间分布变动与区域经济发展作用的理论模型，揭示新疆承接东部产业转移与其各主要经济变量（经济增长、市场规模、收入差距变动等）之间的影响关系；二是从影响新疆承接产业转移的主要因素入手，分析各影响因素对新疆自我发展能力提升的作用机制。本章研究得出：理论模型的推演说明，在市场机制作用下，产业份额的空间分布主要是由市场规模决定的，东部地区市场规模越大，该区域的产业份额越高（产业份额的空间分布更集中），全国经济增长率也越高，但新疆与东部地区间实际收入差距也会加剧；产业承接对区域自我发展能力提升的作用机制研究说明，由比较优势和集聚优势决定的承接优势是影响区域自我发展能力的基础因素，其通过对承接规模和承接产业类型及承接的根植性等传导机制，最终对该区域自我发展能力的培育及提升发挥作用。

第 5 章，新疆各地州市承接优势与自我发展能力演变评价。本章研究目的是通过构建评价新疆各地州市承接优势的相对指标体系和构建评价新疆各地州市自我发展能力演变的绝对指标体系，并运用时序全局主成分分析法对新疆各地州市承接优势及自我发展能力的演变轨迹进行客观呈现。本章研究发现：新疆各地州市承接优势和自我发展能力不断提高，但各地州市之间存在显著差距，综合来看，承接优势和自我发展能力可以分为三个梯度，最高的是乌鲁木齐市、昌吉州、伊犁州直属县市、克拉玛依市；最低的地区是和田地区、克州、吐鲁番地区、喀什地区和塔城地区；其余的处于中间位次。

第6章，产业援助与转移规模对新疆自我发展能力提升的实证研究。本章研究目的是利用新一轮对口援疆实施以来的5年（2010~2014年）新疆各地州市的数据，分别从资源基础与经济社会发展能力、产业集聚与结构调整能力、企业成长与居民收入改善能力3个层面对东部产业援助及转移对新疆自我发展能力提升的作用效果进行具体检验。本章研究发现：产业援助及转移对于提高新疆当地人均GDP、第二产业增加值所占份额、农村居民收入和规模以上工业企业个数具有显著正向作用，而其对于第三产业增加值所占份额、城镇居民收入、工业集聚度等变量没有显著作用，说明当前其对于新疆自我发展能力提升效果还有待加强。

第7章，新疆具有显著承接优势产业遴选与政府援疆政策有效性评价。本章研究目的是统计出新疆具有显著承接优势的具体行业分布及特征，并对援疆政策的有效性进行评价。本章主要内容由两部分构成：一是通过在2006~2012年我国27个工业行业绝对产值及相对份额发展演变情况的基础上，客观呈现我国东西部产业份额空间分布及变动特征，在此基础上，对新疆具有显著承接优势的行业和东部代表性省市具有显著转出趋势的行业进行具体统计；二是通过倾向得分匹配法对新一轮对口援疆的政策效果进行评价。本章研究发现：东部向外转移的产业既有扩张型的技术密集型行业，又有衰退型的资源依赖型行业，当前新疆具有显著承接优势的行业分布集中在资源依赖型行业，同时新疆具有显著承接优势的行业间的承接优势差异较大；对援疆政策有效性的评价发现，当前援疆政策效果还有待进一步发挥。

第8章，案例研究：新疆纺织服装产业发展与承接。本章以东部产业援助和转移的重点产业即新疆纺织服装产业发展与承接为典型，分析新疆纺织服装产业发展与承接的优势、承接进展及存在的问题，在此基础上，研判新疆各地州纺织服装产业发展与承接的竞争力及其演变情况，以便于在新形势下，加快新疆纺织服装产业的发展，为实现新疆社会稳定和长治久安的总目标发挥更大的作用。

第9章，借助东部援助和产业承接提升新疆自我发展能力提升效果不够理想的原因分析与对策建议。本章研究目的是根据前述研究揭示承接效果不够理想的原因，并提出相应对策。本章研究认为，新疆总体承接优势偏低，承接规模偏小，对当地产业链延展性有限、附加值偏低，结构趋同严重、资源优化配置效率较低等是造成承接效果不够理想的主要原因，基于此，提出新疆要以自我发展能力建设为立足点，提升承接优势、扩大承接规模、因地制宜地选择承接产业类型、增强承接根植性等对策。

第 10 章，主要结论与研究展望。本章对本书所有研究内容进行总结，最终形成了东部产业援助及转移与新疆自我发展能力提升之间的理论分析框架、遴选出的新疆具有显著承接优势的行业等七方面的主要结论，并主要从两个方面指出了本书研究的不足及后续研究展望。

本书的研究框架路线和研究思路如图 1-1、图 1-2 所示：

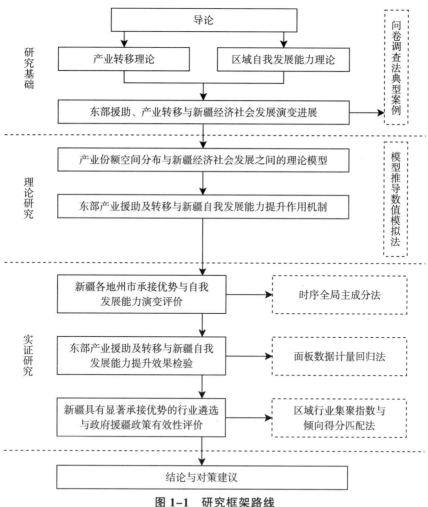

图 1-1　研究框架路线

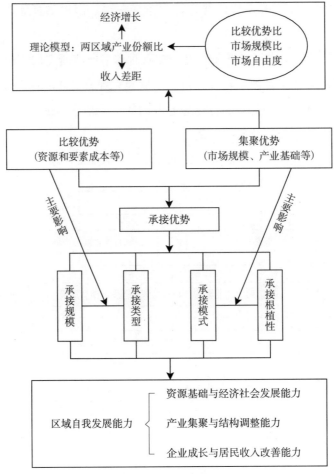

图 1-2　研究思路

1.3.2　研究方法

本书以科学发展观为指导，充分借鉴区域经济学、产业经济学、新经济地理学、空间计量经济学等相关学科的理论和方法，在对相关文献梳理评价的基础上，通过理论研究和实证研究，全面深入地研究了新疆承接区际（东部）产业转移与区域自我发展能力提升之间的理论机理和实证效果。综合看来，本书主要采用了以下几种研究方法：

第一，文献分析法。第 2 章通过对国内外产业转移文献资料的收集、整理和对其创新点及不足之处的总结分析，厘清与本书相关的研究进展，找准本书的切入点和研究重点，为构筑本书的理论研究框架提供了文献支撑。

第二，理论分析法。第 4 章将基于比较优势的产业转移理论和空间集聚优势的产业转移理论相结合，构建了产业份额空间分布与区域经济发展变化的理论分析框架，揭示了产业转移与主要经济变量之间的关系。在此基础上，从影响承接优势的主要因素入手（承接优势是最重要因素，而承接优势可以用比较优势和集聚优势来衡量），分析了各因素之间的关系及承接产业转移与区域自我发展能力提升的作用机理。

第三，数理推演及数值模拟。第 4 章的理论分析中，在新经济地理学相关模型的基础上，构建了区际产业转移的理论模型，并进一步将经济增长引入，通过数理推演，揭示产业份额的变化对经济增长和收入差距的内在影响，并通过设定参数数值对新疆产业份额分布变动与市场规模及比较优势之间的关系演变进行数值模拟。

第四，统计分析法。第 5 章建立了评价新疆各地州市承接优势与自我发展能力演变的综合指标体系，并运用时序全局主成分分析，对新疆各地州市承接优势与自我发展能力的演变进行全面评价。

第五，实证计量研究。第 6 章运用面板数据建立不同的计量模型，对东部产业援助与转移对新疆自我发展能力变动之间的关系进行定量考察。同时，本书运用倾向得分匹配法对援疆政策的效果进行了评价。

第六，典型案例研究。以新疆纺织服装产业为典型案例，分析其发展与承接的优势及承接效果。

1.4 研究创新之处

本书在研究内容和研究方法方面都进行了一定的创新，主要体现如下：

研究内容方面的创新：

第一，将初始资源禀赋差异与经济活动空间结合起来，构建（东部与新疆）产业份额空间分布与区域经济发展模型，揭示出产业援助及转移与区域自我发展能力之间的内在作用机理，并通过数理推导和数值模拟证明了政府行政干预的必要性。

第二，对东部援助、产业转移和新疆自我发展能力提升之间的作用机理和作用效果，通过构建理论模型和多种计量方法检验，从理论和实证两方面进行全面深入研究。

第三，分别构建更全面、更科学的相对指标体系和绝对指标体系，对新疆各地州承接优势和自我发展能力演变轨迹进行客观呈现和评价。

第四，通过问卷调查和典型案例，对东部援助（以东部为主导的新一轮对口援疆）的成效及主要问题进行分析总结，归纳总结出对口援疆过程中产业援疆的六种典型模式。

研究方法方面的创新：

综合运用理论分析和实证分析相结合、静态分析和动态分析相结合的方法：除了运用问卷调查和典型案例总结归纳等方法之外，本书还运用了数理模型推导及数值模拟、时序全局主成分分析、倾向得分匹配法等较多新颖的分析方法。

第 2 章　理论基础与文献综述

产业转移和产业集聚，作为经济发展演变中的重要现象和问题，有着深厚的理论基础。国外学者提出的对外直接投资相关理论和新经济地理学中区位及集聚理论，是产业转移理论的最直接来源。国内学者针对我国区际产业转移从理论和政策层面进行了诸多研究，为政府决策和产业发展提供了重要参考。区域自我发展能力研究作为当前我国学术界开展区域经济发展问题研究的重要内容，它的理论基础来源主要有区域发展理论、新经济增长理论、新经济地理理论和能力理论。新一轮对口援疆政策的实施，主要是借鉴《汶川地震灾后恢复重建对口支援方案》的模式，当然国外许多发达国家对欠发达地区实行援助促进区域均衡发展的政策也具有借鉴意义。考虑到本书对理论基础和文献综述的内容要求相对较低的特点，本章重点对产业转移相关理论和研究进展进行梳理，以便为构建东西部区际产业转移理论框架提供理论支撑，而对区域自我发展能力和对口援疆的相关研究进展只做简要梳理。

2.1　国内外产业转移相关研究进展

2.1.1　国外产业转移理论回顾和实证进展

国外的产业转移主要是指国际间的产业转移，它通常以 FDI 的形式出现，这使得对外直接投资和贸易的相关理论成为产业转移理论的重要来源，本书将其归结为基于比较优势的产业转移理论。同时，产业转移作为经济发展过程中普遍存在的现象，与其相对的是产业集聚理论，当一个区域出现产业集聚时，随着时间的推移也会出现产业转移，这使得研究区位选择、空间集聚的古典区位理论和新经济地理理论成为产业转移理论发展演变的另一个重要方向，本书将其归结为基于集聚优势的产业转移理论。接下来，沿着产业转移理论发展和演变这两大主要方向，对产业转移理论中有代表性的理论及观点进行具体梳理。

2.1.1.1　基于比较优势的产业转移理论

比较著名的产业转移理论如雁行形态理论、产品生命周期理论、梯度推移理论、边际产业扩张理论、劳动密集型产业转移理论以及国际投资（生产）折中理论等基本来源于对外直接投资理论和国际贸易理论，又因为比较优势分析框架可以包容国际贸易与投资理论，为此，将这些理论统称为基于比较优势的产业转移理论。接下来，对这些较著名的产业转移理论进行简要解释和评述。

日本学者赤松要（Kaname Akamatsu，1932）通过对日本纺织工业的观察而提出的"雁行模式"（Flying Geese Pattern），对产业转移研究具有深远的影响。雁行模式理论之所以被后发工业国家及新兴工业化国家或地区作为实现产业发展的路径，是因为此理论能够较好地解释日本产业经济由低级不断向高级波浪式发展并迅速崛起的进程，这也使得该模式常被用来说明产业转移先从发达国家转移到次发达国家，等次发达国家通过承接发达国家产业转移实现了工业化以后，再转移到欠发达国家和发展中国家的梯度转移的实现过程。但该理论实际上没有揭示出先进国家产业具体发展问题，同时也没法合理解释许多东亚国家经济结构的趋同问题，该理论本质上是反映先进国家或地区向后进国家或地区通过梯度转移产业，形成了垂直型国际分工的过程，反映了通过承接产业转移，参与国际分工对发展中国家产业结构转换升级的巨大作用，由此可见，其"雁行模式"是基于比较优势的产业转移的结果。

美国经济学家弗农（Raymond Vernon，1966）在《产品周期中的国际投资与国际贸易》中提出了产品生命周期理论。一种新研发的产品从开始投入市场到被市场淘汰的整个过程称为产品生命周期（Product Life Cycle，PLC）。产品生命是指产品在市场上的营销生命。产品投入市场，要经历产品开发、产品引进、产品成长、产品成熟、产品衰退的生命周期。弗农认为，由于不同国家发展阶段和技术水平上的不同导致了相同产品的生命发生和过程存在差异，这种差异是产生跨国投资、产业转移、国际贸易的原因。创新产品随着时间的推进，逐渐向成熟产品或标准化产品发展转换，同时产品的特性也由知识技术密集型向资本及劳动密集型转变。弗农这一理论从产品及其生产技术周期的角度解释了发达国家从出口、对外直接投资到进口的变化过程，实质上反映了各国比较优势的动态变化。需要注意的是，产业发展处于生命周期的不同阶段对于要素需求和市场环境的要求不同，相应的产业转移的方向和方式也存在较大的区别，需要进行具体研究。

　　梯度转移理论是将弗农的产品生命周期理论引入区域经济学中形成的。梯度转移理论认为，区域经济发展和当地占主导地位的部门经济相关，占主导的专业化部门在工业生命周期所处的阶段对经济发展的作用更大。梯度推移理论认为，新技术、新产品和新兴产业部门以及生产管理及组织方法等方面的创新往往始于高梯度地区，但产品或产业会随着时间的推移、所处的生命周期的阶段的变化而变化，进而出现产业由高梯度地区向低梯度地区逐渐转移。产业梯度转移的重要理论基础是梯度转移理论。区际产业转移指的是一国范围内的产业梯度转移。在我国主要表现为产业结构优化升级导致的东部沿海发达地区，逐步将劳动密集型和资源密集型产业转移到中西部。巴拉萨（Balassa，1966）提出了梯度比较优势理论指出，在经济发展阶段，上级国际分工中存在着多个动态连续的经济梯度，在不同的梯度上各区域具有自身的比较优势，并随着经济发展产生了梯度的变化，从高梯度国家地区向低梯度国家地区的转移一般是产业转移的方向[1]。现阶段，由于我国的区域经济发展不平衡导致的区际产业转移明显存在梯度特征，国内众多学者以此为基础，分析了我国区际产业转移的模式。

　　日本学者小岛清（Kiyoshi Kojima，1978）深入分析了战后日本企业对外直接投资实践，将赤松要和弗农的理论综合起来，提出了适合日本国情的对外直接投资理论——边际产业扩张理论，对产业转移理论做出了重大贡献。"边际产业"是指在国内已经处于或即将陷入比较劣势投资的产业，而此产业在被投资国具有明显或潜在的比较优势产业。依据边际产业扩张理论，比较优势的产品应该由投资国生产并且出口，已经显示出比较劣势的产业应准备开始对外投资，而被投资

---

　　[1] Balassa B. European Integration：Problems and Countermeasures [J]. American Economic Review，1966 (53).

国家通过引进先进生产函数发挥或者增强其比较优势，可见发达国家对外直接投资的动机与形式由边际产业扩张理论很好地展现出来，这种对外直接投资的本质就是比较劣势的转移。对我国这样的承接国家来说，如何把这种相对比较劣势结合本国的发展形成本国的比较优势，以实现通过"边际产业扩张"式的产业转移达到"双赢"的效果，需要深入研究。

刘易斯（Lewis W. Arthur, 1978）在《国际经济秩序的演变》中，提出了劳动密集型产业转移理论。该书详细分析了 20 世纪 60 年代后资本主义经济得到快速的发展，人口自然增长率的下降及供应严重不足的非熟练劳动力导致劳动力成本快速上升，劳动密集型产业在发达国家的比较优势在全球竞争中逐步丧失，部分劳动密集型产业开始向发展中国家转移，因为发展中国家劳动力成本较低，发达国家开始从发展中国家进口所需的劳动密集型产品①。从刘易斯的劳动密集型产业转移理论的研究思路来看，该理论可以看作边际产业扩张理论针对劳动密集型产业展开的具体研究。虽然劳动密集型产业转移理论并未建立比较完整的理论体系，但该理论分析得出的产业转移的微观原因和机制，使我国劳动力流动对产业转移的影响研究具有重要意义。

邓宁（J. H. Dunning, 1977、1981）在《国际生产和跨国企业》一书中从微观层面研究了跨国企业的对外投资和扩张，并对其提出的国际生产折衷理论进行了全面阐述。该理论的主要内容是对三个优势的概括和运用，即所有权优势（O）、内部化优势（I）和区位优势（L），并以三种优势的具备程度解释企业参与国际经济的选择，即如果仅有所有权优势，厂商会选择许可合同经营；有所有权优势和内部化优势，厂商会选择出口销售，只有在三种优势都具备的情况下，厂商才会选择直接投资②。该理论对于企业为何进行对外直接投资以及向哪个国家或者地区投资，具有很强的解释力和实用性，同时从企业微观视角来分析国际产业转移，对传统产业转移理论研究集中在宏观的国家层面，形成了有益的补充，该理论的核心"三优势模式"构成了推动产业转移的微观机制。我国作为一个区域经

① Lewis W. Arthur. The Evolution of the International Economic Order [M]. London: George Allen & Urwin, 1978: 12–46.

② Dunning John H. International Production and the Multinational Enterprise [M]. George Allen & Unwin, London, 1981: 102–110.

济非均衡发展的大国，可以用该理论来解释东部沿海地区企业对中西部进行直接投资和区际产业转移，一定程度上我国区际产业转移的产生和发展，正是东部发达地区的先进企业所拥有的所有权优势和内部化优势与中西部的区位优势相结合的结果。

2.1.1.2 基于集聚优势的产业转移理论

古典区位理论和新经济地理理论是区位选择和集聚的主要理论，是形成产业转移理论的重要基础理论。企业在新发展形势和环境下进行区位选择的过程就是产业转移的过程，古典区位选择理论为本书分析区际产业转移的原因和机理提供了有力支持。新经济地理理论与基于比较优势的相关理论中强调资源禀赋的第一性质（First Nature）不同，其突出的是市场规模、劳动力成本、产业关联等第二性质（Second Nature）对产业转移的作用（安虎森，2009）；同时，新经济地理学通过将产业转移理论模型化和规范化，使得产业转移模型的分析与解释能力得到极大提升，该理论获得快速发展，国内采用该理论相关模型对我国区际产业转移的研究也越来越多。相关基础理论的发展和代表性观点如下：

古典区位理论主要以杜能（Von Thunen，1826）的农业区位论、韦伯（Alfred Weber，1909）的工业区位论、廖什（August Losch，1940）的中心地理论为代表，他们针对空间聚集形成的内在原因和区位选择原则进行了深入的探讨：杜能在《孤立国》中提出地租差异是决定农作物布局和农业土地利用方式的关键因素，运输成本最小的区位是农业生产的最优区位选择；韦伯在《工业区位论》中提出了"区位因子"这一重要概念，并将影响工业区位的因子抽象概括为运费、劳动力成本和集聚效益，认为集聚因子是使得工业部门改变由运输费用和劳动力费用指向所确定基本工业区位格局发生偏移和集聚的关键因素，在此基础上，将集聚因子与分散因子联系起来，从工业区位偏移的角度对产业转移进行了较系统的研究[①]；廖什在《经济的空间秩序》一书中，以克氏理论为理论分析框架，将生产区位和市场范围结合，把中心地理论发展为市场区位论，认为最佳区位选择是由收入和费用两因子所决定，选择区位最重要的因素是能否实现企业利润最大化而

[①] 阿尔弗雷德·韦伯. 工业区位论 [M]. 北京：商务印书馆，1997：105–160.

非成本最小化[①]；胡佛（Edgar M. Hoover，1971）进一步完善了古典区位理论中聚集理论和区位选择的依据，从生产要素、产品和服务的不完全流动性假设出发，以自然资源、集中经济、交通运输为最重要的三要素，认为距离因素、运输运费与劳动力成本及技能因素决定区位选择[②]。

新经济地理理论的产生，是以迪克斯特和斯蒂格利茨（Dixit and Stgitliz，1977）发表的论文《垄断竞争与最优产品多样性》为标志。这一理论与新古典经济学理论在理论观点上有一定的区别，该理论探讨区域经济增长模式及企业的区位选择主要从运输成本的降低及递增收益、集聚经济、外部性效果（或溢出效果）及规模经济效果等方面进行。随后，许多经济学家对此做了深入的研究，如克鲁格曼（Paul R. Krugman，1991）在论文《报酬递增与经济地理》中，以迪克斯特—斯蒂格利茨垄断竞争模型为前提基础，认为企业的生产要素移动、规模报酬递增和运输成本通过市场相互传导作用产生了产业集聚。克鲁格曼将地理因素纳入经济学分析中，从空间经济学视角对产业转移进行研究，用著名的"中心—外围"模型（Core-Periphery Mode，CP模型）展示了两个区域在外部条件原本相同的条件下如何通过跨区域的运输成本、人口流动和报酬递增的相互作用下演变成为一个中心与外围的产业集聚模式。新经济地理理论认为，空间集聚、报酬递增和路径依赖是经济活动的空间集聚内容集中的三个方面，最终经济活动空间分布是集聚力与分散力相互作用并达到复杂且平衡的结果。

2.1.1.3 国外产业转移的实证研究进展

随着世界经济转型升级的步伐不断加快和国际分工的不断深化，"二战"后世界范围内已经发生四次国际产业转移，国际产业转移持续多年的发展，推动了众多产业转移经典理论的形成与完善，同时，出现了许多更为规范与细致的实证研究，这些研究主要集中在产业转移的各种具体影响因素及产业转移或集聚的效果等方面，由于本书重点关注国内区际产业转移，而国外研究的是国际间的产业转移，对其相关研究仅做如下简要梳理：

产业转移或集聚的效果方面较具代表性的实证分析有：Haddad 和 Harrison

---

① August Losch. The Economics of Location [M]. Yale University Press, 1954: 18–39.

② Edgar M. Hoover. An Introduction to Regional Economics [M]. Alfred A. Knopf, New York, 1985: 128, 163–165.

（1993）通过对摩洛哥企业的截面数据进行实证检验，得出国际产业转移不会对国内企业生产率产生显著的正向影响的结论①。Aitken 和 Harrison（1999）对委内瑞拉企业面板数据的分析则明确得出，国际产业转移会降低国内企业的生产率的研究结果。Neumark（2007）基于美国加州 1992~2003 年的企业数据，对美国国内产业转移与失业之间的关系进行研究，他发现州与州之间的产业转移很少带来失业。如以制造业和信息产业为代表的松脚型产业更容易发生产业转移，但其影响的净效果却很小，这是由于这种类型的产业转移的转出和转入大致平衡，这证明产业转移与就业量的增加或者减少没有直接的联系②。Fujita 和 Thisse（2003）建立了劳动力自由流动条件下的集聚和内生增长模型，通过把雇佣熟练劳动力来开发新产品的研发部门引入中心—外围模型中，具体考察产品品种数量增长与熟练劳动力的迁移之间的相互关系，得出产业集聚对经济增长具有重要贡献的研究结论。③ Dupont 和 Martin（2006）通过使用两区域企业转移的一般均衡模型，分析了补贴贫困地区生产活动的不同方式，如减税或生产补贴，对当地产业区位和就业等的影响，得出随着贸易成本的下降，这种补贴活动转移支付对产业布局的影响会不断加强④。Sheard（2008）在三地区模型中，对区域政策对产业活动长期分布的影响进行考察，得出相关政策用于帮助落后地区的产业集群发展，对推动落后地区整体发展的效果更好⑤。

　　产业转移（分布）的影响因素方面较具代表性的实证研究有：Peter Gourevitch 等（2000）通过对电脑硬盘驱动器产业的实证分析，发现电脑硬盘驱动器产业各生产环节由于存在要素集约程度的巨大差异，使其处于动态变化的国际产业转移之中，美国硅谷是高技术水平的研发中心聚集地，电子技术工序聚集在日本，而东南亚国家则是装配工序聚集地，同时国际产业转移的转出地和承接地也

---

① Haddad M., Harrison. Are There Positive Spillovers from Direct Foreign Investment? From Panel Data for Morocco [J]. Journal of Development Economics, 1993 (42)：51-74.

② Neumark David, Junfu Zhang and Brandon Wall. Employment Dynamics and Business Relocation: New Evidence from the National Establishment Time Series [J]. Research in Labor Economics, 2007：39-83.

③ M. Fujita, J. F. Thisse. Does Geographical Agglomeration Foster Economic Growth? And Gains and Loses from It? [J]. The Japanese Economic Review, 2003 (54)：121-145.

④ Dupont V., Martin P. Subsidies to Poor Regions and Inequalities: Some Unpleasant Arithmetic [J]. Journal of Economic Geography, 2006, 6 (2)：223-240.

⑤ http://www.eeon.uel.ac.uk/jamboree/downloads/NS%20paper.pdf, 2008.

在一定程度上受到政府的政策博弈①。Nikolaus Wolf（2002）提出了一个包含空间因素和比较优势的理论模型，并用其分析了波兰 1925~1937 年产业区位的动态演化过程，得出对产业区位起到决定性作用的因素是劳动力。Bernstein 和 Weinstein（2002）证明了当用要素禀赋来分析产业空间分布结构时，对于国际的预测效果高于国内，对于流动性弱的产业的预测效果高于流动性强的产业，对于交易成本高的地区间的预测效果高于交易成本低的地区间的预测②。Amiti（2005）研究表明，区域内运输成本将对要素禀赋的影响产生弱化作用，具有垂直联系的不同要素密集的产业将随着要素成本的降低而在某一地区集聚，上下游产业集聚所带来的收益将会大于增加的生产要素投入成本，区域一体化深入及贸易成本的降低往往使得比较优势对产业空间分布的影响不再那么重要，特别是如果考虑市场规模的影响，大规模的地区除了集聚具有生产要素丰富的产业之外，也会集聚一些不具比较优势的产业③。Brühart（2007）等学者则更多地从实证分析的角度对第一性质（First Nature）和第二性质（Second Nature）对地区产业空间集聚形态的影响进行具体检验④。Mercedes 等（2010）利用美国县级商业数据库（Cbp Database）中产业 4 分位 SIC 数据，对美国 1990~2000 年 172 个经济区域 41 类产业劳动力的数量及增长率、劳动力平均工资及增长率、专利数等数据进行描述统计和交叉回归分析，得出集聚强度、创新活力及多样性共同影响区域经济发展绩效，并指出国家政策对区域经济发展具有重要作用，尤其是地方产业政策的支持对区域内集群的发展更是必要。

2.1.2　国内区际产业转移研究进展

由于发展中国家内部区际产业转移规模或影响力，远远滞后于国际产业转移，致使对区际产业转移的研究起步较晚。直到近些年，随着我国经济快速发展

① Peter Gourevitch, Roger Bohn and D. Mckendrick. Globalization of Production: Insights from the Hard Disk Drive Industry [J]. World Development, 2000, 18（2）: 301-317.
② Bernstein J., D. Weinstein. Do Endowments Predict the Location of Production? Evidence from National and International Data [J]. Journal of International Economics, 2002, 56（1）: 55-76.
③ Amiti, Mary. Location of Vertically Linked Industries: Agglomeration Versus Comparative Advantage [J]. European Economic Review, 2005, 49（4）: 809-832.
④ Brühart M. Traeger R. An Account of Geographic Concentration Pattern in Europe [J]. Regional Science and Urban Economics, 2005, 35（5）: 597-642.

和产业转型升级进程不断加快，国内区际的产业转移逐渐频繁起来，学术界对区际产业转移的研究也获得快速发展，研究成果也越来越丰富，出现了以陈建军、戴宏伟等学者为代表的研究区际产业转移的多部专著与一系列论文，近几年，更是出现了大量以区际产业转移为研究对象的学位论文。为此，本书仅对区际产业转移动因、发展进展及其效果等研究内容进行梳理，具体内容如下：

2.1.2.1　区际产业转移动因及影响因素研究

区际产业转移的动因研究是国内学术界研究区际产业转移问题时首先要面对和思考的问题，它主要用来解释以下问题：为何会产生区际产业转移？影响区际产业转移的主要因素有哪些？各因素对区际产业转移发展的影响如何？综合看来，国内学者主要围绕降低成本、利用承接区丰富资源及要素禀赋、产业结构优化升级的需要以及政府产业政策推动等方面对区际产业转移的动因进行理论分析，并对影响区际产业转移的各主要因素进行实证检验，对区际产业转移动因理论分析较有代表性的研究主要有：

（1）对区际产业转移动因进行了系统性研究的是陈建军（2002），他在其著作中深入剖析了区域产业转移的发生发展机制、企业向外转移的目的及其区域发展战略的制定等问题，并指出市场机制的作用和经济发展到一定程度是区际产业转移产生的前提条件①。另外，近几年有几篇博士论文专门研究区际产业转移的动因，如刘英基（2012）不仅从区位选择、要素流动、产业集聚等方面对区际产业转移的动因进行了系统分析，还从资源禀赋差异、市场结构及市场规模、地方政府政策等五个方面，对影响区际产业转移的主要因素进行了总结②。

（2）很多其他学者分别从产业发展梯度、产业结构调整、降低成本、企业发展战略及政府相关政策的推动等方面解释了区际产业转移产生动因，其代表性观点如下：戴宏伟（2003）在其著作中提出了"梯度双赢"理论，归纳总结了产业梯度转移规律，并指出通过转移，实现"双赢"，即转移方能够重塑新的比较优势，承接方能够更快地提高其产业结构水平，正是这种区域经济发展和产业发展的梯度，为资源和要素通过跨区域流动、区域合作提供了新机遇，推动了区际产

① 陈建军.产业区域转移与东扩西进战略［M］.北京：中华书局出版社，2002.
② 刘英基.中国区际产业转移的动因及协同效应研究［D］.南开大学博士学位论文，2012.

业转移的发展[1]；田峻等（2009）认为，金融危机加剧了我国东南沿海地区产业结构调整的压力，使得沿海地区向内陆地区的产业转移不断扩大；彭连清等（2007）发现，由于完善的公共基础设施和发达的交通运输网络能够有效降低企业成本，这使得一国范围内不同区域之间的产业转移大多是沿着成本降低的运输方向进行的，区际产业转移的最主要动因是降低生产成本[2]；冯根福等（2010）的研究得出，我国东部发达地区和中西部内陆地区之间并没有产生大规模的产业转移的最重要原因是，区际产业转移并不能够带来明显的成本下降[3]；陈建军（2002）认为，企业的市场扩张、对生产资源的边际效益最大化的追求以及企业成长发展的客观需要是区际产业转移的最重要推动因素[4]。

对区际产业转移影响因素的实证检验：主要是通过因子分析法得到影响区际产业转移的主要因素（因子），或者是通过计量回归系数的大小和方向，判断各影响因素的作用效果。代表性研究有：左小德等（2008）通过问卷调查数据，运用因子分析，从产业发展、资源环境、经济距离等5个维度，得到了影响产业转移的18个关键因子，并进一步运用结构方程分析软件对影响因素模型进行了验证[5]；王冰等（2008）利用引力模型对佛山陶瓷产业转移进行研究，发现对产业转移有正向吸引力的指标是产业承接优势、地区生产总值以及政府政策，而距离远近是阻碍产业转移的主要因素[6]；李小庆等（2011）利用面板数据，对皖江城市带10个城市承接产业转移的主要影响因素进行了具体检验，发现对吸引外来资金有显著正向影响的因素主要是经济发展规模、劳动力成本以及对路径效果等[7]；彭志胜（2014）对我国工业的空间分布特征及影响产业转移的主要因素进行研究，发现我国工业呈现出核心—边缘结构的分布特征，在东部核心区内部

① 戴宏伟等.区域产业转移研究：以"大北京"经济圈为例［M］.北京：中国物价出版社，2003：31-46.
② 彭连清，詹向阳.沿海地区产业转移与欠发达地区农村劳动力转移模式的演变——以珠三角为例［J］.当代经济研究，2007（5）：48-51.
③ 冯根福等.我国东中西部地区之间工业产业转移的趋势、特征及形成原因［J］.当代经济科学，2010（2）：1-11.
④ 陈建军.中国现阶段的产业转移及其动力机制［J］.中国工业经济，2002（8）：40-41.
⑤ 左小德等.产业转移的关键影响因子研究［J］.产经评论，2011（11）：5-19.
⑥ 王冰，冯晓玲.区际产业转移的影响因素及实证分析［J］.对外经贸，2013（10）：56-58.
⑦ 李小庆，袁白鹤.皖江城市带承接产业转移的影响因素研究［J］.铜陵学院学报，2011（5）：60-63.

存在明显的产业转移现象，其中本地市场效果是最重要的影响因素[①]。

2.1.2.2　区际产业转移进展、问题及其效果研究

国内学者围绕着区际产业转移的进展、存在的问题及其对承接地、产业转出地、企业及对整体区域经济协调发展的效果进行了众多理论分析和实证检验。

理论分析方面代表性的研究有：

（1）研究区际产业转移对于承接地的效果：该效果主要体现在其对该区域产业成长、技术进步以及生态环境等方面的影响。陈刚、陈红儿（2001）研究发现，产业转移对转入地的影响主要有素注入效果、技术溢出效果、关联带动效果、结构优化效果以及观念更新效果等[②]；王先庆（1998）通过分析粤港产业合作升级和产业转移，认为区际产业转移不仅能推进产业转出方产业结构升级和发展，还能对产业转移承接方的产业结构进行积极调整，区际产业转移应是一种"双赢"的战略选择[③]；马子红（2009）认为，区际产业转移有利于推动中西部产业结构调整，缩小东部和中西部经济发展差距，提高生产效率；杜传忠等（2010）指出，中西部通过积极承接东部地区产业转移，是加快其产业结构调整升级和区域经济发展的有效途径[④]；郝洁（2013）从企业经济效果、产业结构效果、市场竞争效果、城市化效果、环境综合效果等 8 个方面，分析了产业转移对承接地经济社会发展多方面的效果，并进一步指出，承接地是否具备承接产业转移的能力和利用要素流动外部性的能力，是承接地产生产业转移效果的约束条件[⑤]。

（2）研究区际产业转移对于转出地的效果：该效果主要体现在其对该区域产业结构优化升级以及区域竞争力提升的影响。杨国才（2009）认为，东部地区建立产业转移倒逼机制，把有效的生产要素转移到优势产业中去，实现东部地区的产业结构优化升级[⑥]；杜传忠（2010）指出，对于东部地区来说，通过将不具备比较优势的传统产业转移到中西部，将有助于转出区产业体系由传统的规模扩张

① 彭志胜. 工业的空间分布及产业转移影响因素的实证分析 [J]. 统计与决策, 2014 (6)：138–141.

② 陈刚, 陈红儿. 区际产业转移理论探微 [J]. 贵州社会科学, 2001 (4)：2–6.

③ 王先庆. 跨世纪整合：粤港产业升级与产业转移 [J]. 商学论坛, 1998 (2)：31–36.

④ 杜传忠等. 后金融危机时期加快我国区域产业转移的思路及对策 [J]. 东岳论丛, 2010 (5)：27–31.

⑤ 郝洁. 产业转移承接地效应的理论分析 [J]. 中国流通经济, 2013 (1)：60–67.

⑥ 胡黎明, 汪立, 赵瑞霞. 产业转移的经济效应及其作用机制研究 [J]. 对外经贸, 2013 (1)：60–62.

向质量提升转变，进而推动转出区经济全面转型升级；郝洁（2012）从企业经济效果、产业结构调整效果、就业效果等 5 个方面分析了产业转移对转出区的影响，并指出产业转移对转出地的作用主要受转出产业和替代产业的发展情况以及阻碍产业转出的制度障碍的约束①。

（3）研究区际产业转移对于企业的效果：该效果主要体现在其对转移企业竞争力及带动新企业创生的影响。魏后凯（2003）指出，合理科学的区际产业转移是有益于企业发展的，它能够帮助企业顺应区域经济发展趋势，提升企业的发展空间和整体竞争力，但一定程度上对产业转出区来说，企业的迁出短期内可能会带来就业机会的减少以及相关产业竞争优势下降等负面影响，相反，很大程度上会给产业承接地区带来就业机会增加以及相关产业竞争优势提升等正向影响②；汪三良等（2014）发现，产业转移对于不同规模企业的影响存在差异，虽然中部经济增长更多依靠的是小企业，但中部地区大中型企业的增长却显著受到东部大中型企业增长及规模扩展的影响，这说明东部地区大中型企业转移更多带动了转入区大中型企业的发展，其对小企业的带动作用需要强化③。

（4）研究区际产业转移对于整体区域经济的效果：该效果主要体现在其对区域经济协调发展的影响。胡黎明等（2013）对产业转移的经济效果进行了研究，认为产业转移主要通过产生资本效果、技术效果和就业效果，通过这些效果的综合作用对区域经济增长发挥作用④；李晓西（2009）认为，我国区际产业转移能够深化东中西部区域经济分工与互动，促进不同梯度的产业结构之间实现相互接纳吸收，是实现我国区域协调发展的重要途径⑤；刘英基（2012）从产业分工与资源优化配置、产业结构互动升级以及区域经济发展三个方面分析了区际产业转移的协同效果的实现机理，并得到区际产业转移是实现区域协同发展的有效途径的研究结论。

对区际产业转移的实证检验，主要是围绕着区际产业转移对于资源配置效

① 郝洁. 产业转移转出地效应及约束条件 [J]. 开放导报，2012（12）：37-40.
② 魏后凯. 区域发展战略与区域发展政策 [M]. 北京：科学出版社，2003：68-89.
③ 汪三良，刘宗普. 国内地区间产业转移效应研究 [J]. 产经评论，2014 (7)：27-35.
④ 胡黎明，汪立，赵瑞霞. 产业转移的经济效应及其作用机制研究 [J]. 对外经贸，2013 (1)：60-62.
⑤ 陈栋生. 东西互动、产业转移是实现区域协调发展的重要途径 [J]. 中国金融，2008 (4)：20-21.

果、产业结构调整效果、环境效果以及对区域收入差距的效果等方面来展开实证考察，代表性的研究主要有：张公嵬等（2010）通过综合利用产业的赫芬达尔指数、区位熵与产业绝对份额 3 个指标对我国的区际产业转移情况进行测度，发现 2004 年以后劳动密集型产业转移明显加快，在此基础上利用随机前沿生产模型测算了我国区域全要素生产率的变动，并用其来反映区际产业转移的空间资源配置效果，得出中西部的全要素增长率平均比东部沿海地区高 5~6 个百分点的研究结论[①]；贺灿飞等（2014）通过对产业转移带来的污染产生量及其空间和产业分布差异进行估算，发现 2003~2009 年我国产业在不同地区的转移确实带来了污染排放空间分布的重新分配，其中上海、浙江、山东等省市是转出污染产生量最多的地区，而山东、江苏、江西和河南是转入污染产生量最多的省份，同时，污染产生量的转移也表现出明显的产业差异，造纸及纸制品业等轻工业污染产生量主要向中西部转移，黑色金属冶炼及压延加工业则表现出在沿海地区重新分布的特征[②]；杨扬等（2009）通过对广东省 21 个地级市经济差距与产业转移的相关研究发现，广东省城市间的产业空间转移是引起省内人均 GDP 差距缩小的主要原因[③]；江静、刘志彪（2012）通过模型分析和实证研究均发现，区域内服务产业转移，带动了内陆地区融入全球化，缩小了中国地区东西部间的收入差距[④]。

2.1.2.3　对西部及新疆承接区际产业转移现实进展的研究

国内学者对西部承接区际产业转移的现状、问题、对策等进行了较多研究，但专门研究新疆承接区际产业转移的文献不多，现把较有代表性的研究总结如下：郭新明（2011）针对西部 5 省区承接产业转移情况做了调研报告，指出西部5 省区承接产业转移数量与质量上都有所提高，但也存在着产业配套能力弱、产业结构不合理、政策缺陷等问题；[⑤] 成艾华（2011）在我国西部承接产业转移现状分析的基础上，对西部承接东部产业转移存在的问题及其产生的原因进行了较深入研究，并提出大力发展基础设施、优化软环境、加强教育和提供人力资源开

① 张公嵬，梁琦. 产业转移与资源的空间配置效应研究 [J]. 产业经济评论，2010（9）：1-20.
② 贺灿飞. 中国产业转移及其环境效应研究 [J]. 城市与环境研究，2014（1）：34-48.
③ 杨扬，徐现祥，舒元. 广东省内经济差距缩小与产业转移 [J]. 经济管理，2009（4）：41-49.
④ 江静，刘志彪. 服务产业转移缩小了地区收入差距吗 [J]. 经济理论与经济管理，2012（9）：90-100.
⑤ 郭新明. 关于西部五省区承接产业转移的调研报告 [J]. 西部金融，2011（2）：7-17.

发、实现资源可持续发展等对策[1]；聂华林等（2000）提出西部地区承接区际产业转移虽然有助于促进西部产业结构升级、缓解产业趋同、获得产业规模经济，但也带来了产业级差和技术级差的进一步拉大的问题，还存在生态环境破坏和少数地区资源恶性开采的情况[2]；周石生（2008）认为，西部地区必须立足于本地区资源区域优势，不能依赖国家政策优惠，也不能奢求东部地区扶持，要遵循规律比如产业结构演进规律等，促进产业转移与原有产业整合[3]；何龙斌（2010）认为，西部地区承接产业转移存在生态困境，深入分析产生此困境的主客观原因，并从做好国家层面的统筹产业转移管理、发挥市场调节机制、降低产业转移过程中的生态污染、吸引生态友好型产业转移项目、完善技术承接机制等方面提出破解西部承接产业转移生态困境的出路[4]；郭丽娟等（2013）提出我国西部承接产业转移存在"速度"和"效益"背离问题，如产业承接目标单一化，出现高增长低发展的现象，对资源依赖性未能促进产业结构优化升级等，提出了西部承接产业转移的有效措施，包括应突破传统承接依赖，创新产业转移理念模式等；张晓东（2014）以新疆为例运用SWOT分析法对产业集聚视角下新疆承接东中部产业转移进行了实证分析，构建了衡量产业集聚的静态和动态指标模型，在此基础上得出了新疆承接产业转移的模式选择[5]；卢爱珍（2014）认为，新疆应该选择以政府为主导的产业园区金融支持模式，设立适合承接产业转移的保障机制，以便发挥金融支持新疆有效承接产业转移的作用[6]；贾晓佳（2015）认为，新疆可以通过承接产业转移、优化产业结构、合理产业分工，推进工业化进程。产业园区是承接产业转移的最佳载体，产业不断向园区集聚，在累积循环作用下将带动经济的发展[7]。

---

① 成艾华. 西部地区承接产业转移的路径选择 [J]. 重庆工商大学学报，2011（12）：43-47.
② 聂华林，赵超. 我国区际产业转移对西部产业发展的影响 [J]. 兰州大学学报（社会科学版），2000，28（5）：11-15.
③ 周石生. 西部地区承接东部产业转移问题研究 [J]. 湖北社会科学，2008（10）：73-76.
④ 何龙斌. 西部地区承接产业转移的生态困境与出路 [J]. 经济纵横，2010（7）：65-68.
⑤ 张晓东. 产业集聚视角下的新疆承接产业转移问题研究 [D]. 新疆财经大学硕士学位论文，2014.
⑥ 卢爱珍. 新疆承接产业转移的金融支持模式研究 [J]. 新疆财经，2014（5）.
⑦ 贾晓佳. 产业转移视角下新疆城市化路径分析 [J]. 伊犁师范学院学报，2015（2）：48-53.

2.2 对口援疆与区域自我发展能力提升研究进展

根据本书的主题：在对口援疆的背景下，关注以区际产业转移的主要转出地和承担更多援疆责任的东部地区，如何通过对口援疆（尤其是产业援疆）对新疆的自我发展能力发挥作用。为此，就需要在对产业转移研究进展进行较详细的梳理基础上，对对口援疆及区域自我发展能力相关的研究进展进行简要的总结。

2.2.1 对口援疆研究进展

对口支援在我国是一种具有鲜明的政治特色的国家战略模式，经过 30 多年的发展，对口支援的类型从单一的贫困地区援助发展到灾难援助、经济援助、教育援助等多个方面，在实践中被援助地区的经济和社会也都有了较大的提升。在前期充分调研的基础上，2010 年 3 月对口支援新疆工作的召开，标志着新一轮对口援疆工作拉开序幕，其目标是，通过全方位的对口支援，促进新疆跨越式发展和长治久安。伴随着新一轮对口援疆的开展，相关研究也逐步开展，主要的研究如下：

孙岿（2012）从发展平台、农牧民自我发展能力相互依存、相互促进的角度，提出对口援疆应把重点放在农牧区，构建起农牧产业升级、新型工业化和城镇化建设的发展平台。在微观上援助模式应与农牧民主体性的内部结构调整相适应，强调社会参与和价值认同在农牧民自我发展能力中的作用[1]；顾素娜（2014）则通过抽样问卷的方式，从居民满意度的角度出发，运用满意度测评方法对援疆政策的绩效进行实证分析，发现教育和补贴等的绩效较高，而基础设施、就业培训、医疗等有待提高[2]；王蕾等（2014）用熵值法对新疆自我发展能力的水平进行评价，发现政府、企业和家庭 3 个主体的自我发展能力不均衡，提出了三个

---

[1] 孙岿. 对口援疆与少数民族农牧民自我发展能力的提升 [J]. 中国民族大学学报，2012（3）.
[2] 顾素娜. 基于居民满意度的我国对口援疆政策实施绩效评估——以和田市为例 [J]. 新疆农垦经济，2014（3）.

主体提高自我发展能力的保障措施[①]；高志刚、刘伟、韩延玲（2015）对新疆阿勒泰地区进行了问卷抽样以调查公众对援疆政策评价的方式，发现民族、职业、收入和区域差异对政策评价存在极大的影响。但总体看来，社会公众对援疆工作整体评价比较高，对援疆政策表示支持[②]。

2.2.2　区域自我发展能力研究进展

自周忠瑜、吴传钧等学者最早在 20 世纪 90 年代提出缓解东西部区域发展差距、"根本是要增强区域自我发展能力"的观点以来，党的十六大报告（2002）和《中华人民共和国国民经济和社会发展第十一个五年规划纲要》（2006）中明确提出，"西部地区要进一步解放思想，增强自我发展能力"，使得自我发展能力问题以及援助与自我发展关系等成为学术界的研究热点。现把与本书直接相关的具有代表性的研究简要梳理如下：

李翔等（2014）对南疆三地州的自我发展能力进行了测度，并与全疆平均水平进行了对比，发现制约南疆三地州自我发展能力的因素各有不同，如克州社会发展和经济聚集能力弱，喀什受资源约束，和田社会发展水平低[③]；李金叶等（2014）采用主成分分析法，从经济增长、地方财政收入增加、基础设施完善、民生改善、人才队伍建设、产业升级和生态环境保护等方面分析了援疆背景下的新疆经济发展，结果表明：基础设施建设和民生改善效应显著，产业优化、财政能力和人才建设有所增长，但是生态环境问题制约较大[④]；程广斌等（2014）对新一轮 19 个省市援疆的进展、问题与推进措施作了阐述，整体看来对口援疆进展顺利，民生建设、产业援疆、智力援疆等方面均取得显著成效，但是对口援疆也存在着不可避免的四大问题[⑤]；殷冀锋（2013）认为，产业援疆是提高新疆自我发展能力的有效途径，应坚持"输血"和"造血"相结合，解决产业重复布局、本土企业成长不足等问题[⑥]。

---

① 王蕾，汪海霞. 基于熵值法的新疆民族地区自我发展能力研究 [J]. 新疆大学学报，2014，42（2）.
② 高志刚，刘伟，韩延玲. 基于问卷调查的对口援疆经济效应分析与提升策略——以新疆阿勒泰地区为例 [J]. 新疆社会科学，2015（4）.
③ 李翔，李学军. 南疆三地州自我发展能力的测度及实证分析 [J]. 新疆社科论坛，2014（4）.
④ 李金叶，杜晓宇. 援疆背景下的新疆经济发展研究 [J]. 干旱区地理，2014，37（6）.
⑤ 程广斌，程楠. 新一轮 19 省市对口援疆：进展、问题与推进措施 [J]. 石河子大学学报，2014，28（3）.
⑥ 殷冀锋. 论产业援疆与增强新疆自我发展能力 [J]. 经济研究导刊，2013（30）.

2.3 对现有研究的评述

综合看来，国外对产业转移的正式研究始于 20 世纪 50 年代后，基本沿着两个主流研究方向发展演变，即以古典贸易理论和对外直接投资理论为主要理论基础的、基于比较优势的产业转移理论及以古典区位理论及新经济地理学理论为主要理论基础的集聚产业转移理论，形成了许多重要的产业转移经典理论和规范化的实证分析结论。同时对产业转移的研究视角也逐渐由传统的经济视角向文化和制度视角扩展；相应的研究方法也从理论分析逐步向模型化和实证计量检验转变，并形成了丰富的研究结论和成果。需要特别说明的是，国外对于产业转移的研究是以国际产业转移为研究对象，虽然这些研究对于国内区际产业转移研究提供了理论和方法的重要来源，但由于国家内部特别是发展中国家内部区际产业转移的基础和条件还与国际产业转移有很多不同，需要结合区际产业转移的具体发展实践进行更细致和深入的研究。

通过进一步对国内关于区域自我发展能力和对口援疆的相关研究成果的梳理，可以发现，已有的研究从对区域自我发展能力的构成的解析上及评价指标体系方面已产生较丰富的成果，对于对口援疆的研究，主要集中在对其进展及成效的分析，这些研究成果为本书研究东部援助与产业转移对新疆自我发展能力提升效果奠定了扎实的基础，同时也为本书的研究提供了研究方法与研究思路的有益启示。与此同时，本书也发现已有研究成果还存在以下不足之处：一是理论方面，缺少对产业转移与区域自我发展能力的系统理论分析，现有的研究基本是单独论证产业转移、区域自我发展能力的进展及评价等内容，没有建立起产业转移与区域自我发展能力之间内在作用的理论分析框架，也没有深入挖掘其内在作用机理，更缺少产业转移对区域发展能力作用效果从宏观到中观再到微观的传递机制的层层深入的解释；二是实证研究方面，对于新疆承接优势及区域自我发展能力演变情况，缺少客观全面的评价，同时东部援助和产业转移对于新疆自我发展能力的提升效果缺少系统而全面的考察。

　　本书针对现有研究的不足,将研究重点集中从以下两方面来展开:一是理论研究方面,即建立产业援助及转移与新疆自我发展能力提升的理论分析框架,通过构建我国区域产业份额空间分布变动与区域经济发展作用的理论模型,揭示东部产业援助及转移与新疆各主要经济变量(经济增长、市场规模、收入差距变动等)之间内在作用关系,并进一步从影响新疆承接产业援助及转移的主要因素入手,分析各影响因素对新疆自我发展能力提升的内在作用机制;二是实证研究方面,即建立产业援助及转移与新疆自我发展能力提升作用的全面检验,主要内容有评价新疆各地州市承接优势与自我发展能力的具体演变,检验东部援助、产业转移对新疆自我发展能力提升的具体表现,遴选出新疆具有显著承接优势的具体行业,对援疆政策的有效性进行评价等。

第3章 东部援助、产业转移与新疆经济社会发展进展研究

为了更好地理解东部援助（以东部省市为主要支援方的新一轮对口援疆）及新疆承接区际产业转移的现实进展与成效，本章先对东部援助的总体进展及成效进行分析和总结，并对在产业援疆带动下新疆承接的产业转移的总体规模、特征以及地州分布等情况进行详细论述。在此基础上，从新疆总体发展情况和新疆各地州市经济社会发展情况两方面，反映援疆前后新疆经济社会产生的巨大变化。同时，为了丰富本书，通过问卷调查和典型案例分别对对口援疆的成效及问题以及承接区际产业援疆的模式等进行了补充研究。本章研究主要发现：新一轮对口援疆通过民生援疆、干部人才援疆、产业援疆等形式对于提升新疆承接优势具有重要作用；从承接区际产业转移的规模和行业特征来看，新疆承接产业转移的层次越来越高；通过问卷调查发现，对口支援在改善民生和基础设施方面成就巨大，但由于援疆资源有限，相关配套资金和管理不到位以及支援区和受援地需求不一致等问题，使得对口援疆的成效还有很大的提升空间。

3.1 新一轮对口援疆的现实进展研究

3.1.1 新一轮对口援疆的实施背景及进展情况

新疆位于亚欧大陆中部，地处祖国西北边疆，是我国面积最大、陆地边境线最长、毗邻国家最多的省区。新疆不仅地域辽阔、资源丰富，还是多民族聚居

区，虽然改革开放以来，新疆经济社会发展水平不断改善，但由于其特殊的区情和战略位置，使得维护其社会大局稳定的任务异常艰巨繁重。在此背景下，2010年3月，在北京召开全国对口支援新疆工作会议，确定北京、上海、天津、广东、深圳等19个省市承担对口支援新疆的任务，会议要求19个援疆省市通过人才、技术、管理、资金等全方位援疆的机制，把保障和改善民生放在首位，着力帮助各族群众解决就业、教育、住房等基本民生问题，力争经过5年的努力，在重点任务上取得显著成效，经过10年的努力，确保新疆实现全面建设小康社会目标。2011年5月、2012年5月、2013年9月和2015年9月，中央先后召开第二次、第三次、第四次和第五次全国对口支援新疆工作会议，明确提出要加快产业援疆步伐，深入开展产业援疆，壮大新疆特色经济，构建具有新疆特色的现代产业体系，进一步提升对口援疆工作的实效，深入贯彻落实中央新疆工作座谈会精神，推动对口援疆工作，为维护新疆社会稳定和实现长治久安做出更大的贡献。为了更好地分析新一轮对口援疆的成效，本书对19个省市的对口援疆工作以列表的形式进行了梳理，具体内容如附表1所示。从附表1中可以看到19个省市对口援疆，尤其是东部沿海地区的支援省市，通过产业援疆、民生援疆、教育援疆、干部人才援疆等形式，较圆满地完成了"十二五"期间的各项援疆规划，对带动支援省市的经济社会发展发挥了重要作用。

3.1.2　新一轮对口援疆的主要成效

自新一轮对口援疆工作开展以来，19个援疆省市、中央国家机关各部委和有关企业认真贯彻中央新疆工作座谈会和四次全国对口支援新疆工作会议精神，从全局和战略的高度出发，大力支持新疆发展。新疆维吾尔自治区党委、人民政府充分发挥主体作用，充分利用新一轮对口援疆带来的机遇，截至2015年6月，共实施援疆项目5300余个，投入援疆资金571.9亿元，超额完成"十二五"援疆规划的各项安排，对新疆经济社会发展产生巨大成效，为实现2020年全面建成小康社会的目标奠定了稳固的基础。现从民生、教育投入和干部人才建设、产业结构调整优化、增加就业机会、扩大交流合作等方面来总结对口援疆取得的成效①。

第一，民生建设成效显著。自治区连续 5 年实施的"访民情惠民生聚民心"活动和"民生建设年"活动，坚持援疆资金项目向基层和民生倾斜，将 74%的援疆资金用于民生建设，将 95%的援疆资金安排使用到县市以下基层。截至 2015 年 6 月，组织实施了 3025 个农村住房、医疗卫生、公共文化、社会福利等民生工程，建成了一批民生精品工程，使各族群众得到了实惠，促进了新疆各民族间的和谐发展。在援疆期间，新疆自治区累计安排援疆资金 164.4 亿元，新建改建安居富民房 120 万套、定居兴牧房 8 万套，以及住房配套设施建设，使超过 500 万城乡群众生活条件、住房条件明显得到改善。

第二，教育发展获得突破性进展。新一轮对口援疆实施过程中，紧紧围绕双语教育和中等职业教育两个重点，把教育作为促进新疆稳定发展的重要战略任务来谋划和推进。在改善办学条件、提升教师素质、提高办学水平等方面取得较大突破。截至 2015 年 6 月，支持援建幼儿园、中小学、寄宿制学校、双语培训基地等项目 283 个，新建和改扩建职业学校 59 所，选派 3680 名援疆教师进疆支教，帮助培训当地教师 14 万人次，有力促进了新疆教育水平的明显提升。2014 年底，新疆学前两年双语教育普及率达 89.3%，比 2009 年提高了 46.2 个百分点；高中阶段招生 27.1 万人，普职比达 6∶4；特别是南疆四地州初中毕业升入高中阶段升学率由 38%提高到 84%，使得南疆高中阶段教育取得了突破性进展。

第三，干部人才援疆成效巨大。新一轮对口援疆工作把干部人才援疆作为提升新疆发展软实力的关键。19 个援疆省市及中央国家机关、企事业单位先后选派第七批、第八批援疆干部共计 6786 名进疆工作，并根据新疆实际需求帮助新疆柔性引进 3.5 万名各类急需紧缺人才，基本缓解了新疆人才资源短缺问题。截至 2015 年 6 月，通过"请进来、走出去"的方式，帮助新疆培训各类干部人才 88.3 万人次，选派 9762 名受援地干部人才赴援疆省市挂职，组织 3.8 万名县、乡、村三级干部赴援疆省市轮训，6100 余名援疆干部人才与受援地 16.1 万余名

---

① http://www.xjdrc.gov.cn/copy_1_copy_10_second.jsp?urltype=news.NewsContentUrl&wbtreeid=11507&wb-newsid=229766.

干部人才建立帮带培养关系，有效提升了新疆干部人才队伍整体水平，为日后新疆的稳定和可持续发展打下了坚实的基础。

第四，产业援疆成效突出。新一轮对口援疆开展五年来，建立了48家国家级开发区、39家产业聚集园区的结对关系。各对口支援省市积极制定多种举措，并形成产业援疆服务跟踪机制，吸引企业来疆投资兴业，其中已有许多国内知名企业积极参与，为对口援疆工作作出重要贡献。截至2015年6月，累计引进19个援疆省市的经济合作项目共6554个，已到位资金7847.3亿元，总计占"十二五"前四年新疆固定资产投资的23%。随着大众汽车、三一重工等一批投资规模大、带动能力强的重大项目密集开工和建成投产，对促进新疆经济发展方式转变、产业结构优化调整、财政增收带来明显的促进。

第五，促进就业成效明显。实施就业优先政策。支持职业培训基地建设，加大就业技能培训，通过定向职业技能培训、订单式培养，为企业培养合格人才。如引进山东如意集团、江苏新盐纺、浙江雅戈尔、安徽华茂等一批劳动密集型企业集团来疆投资，吸纳当地少数民族群众就业。把就业作为维护新疆稳定、改善民生的首要工程来抓，积极帮助和促进各族群众实现就业。据不完全统计，"十二五"期间，19个援疆省市通过引入劳动密集型企业累计带动超过12万受援地各族群众稳定就业。同时，积极引导新疆少数民族群众、少数民族高校毕业生赴内地就业，河南、江西、浙江、湖北、安徽、广东、山东、江苏、河北等10个省市制定了吸纳新疆少数民族群众转移就业的优惠政策，建立就业信息交流和帮扶机制，支持新疆少数民族高校毕业生在内地就业，鼓励新疆少数民族群众转移就业。

第六，交往交流日益频繁牢固。充分发挥对口援疆的纽带作用，促进新疆与内地之间、各民族之间加深交流交往交融，增进各民族大团结。全面建立了19个援疆省市的相关市（区）与82个受援县（市）各相关部门之间的结对关系。19个省市社会各界广泛参与援疆工作，通过各种交流交往活动，以计划外安排财政资金、组织企业和社会捐赠，为受援地捐助资金多达28亿元。促成全疆1454所学校与援疆省市开展"千校手拉手"活动，广泛开展"双结双促"、"1+1互助"、少年儿童"手拉手"、青少年"交朋友"、"万人游新疆"等活动，促进了新疆与内地之间、各民族之间加深交流交往交融，增进了各民族间的团结和友谊。比如，在湖北省 13 名省委常委带头示范作用下，支援省、市、县党政主要负责人和相关企业负责人先后与受援地 1190 个少数民族家庭结亲结对。

3.2　产业援疆与新疆承接产业转移的进展

产业援疆是党中央、国务院在新一轮对口援疆工作中作出的重大决策部署，抓住产业援疆的历史机遇，加快承接区际产业转移，是提升新疆自我发展能力的重要途径。随着新一轮对口援疆工作的顺利开展，新疆的基础设施不断改善，当地居民收入水平不断提高，沿边开放水平不断拓展，科技文化水平和市场环境显著提升，市场规模不断扩张，这都为新疆加速承接区际产业转移提供了有利条件。本节主要结合新一轮对口援疆对新疆承接产业转移的影响，来总结分析在这种以产业援疆为主要形式的具有强烈行政干预色彩的区际产业转移的新进展和新特征。

3.2.1　对口援疆对新疆承接区际产业转移的影响

自实施新一轮对口援疆工作以来，19 个援疆省市及有关部委、企业和新疆维吾尔自治区各部门认真贯彻落实中央关于做好新疆工作的一系列决策部署，援疆工作进展顺利，截至 2015 年 6 月，19 个对口支援省市累计实施援疆项目 5300 多个，援助资金拨付总额达到 571.9 亿元，完成 5 年援疆规划资金总量的 101.4%。随着一大批援疆项目建成并投入使用，对口援疆将对新疆经济社会发展产生显著影响。概况起来，新一轮对口援疆对于新疆承接产业转移的影响主要体现在以下几个方面：

3.2.1.1　政策影响

政府各种政策的干预和引导，会直接影响企业对预期利润的判断，进而对产业转移的进程具有重要影响。随着中央新疆工作座谈会的召开和新一轮全面对口援疆工作的正式开启，使得新疆成为多重优惠政策体系的叠加区，将对新疆承接产业转移带来最有利的政策优势。与承接产业转移直接相关的优惠政策，主要有各种具体的土地利用、税收、基础设施建设、价格等各项优惠政策。如土地优惠政策规定：在新疆对口支援受援地区城镇建设用地范围外，使用戈壁荒滩建设产业聚集园区、引进产业项目的，对于取得新增建设用地的市县人民政府（包括团场），一律免收新增建设用地土地有偿使用费；除城镇建设用地范围外，使用戈壁荒滩建设产业聚集园区、引进产业项目的，获得国有土地使用权的单位和个人免交土地出让价款；城镇建设用地范围内使用国有未利用地的工业项目，工业用地出让最低价可按所在地土地等别相对应《全国工业土地出让最低价标准》的50%执行等。

另外还有两个很重要的政策体系，分别是差别化的产业政策和专门的产业援疆政策。差别化的产业政策，是指 2012 年 5 月，国家发展和改革委员会出台的《关于支持新疆产业健康发展的若干意见》（以下简称《若干意见》），《若干意见》就钢铁、电解铝、水泥、多晶硅、石油化工、煤炭、煤化工、火电、可再生能源、汽车、装备、轻工纺织 12 个产业提出了差别化产业政策，对新疆重点产业发展实行有针对性的政策支持和引导。产业援疆政策，是指 2012 年 5 月，新疆维吾尔自治区实施的《关于推进产业援疆工作的指导意见》（以下简称《指导意见》），为推进产业援疆工作提供了政策保障。《指导意见》中明确了产业援疆的总体要求、基本原则和重点领域，并给出了具体的政策扶持：设立产业援疆发展专项基金，并逐年扩大产业发展、配套基础设施建设等各类资金规模；鼓励各受援地政府通过财政贴息、股权投资等多种方式，吸引各类资金加大对产业援疆项目的投入等。多重优惠政策的实施，为新疆承接产业转移带来难得的机遇，必将对新疆承接产业转移的进程产生重要影响。

3.2.1.2　承接条件的影响

承接地区的承接条件能较大程度影响企业的区位选择行为。配套齐全的水电气基本生产条件、发达的交通通信网络、良好的公共服务水平、较容易获得的熟练劳动力和专业技术人才等，能够极大降低企业转移的阻力和成本，并对企业日后在该地区进行长久的经营和发展有着深远的影响。各对口援疆省市通过民生工程建设、智力援疆等工作的具体开展，使得受援地在交通通信、居住环境、医疗卫生、教育培训等方面获得了显著改善，为承接产业转移具体项目的落地提供了支持。对口援疆实施以来，将 95% 以上的援疆资金安排使用到基层建设上，不仅基层的基础设施和公共服务设施得到显著改善，还为新疆承接产业转移提供了硬件支撑，更重要的是通过干部和人才援疆建立人才双向交流机制：一方面，选派援疆干部和各类技术人员近万名驻新疆工作；另一方面，选派新疆的多名干部人才到各援疆省市挂职锻炼，还特别选派普通高校毕业生到援疆省市学习培养，实实在在推动了新疆全区干部人才队伍建设。新一轮对口援疆实施以来，通过民生援疆、干部人才和教育援疆等途径，大大提升了新疆承接产业转移所需的软硬件条件。

同时，需要强调的是，对口支援对于新疆普通劳动力就业发挥了重要作用，但由于劳动力具有很强的流动性，使得其成为影响产业转移的最重要生产要素，从国内外产业转移实践来看，具有充足、较高素质且价格较低廉的劳动力资源的国家或地区，往往是成为承接产业转移的首选地。各援疆省市通过各种职业培训基地建设和就业技能培训项目，切实提高了受援地普通劳动力的就业技能，比如山东在对口支援的 4 县援建了 4 所包含培训楼、实训车间等总面积达到 10.93 万平方米的职业实训基地，并购置了机床、微机、电气焊等实训设备。总之，各援疆省市通过多种途径对普通劳动力就业技能的提升，以及引导富余劳动力参与援建项目建设，使富余劳动力的就业能力得以锻炼，为新疆承接产业转移，尤其是承接纺织等劳动密集型产业转移提供了能够满足其需求的充足劳动力来源。

3.2.1.3　承接载体和平台的影响

随着区际产业转移不断由企业自发投资的分散转移向产业链或者集群形式的整体转移演变，通过政府搭建各种产业对接平台，并以产业园区为集中承接载体的承接模式，越来越普遍和重要。对口援疆通过将支援方和受援方结对子的形式，为两地深入开展交流合作、搭建各种产业对接平台提供了最有效的体制机制保障。援疆工作实施以来，各支援省市和受援地政府，加强产业园区建设，积极搭建各类招商平台，大力吸引支援省市企业进疆考察投资，促成了一批投资规模大、对经济支撑能力强的项目集中落地，如宜化、徐工等一批国内知名企业相继落户新疆，三一重工产业园等一大批产业园区建成并投入使用。同时，对口支援省市的 39 个国家级开发区对口支援新疆 48 个产业聚集园区已全面开启，当前新疆国家级园区已达 19 个（其中 3 个属于兵团），吸引了一批大企业大集团入驻，各类产业园区集聚发展势头良好，逐渐成为承接产业转移和沿边开发开放的重要示范区。可见，产业援疆和园区援疆已成为新一轮对口援疆的重要内容，为新疆承接产业转移提供了最直接的载体和平台支撑，尤其是东部经济发达省市的大规模产业援疆和园区共建已成为新疆承接产业转移的引领力量。

3.2.2　新疆承接区际产业转移的新进展和新特征

中央新疆工作座谈会的召开和全国对口援疆工作的全面开启，给新疆承接区际产业转移带来了前所未有的历史机遇。"十二五"时期，随着东部产业结构调整不断深入和一系列促进新疆跨越式发展政策的实施，新疆成为各类企业投资的热土，区外到位资金呈现迅猛增长的发展态势，资金在新疆各产业的分布也更加多样。综合来看，"十二五"时期，新疆承接区际产业转移呈现如下新进展和新特征：

第一，承接规模增长迅猛，对口援助省市的资金和项目成为承接产业转移的主要来源。中央和新疆一系列促进新疆跨越式发展和长治久安的政策、措施成效凸显，"十二五"时期招商引资到位资金增长迅猛。具体来看，2010 年新疆引进到位资金首次突破千亿元，2011 年到位资金猛增至近 2000 亿元，资金增长率高达 57.29%，2012 年到位资金规模达到 2763.5 亿元，资金增长率超过 40%，到 2014 年引进到位资金超过 4000 亿元。4 年来，新疆招商引资累计区外到位资金 12429.65 亿元，基本已经完成自治区招商引资"十二五"规划的发展目标（力争突破 13000 亿元）；区外到位资金年均增速高达 35.59%，比新疆招商引资"十二五"规划到位资金目标增速（年均增长 25%以上）高 10.59 个百分点。同时，从近 4 年来引进的到位资金和项目的来源来看，19 个对口支援省市的资金和项目占引资总额和项目总数的一半以上，占境内外省到位资金总额的比重基本在 70% 左右，对口援疆 19 个省市已成为新疆承接产业转移的主要地区，其中经济发达的东部地区的支援省市如山东、浙江、北京、广东、江苏、福建等是对口支援资金和项目的主要来源地，每年山东和浙江这两个省的到位资金约占 19 个省市到位资金总额的 25%。可见，产业援疆直接决定着新疆承接产业转移的进展，为此，推进新疆招商引资工作和产业援疆互动，将有利于发挥各方优势，拓展新疆与对口援疆省市合作空间，促进东西部区际产业转移，深化区域经济分工合作，实现区域经济协调共赢发展。

第二，承接布局南北疆分布不均衡，各地州市承接规模差距巨大。新疆南北疆发展存在显著差距，尤其是南疆三地州基础设施和工业基础都比较薄弱，这使得南北疆在承接产业转移的规模方面也表现出严重的非均衡性，虽然随着对口援疆等一系列工作的开展，南疆的整体发展获得了很大改善，但南疆内部差距两极分化严重。近 4 年来，新疆各地州市引进到位资金规模如表 3-1 所示。从表 3-1 来看，2011~2014 年，新疆 14 个地州市引进到位资金规模和增长速度均存在较大差异：从承接规模来看，承接规模最大的 4 个地州市是昌吉州、乌鲁木齐市、伊犁州直和巴州，每年这 4 个地州市承接资金量之和占资金总量的比重均超过 60%，而承接规模最小的是南疆的和田地区、克州和喀什地区，每年这 3 个地州承接资金量之和占资金总量的比重均未达到 10%，尤其是克州和和田地区 2 地承接资金之和每年都是仅占资金总额的 2.6%，这使得南北疆承接规模存在显著差距，南疆 5 个地州承接规模基本维持在 25%~30%。另外，从增长速度来看，2012 年和 2013 年各地州市承接资金的总体增长速度迅猛，2014 年总体增长速度有所放缓，同时各地州市增长速度也存在较大差距：在 2012 年引进到位资金增长速度最快的博州和阿克苏地区增速高达 177% 和 90%，而最慢的塔城地区和克拉玛依市增速在 15% 左右，2013 年 14 个地州市之间引进到位资金增长速度差距明显减小，有 9 个地州市增速在 21%~38%，而到 2014 年除了吐鲁番增速高达 39% 外，其他 13 个地州市的增长速度分成 3 个明显的层次，有 4 个地州增速显著下降，其中增速最高的昌吉州仅为 4.25%，还有 5 个地州增速明显放缓，维持在 10%~16%，另外 4 个地州维持在超过 20% 的较高增速水平上。为此，需要结合新疆各地州市发展的现实，更有针对性地推进产业援疆和承接产业转移工作。

表 3-1　新疆各地州市引进到位资金规模与增长率统计

各地州市	2014 年资金（亿元）	同比增长率（%）	2013 年资金（亿元）	同比增长率（%）	2012 年资金（亿元）	同比增长率（%）	2011 年资金（亿元）
吐鲁番地区	116.23	39.06	83.58	3.10	81.07	31.18	61.80
哈密地区	318.03	27.63	249.19	48.60	167.69	24.84	134.33
阿勒泰地区	190.49	22.41	155.62	25.71	123.79	53.72	80.53
乌鲁木齐市	626.31	21.20	516.75	33.37	387.46	45.75	265.84
克拉玛依市	105.65	20.54	87.65	35.53	64.67	15.01	56.23
博州	101.05	16.58	86.68	32.96	65.19	177.06	23.53

续表

各地州市	2014年资金(亿元)	同比增长率(%)	2013年资金(亿元)	同比增长率(%)	2012年资金(亿元)	同比增长率(%)	2011年资金(亿元)
和田地区	35.30	16.50	30.30	31.78	22.99	45.16	15.84
伊犁州直	495.05	15.42	428.93	22.53	350.06	39.05	251.75
克州	74.46	13.42	65.65	21.54	54.02	54.82	34.89
阿克苏地区	281.10	10.53	254.32	26.50	201.04	90.74	105.40
昌吉州	962.20	4.25	923.00	41.50	652.30	60.36	406.77
巴州	420.00	3.45	406.00	17.85	344.51	22.84	280.45
喀什地区	201.28	2.39	196.58	−2.89	202.43	50.47	134.53
塔城地区	176.00	0.38	175.33	38.86	126.26	14.25	110.52
资金合计	4103.16	13.96	3600.58	30.29	2763.50	40.82	1962.41
19个省市资金合计	2282.95	16.29	1963.08	31.51	1492.77	37.31	1087.18

第三，承接产业集中在第二产业，但近两年第三产业增长迅速，具体承接的行业类型逐渐多样。西部地区处于工业化中期，而第三产业开始逐步演变为东部地区的主导产业，同时由于工业对于资源、劳动力等生产要素投入的依赖更大，同时对资源环境约束更加敏感，这都导致工业成为当前我国区际产业转移的主要产业。新疆承接的区际产业转移也集中在第二产业，但随着对口援疆工作的深入推进，尤其是东部经济发达地区的支援省市，充分利用自身在科技、教育、文化等方面的优势与新疆各受援地在商贸物流、旅游以及新兴产业等方面合作的经济项目也越来越多，尤其是近两年来第三产业承接规模增长迅速。近四年来，新疆引进到位资金和项目的产业分布如表3-2所示。从表3-2来看，2011~2014年，新疆引进到位资金和项目集中在第二产业，但从资金和项目在各产业所占比重来看，第二产业所占比重逐年下降，尤其是2013年和2014年第二产业所占比重下降较快：2011年资金比重高达83.2%，2012年该比重仍高达80.1%，而到2013年快速降低到72.53%，2014年继续下降为68.01%，与此相对应的是第三产业所占比重快速上升：2011年资金比重只占16%，到2014年资金比重上升至30.81%。从承接的具体行业类型来看，新疆招商引资的投资领域也进一步拓宽，逐渐由石油、煤炭、化工、矿产资源开采和利用等传统优势产业，向先进装备制

造以及战略性新兴产业发展。2014 年新疆引进资金投向的行业分布如表 3-3 所
示。从表 3-3 可以清楚地看到，无论是从各行业的资金比重，还是从各行业的增
长速度来看，都反映出引进资金投向更加多样化的发展态势：从资金占比来看，
新兴产业、轻工业、机电装备业、商贸物流等产业都形成了一定规模，从各行业
的发展速度来看，部分传统工业行业项目到位资金出现较大幅度的下降，如钢
铁、建材等同比下降近 30%，而新兴产业如生物医药、新材料行业同比快速增长
近 1 倍，还有纺织业、轻工业、先进装备业等也表现出较快的增长速度。

表 3-2　新疆引进到位资金和项目的产业分布统计

产业	2014 年资金	比重	项目	2013 年资金	比重	项目	2012 年资金	比重	项目	2011 年资金	比重	项目
第一产业	56.5	1.18	127	63.65	1.49	178	31.62	0.97	89	19.01	0.77	76
第二产业	3245	68.01	1703	3095	72.53	1931	2620	80.1	1735	2056.1	83.2	1673
第三产业	1470	30.81	1210	1109	25.98	1013	619.2	18.93	794	395.7	16	634

表 3-3　2014 年新疆引进资金投向的行业分布统计

主要投资领域	项目数（个）	到位资金（亿元）	资金占比（%）	增速（%）
农业	127	56.50	1.18	-11.23
工业	1703	3244.97	68.01	4.85
非石油工业	1629	2441.11	51.16	4.95
纺织	83	77.90	1.63	80.89
煤炭煤电煤化工	155	819.86	17.18	31.94
轻工	374	179.35	3.76	30.61
其中：农副产品加工	203	69.05	1.45	26.60
机电装备	189	110.50	2.32	12.66
新兴产业	301	537.36	11.26	12.24
其中：生物医药、新材料	38	67.97	1.42	99.19
节能环保	32	22.56	0.47	18.54
先进装备	48	47.25	0.99	17.87
风电光电	166	394.28	8.26	4.47

续表

主要投资领域	项目数（个）	到位资金（亿元）	资金占比（%）	增速（%）
石油化工	208	1387.65	29.08	3.99
基础设施	117	232.65	4.88	13.37
房地产	471	753.99	15.80	67.99
文化旅游	162	117.05	2.45	2.39
商贸物流	323	285.23	5.98	−3.30
钢铁	75	108.67	2.28	−27.70
建材	265	127.45	2.67	−28.13
火电水电	73	162.72	3.41	−45.03

3.3　新疆经济社会发展演变现实进展研究

中央新疆工作座谈会召开以来，新疆经济社会发展取得了显著成就。为了客观而全面呈现新疆经济社会发展演变特征，同时也为接下来对新疆自我发展能力评价提供指标与数据支持，本章从经济与社会发展、产业集聚与结构调整、企业成长与居民收入3个层面选择相应的指标来体现新疆经济社会发展演变的全貌。

3.3.1　经济与社会发展层面

为了呈现新一轮对口援疆进展情况，新疆总体经济社会发展演变情况，本书选择援疆前3年和援疆后4年的数据，从地区生产总值及增速、人均地区生产总值及增速、单位 GDP 能耗、城镇化水平及增速、对外开放水平及增速、财政收支水平及增速、教育科技进步、环境治理及医疗服务水平等方面来反映。接下来对前5个指标进行较详细分析。

第一，经济发展速度不断加快。2014 年，新疆地区生产总值（GDP）达9264.10亿元，连续 5 年迈过 3 个千亿元关口，年均新增生产总值千亿元。2010~2014 年，新疆地区生产总值分别增长 10.6%、12.0%、12.0%、11.1%、10.0%，增速分别比全国快 0.2 个、2.8 个、4.2 个、3.4 个、2.6 个百分点。中央新疆工作座谈会以来，新疆 GDP 年均增长 11.14%，新疆进入历史上经济发展最好、最快的时期，增速比 1979~1999 年（改革开放至西部大开发前）高 0.64 个百分点，比 2000~2009 年（西部大开发至中央新疆工作座谈会前）高 1.04 个百分点。2007~2014 年新疆地区生产总值及增速演变如图 3-1 所示。

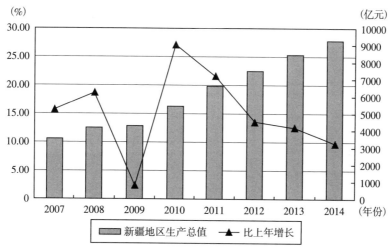

图 3-1　2007~2014 年新疆地区生产总值及增速演变

第二，人均地区生产总值跨上 5000 美元大关。2009~2014 年，人均地区生产总值由近 2 万元增加到 4 万元，增长了近 1 倍，年均增长 9.2%（人均地区生产总值由 2920 美元增加到 6345 美元）。按照 2007 年世界银行的划分标准，由下中等收入跻身上中等收入行列。2010~2014 年人均地区生产总值年均增长 5216.2 美元，该段时期全国人均生产总值年均增长率为 9.78%，比 2000~2009 年（西部大开发至中央新疆工作座谈会前）高 1.4 个百分点（见图 3-2）。

第三，单位 GDP 能耗近几年表现出上升趋势，能源消耗与经济发展矛盾较突出。单位 GDP 能耗也称为万元 GDP 能耗（单位：吨标准煤/万元），它是指一定时期内一个区域每生产一个单位的生产总值所消耗的能源量，主要用该指标来反映能源消费水平和节能降耗状况，是一个综合反映经济结构和能源利用效率的指标。目前新疆正处在重化工业发展阶段，高耗能行业占有较大比重，以重化工业为主导的产业结构短期内难以完全改变。同时，伴随着东部向中西部地区的产业转移，也一定程度上出现了污染能耗向西部地区转移的问题，为此，新疆在对

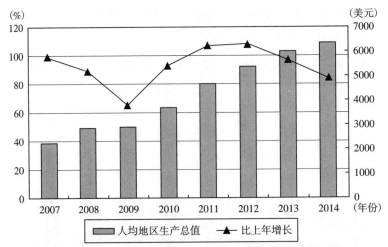

图 3-2　2007~2014 年新疆人均地区生产总值及增速演变

区域内经济结构进行调整、加快节能降耗的同时，也要严把环境关，减少对脆弱生态环境的污染和破坏，高标准地承接区际产业转移，可以说，新疆近几年来单位 GDP 能耗下降得比较缓慢，一定程度上也与承接产业的类型集中在资源能耗消耗比较大的行业有关。"十二五"以来，新疆万元 GDP 能耗呈现不断增长趋势，2011 年、2012 年、2013 年分别比上年增长 6.96%、6.47%、13.75%，直到 2014 年才呈现下降趋势，2014 年万元 GDP 能耗比 2013 年下降 0.42%，而 2014 年全国万元 GDP 能耗降低 4.8%，远高于新疆的降幅（见图 3-3）。

图 3-3　2000~2014 年新疆单位 GDP 能耗演变

第四，城镇化水平不断提升。根据学术界对城镇化的界定，常用城镇人口占总人口的比重来衡量该地区城镇化水平。截至 2014 年末，新疆城镇人口为 2298.47 万人，城镇化率为 46.07%，比 2009 年提高 6.24 个百分点。现有乌鲁木齐市、克拉玛依市 2 个地级市，22 个县级市，263 个镇。2010~2014 年，新疆城镇化水平年均增长率为 2.98%，该段时期全国城镇化水平年均增长率为 1.2%，比 2000~2009 年（西部大开发至中央新疆工作座谈会前）提高 0.87 个百分点（见图 3-4）。

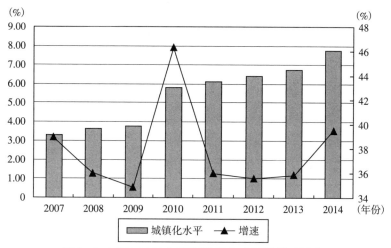

图 3-4 2007~2014 年新疆城镇化水平及增速演变

第五，对外开放水平不断深化。随着新疆经济社会的快速发展，尤其是"一带一路"倡议的提出，使得新疆与周边国家经济贸易往来规模越来越大。新疆拥有 190 个国家和地区贸易伙伴，其中，2014 年对俄罗斯进出口总额为 21.51 亿美元，增长 3.7 倍；塔吉克斯坦为 20.12 亿美元，增长 26.9%；哈萨克斯坦为 101.30 亿美元，下降 17.3%；吉尔吉斯斯坦为 40.98 亿美元，下降 1.8%；美国为 7.67 亿美元，下降 4.9%。本书借鉴许多学者的做法，用当年地区进出口总额占该地区的生产总值比重来衡量对外开放水平程度。2010~2014 年，新疆对外开放水平年均增长率为 15.24%，该段时期全国对外开放水平年均增长率为 12.5%（见图 3-5）。

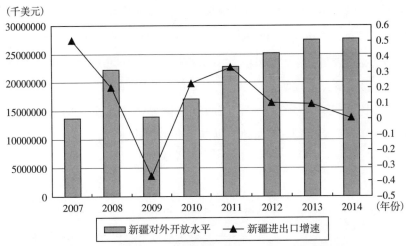

图 3-5　2007~2014 年新疆对外开放水平及增速演变

3.3.2　产业集聚与结构调整层面

产业集聚与结构调整层面的衡量，主要是考察新疆产业发展与产业结构优化升级的发展演变情况。考虑到用第二产业、第三产业份额之和来衡量的产业结构高级化，难以体现出第二产业、第三产业各自的具体变化，而不设立产业结构高级化指标，分别考察第二产业和第三产业具体的演变对承接产业转移及自我发展能力的影响，同时考虑到当前产业转移主要集中在工业领域，所以单独设立工业集聚度指标。产业结构合理化，是指根据经济发展的阶段、技术水平和消费需求结构以及资源条件等，对起初不合理的产业结构进行调整，优化资源配置，使各产业协调发展的过程，直接关系到产业组织优化，对承接产业转移和区域自我发展能力提升具有重要影响。其中，本书对产业层面的 5 个具体指标进行重点研究，分别是第二产业份额、第三产业份额、产业结构合理化水平、市场规模和工业集聚度。其中产业结构合理化，借鉴干春晖等（2011）的研究，用 INOP 值来

衡量产业结构合理化水平：$INOP = \sum_{i=1}^{3} \left(\dfrac{y_i}{y} \right) \ln \left(\dfrac{y_i l}{y l_i} \right)$，其中 y 表示产值，l 表示就

业，i 表示产业。INOP 值越接近零，说明产业结构合理化水平越高；市场规模用社会消费品零售总额来近似表示；工业集聚度用区位熵分析的方法来界定，具体定义是用该地区工业增加值占地区生产总值的份额与全国工业增加值占全国生产

总值的份额的比值来衡量；本书用图 3-6 至图 3-10 来具体呈现新疆产业发展演变情况。

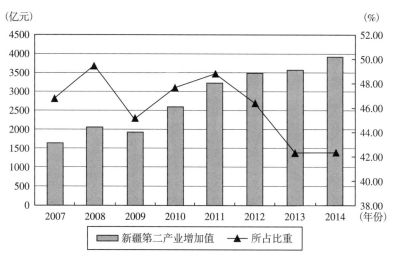

图 3-6　2007~2014 年新疆第二产业增加值所占比重演变

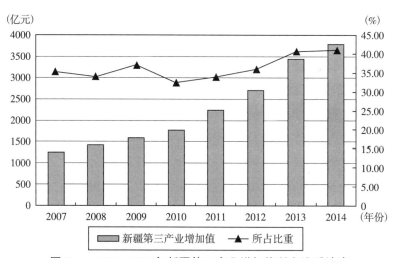

图 3-7　2007~2014 年新疆第三产业增加值所占比重演变

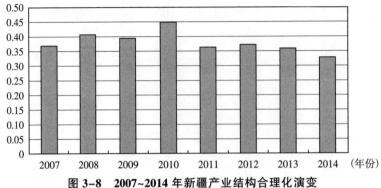

图 3-8　2007~2014 年新疆产业结构合理化演变

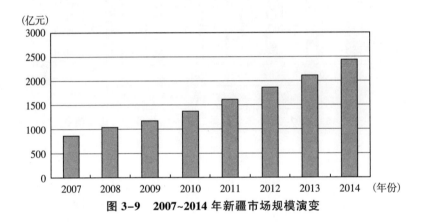

图 3-9　2007~2014 年新疆市场规模演变

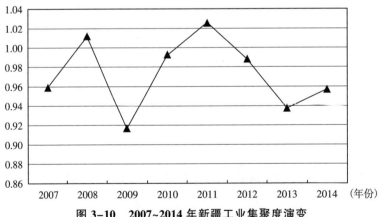

图 3-10　2007~2014 年新疆工业集聚度演变

从以上 5 个指标的演变图可以发现，新疆经济在产业集聚和结构调整层面的演变具有如下明显特征：一是第二产业和第三产业表现出不同的演进趋势，即第二产业在新一轮对口援疆后表现出先上升后下降趋势，而第三产业在新一轮对口援疆后表现出稳定的上升趋势；二是产业结构合理化水平较低，但新一轮对口援疆后产业结构合理化水平得到一定程度的改善；三是市场规模和工业集聚度表现出上升趋势，尤其是新一轮对口援疆后市场规模上升得比较快，这说明对口援疆通过民生项目建设等内容的实际开展，确实带动了人气、增加了市场消费，但由于新一轮对口援疆中尤其是央企援疆，留给当地核算的工业增加值并没有当地生产总值增加那么快，这在一定程度上导致新一轮对口援疆后工业集聚度的提升不是那么显著。综合这三点，可以充分说明，新疆总体处于工业化中期阶段，承接产业转移的工业基础优势逐渐显现，但产业结构合理化水平还需要进一步改善。具体来说，2010~2014 年，新疆第二产业增加值份额年均增长率为 15.85%，比 2000~2009 年（西部大开发至中央新疆工作座谈会前）低 1.2 个百分点；2010~2014 年，新疆第三产业增加值份额年均增长率为 19.28%，比 2000~2009 年（西部大开发至中央新疆工作座谈会前）高 6.4 个百分点；2010~2014 年，新疆市场规模年均增长率为 15.66%，比 2000~2009 年（西部大开发至中央新疆工作座谈会前）高 2.32 个百分点。

3.3.3　企业成长与居民收入层面

企业成长与居民收入发展的演变衡量，主要是考察新疆居民收入和企业规模以及盈利能力等的发展演变情况。新一轮援疆的积极效果有效传递给当地居民，让居民得到更多实惠，同时，通过对口援疆真正帮助当地企业或者使得转移过来的企业（或通过转移的资金新建企业）在新疆发展壮大，这才是提升新疆自我发展能力的关键，更是新疆长治久安的根基。为此，本书选择城镇居民人均可支配收入、农村居民年均纯收入、规模以上企业个数、规模以上工业企业平均利润、规模以上工业企业主营业务收入（其中，每个规模以上工业企业主营业务平均利润，是用规模以上工业企业主营业务平均利润除以规模以上工业企业个数来表示）反映不同地区规模以上企业的平均盈利能力，从 2007 年开始，按照国家统计局的规定，规模以上工业的统计范围为年主营业务收入达到 500 万元及以上的工业法人企业；2011 年经国务院批准，纳入规模以上工业统计范围的工业企业起点标准从年主营业务收入的 500 万元提高到 2000 万元。由于统计口径的变动，对于规模以上企业个数，本书更关注 2011 年新一轮对口援疆实施后的情况。用图 3-11 至图 3-15 来说明企业成长与居民收入层面的演变情况。

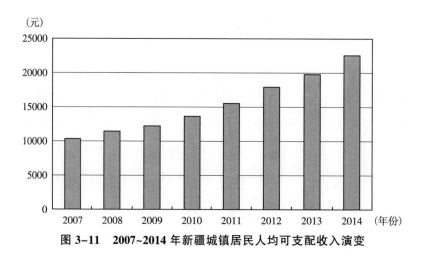

图 3-11　2007~2014 年新疆城镇居民人均可支配收入演变

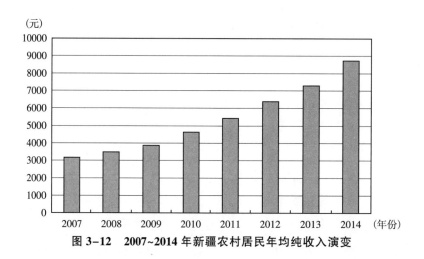

图 3-12　2007~2014 年新疆农村居民年均纯收入演变

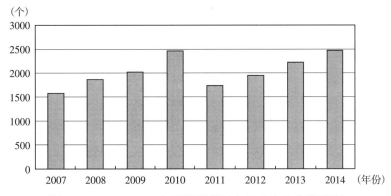

图 3–13   2007~2014 年新疆规模以上工业企业个数演变

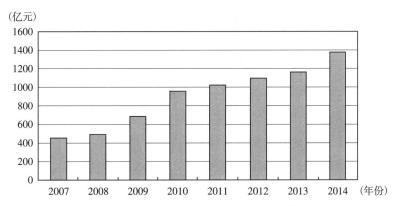

图 3–14   2007~2014 年新疆规模以上工业企业平均利润演变

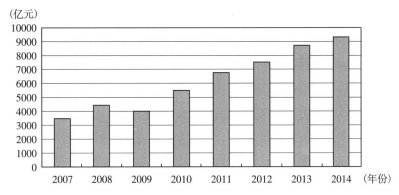

图 3–15   2007~2014 年新疆规模以上工业企业主营业务收入演变

从以上 5 个指标的演变图可以发现，新疆经济在居民收入和企业成长层面的演变具有如下明显特征：一是无论城镇居民还是农村居民的收入都获得快速增长；二是从规模以上企业的个数来看，尤其是新一轮对口援疆推进以来，新疆的规模以上企业个数稳步增长；三是从规模以上企业的主营收入和利润来看，也都表现出稳定的上升趋势，这都在一定程度上说明新疆的规模以上企业的竞争力不断增强。具体从数值来看，2010~2014 年，新疆城镇居民收入平均增长率为 12.99%，比 2000~2009 年（西部大开发至中央新疆工作座谈会前）高 3.93 个百分点，2014 年的城镇居民收入是 2009 年的 1.84 倍，2014 年城镇居民可支配收入比 2009 年高 10299.7 元；2010~2014 年，新疆农村居民年均收入平均增长率为 17.64%，比 2000~2009 年（西部大开发至中央新疆工作座谈会前）高 7.4 个百分点，2014 年的农村居民收入是 2009 年的 2.25 倍，2014 年农村居民年均收入比 2009 年高 4858.9 元；2011~2014 年规模以上企业个数增加了 739 个；2010~2014 年，新疆规模以上工业企业主营业务收入平均增长率为 18.9%。

3.4　新疆各地州市经济社会发展现实进展及特征研究

新疆由于疆域广阔，资源分布及经济发展基础等在各地州市存在较大差异，区域经济不平衡问题更加突出。如果仅关注新疆整体经济发展演变情况，很难反映新疆内部各地州市之间经济社会发展的真实进展，尤其是南疆三地州的发展不仅是新疆经济社会发展的重点和难点，更是关系到新疆稳定和长治久安的关键区域。其中各地州市发展的差距有多大，以及各地州市在哪些方面差距最显著是本书关注的重点问题。由于下节，我们会从经济社会发展能力、产业集聚与结构调整能力、企业成长与居民收入改善能力构建衡量新疆及各地州市自我发展能力的指标体系，因此，就不再详细描述呈现各指标的具体演变规律和趋势，仅挑选几个最能反映各地州市经济社会发展状况差距的指标进行解释。

3.4.1　新疆各地州市经济社会现实进展

近年来，尤其是新一轮对口援疆实施以来，新疆各地州市经济社会获得快速发展，产业结构调整不断深入，居民收入不断改善，但各地州市经济社会发展不平衡问题仍然突出。现从当地经济发展总体水平、产业结构演变程度、劳动者工资、城市化水平、对外开放水平、市场化水平、医疗水平等方面选择相应的指标反映新疆各地州市经济与社会发展的现实进展。具体选择人均 GDP、第二产业增加值份额、第三产业增加值份额、城镇职工平均工资、城市化程度、进出口总额、财政支出占当地 GDP 比重、每万人病床数这 8 个指标的演变来反映新疆各地州市经济与社会发展演变的概况。其中，对于市场化程度，本书使用财政支出与地区生产总值之比来近似表示政府对经济的参与程度，政府参与程度越高，说明市场化程度越低；对外开放度水平，使用按境内目的地和货源地所分的进出口总额来近似表示，并使用当年人民币对美元汇率以美元计的进出口总额数据进行处理。这 8 个指标的具体演变趋势如图 3-16 至图 3-23 所示。

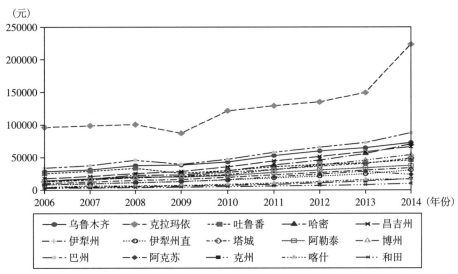

图 3-16　2006~2014 年新疆各地州市人均 GDP 发展演变

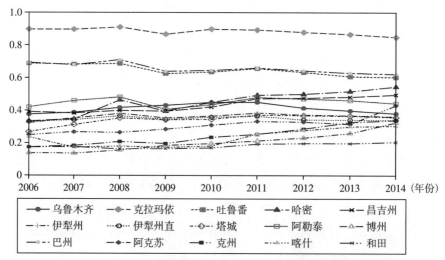

图 3-17　2006~2014 年新疆各地州市第二产业增加值份额发展演变

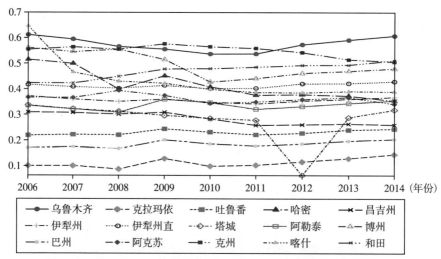

图 3-18　2006~2014 年新疆各地州市第三产业增加值份额发展演变

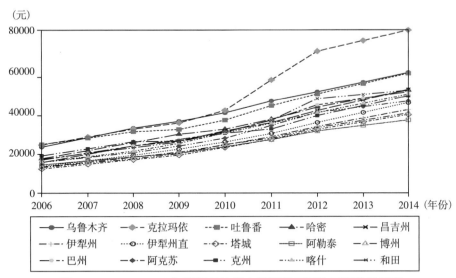

图 3-19　2006~2014 年新疆各地州市城镇职工平均工资发展演变

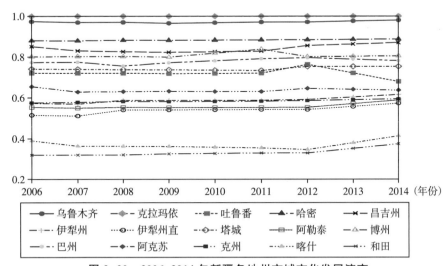

图 3-20　2006~2014 年新疆各地州市城市化发展演变

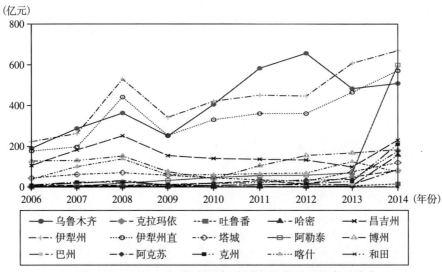

图 3-21 2006~2014 年新疆各地州市进出口总额发展演变

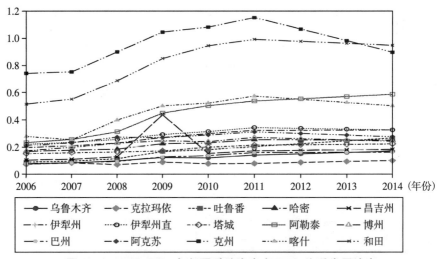

图 3-22 2006~2014 年新疆财政支出占 GDP 比重发展演变

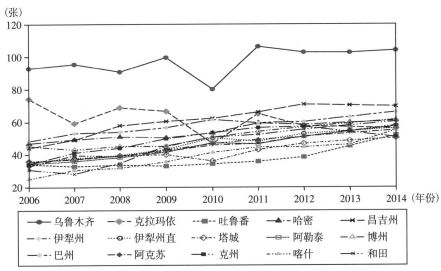

图 3-23　2006~2014 年新疆各地州市万人病床数发展演变

从以上 8 个指标的发展演变趋势来看，呈现出如下突出特点：一是从以上 8 个绝对指标随时间推移的演变图可以发现，新疆各地州市经济与社会不断发展，各项指标中除了进出口总额由于受到外部经济环境影响较大而呈现较大的波动性之外，其他指标基本都呈现随着时间推移不断提升的演变趋势；二是从以上 8 个指标在同一演变图中的位置来看，各指标都呈现出较大的发展差距。

（1）从体现经济发展水平的指标来分析，从人均 GDP、城市化率和进出口总额来看：2006 年三个指标最低的是和田地区人均 GDP3005 元、和田地区城市化率 31.94%、和田地区进出口总额 2256 万元；最高的是克拉玛依市人均 GDP 96006 元、克拉玛依市城市化率 100%，伊犁州进出口总额 223.46 亿元。2014 年这三个指标最低的是和田地区人均 GDP 10027.8 元、和田地区城市化率 37%、和田地区进出口总额 6532.25 万元；最高的是克拉玛依市人均 GDP 223341.4 元，克拉玛依市城市化率为 100%，伊犁哈萨克自治州进出口总额 669.56 亿元。进一步来说，从新一轮对口援疆前后各指标的发展速度来看，比如以人均 GDP 的增长为例，南疆中的克孜勒苏柯尔克孜自治州是 2011~2014 年人均 GDP 增长最快的区域，其在 2011 年后 4 年增长的速度比援疆前 4 年的平均增长速度高 8.83 百分点；北疆中的哈密市是 2011~2014 年人均 GDP 增长最快的区域，其在 2011 年后 4 年增长的速度比援疆前 4 年的平均增长速度高 4.09 百分点。

（2）从体现社会发展水平的指标来分析，即从各地州市财政支出占 GDP 的比重和每万人病床数来看：2006 年 2 个指标最低的是克拉玛依市财政支出占 GDP 比重的 7.35%、喀什地区每万人病床数 25.19；最高的是克孜勒苏柯尔克孜自治州财政支出占 GDP 比重的 74.16%、乌鲁木齐市每万人病床数 92.97。2014 年这 2 个指标最低的是乌鲁木齐市财政支出占 GDP 的比重为 7.57%、和田地区每万人病床数 60.34；最高的是和田地区财政支出占 GDP 的比重为 94.65%、乌鲁木齐市每万人病床数 104。

（3）从体现产业结构发展演变的指标来看，用第二产业、第三产业增加值份额来分析，2006 年 2 个指标最低的是博尔塔拉蒙古自治州，第二产业增加 13.69%，克拉玛依市第三产业增加 9.86%；最高的是克拉玛依地区，第二产业增加 89.72%，喀什地区第三产业增加 64.48%。2014 年这 2 个指标最低的是和田，第二产业增加 20.49%，克拉玛依市第三产业增加 14.41%；最高的克拉玛依市，第二产业增加 84.94%，乌鲁木齐市第三产业增加 60.76%。进一步来说，从新一轮对口援疆前后各指标的发展速度来看，以第二产业增加值份额为例，南疆中的喀什地区是 2011~2014 年第二产业增加值增长最快的区域，其在 2011 年后 4 年增长的速度比援疆前 4 年的平均增长速度高 4.47 个百分点；北疆中的博尔塔拉蒙古自治州是 2011~2014 年第二产业增加值份额增长最快的区域，其在 2011 年后 4 年增长的速度比援疆前 4 年的平均增长速度高 1.75 个百分点。

（4）从体现居民收入改善的指标来看，即从城镇平均工资来看，2006 年指标最低的是塔城地区，为 12568 元，最高为克拉玛依，是 24985 元；2014 年指标最低的是阿勒泰地区，为 37764 元，最高的是克拉玛依市，为 84418 元。进一步来说，从新一轮对口援疆前后各指标的发展速度来看，援疆前 4 年城镇平均工资增长速度最低的吐鲁番地区为 10.72%，在援疆后 4 年增长速度提高了 2.57 个百分点。

3.4.2 新一轮对口援疆后新疆各地州市经济社会发展演变的特征分析

为了更清楚呈现新一轮对口援疆之后，新疆各地州市经济社会发展演变特征，同时突出援疆对微观的经济主体企业成长和居民收入改善的作用，本书从援疆后新疆各地州市经济发展演变的总体特征、规模企业成长和产业园区分布情况以及城乡居民收入改善情况，来反映援疆后新疆各地州市经济社会发展演变的特征。

第一，从各地州市总体经济发展演变来看，呈现出随着时间推移新疆各地州市经济社会虽然不断向前发展，但各地州市发展差距确实较大，而且有固化的倾向，即南疆 3 地州的发展一直落后于北疆各地州市的发展，但差距自援疆后表现出一定的缩小趋势。以人均 GDP 为例，援疆前增长较缓慢地区有阿克苏地区、克孜勒苏柯尔克孜自治州、喀什地区、和田地区，尤其是和田地区，人均 GDP 仅为 3730.25 元，平均增长率为 14.6%。援疆后这 4 个地区增长速度呈现出显著变化，以增长速度变化最快的阿克苏地区为例，人均 GDP 为 12607.29 元，平均增长速度为 24.31%。南疆的和田地区在援疆后增长速度有所提升，但是增幅不如南疆的其他地区增长快，人均 GDP 为 7809.95 元，平均增长速度为 18.04%，相比较南疆各地州市，援疆后 4 年人均 GDP 增长速度较快且发展较好的地州有哈密地区、塔城地区、伊犁哈萨克自治州，人均 GDP 分别为 52424.15 元、39289.16 元、28584.5 元，增长速度分别为 24.42%、20.14%、14.86%。

第二，从援疆后城乡居民收入增长及差距演变来看，呈现出援疆后城乡居民收入获得显著改善，并且城乡居民收入差距逐渐缩小的特征。首先，从各地州市农村居民年均纯收入增加的绝对值和增长率来看，2014 年各地州市农村居民收入比 2011 年获得巨大改善，除了克孜勒苏柯尔克孜自治州和和田地区外，其他地州市新一轮对口援疆后农村居民纯收入都增长了 3000 元以上，并且有 7 个地州市增长了 4000 元以上，增长绝对数值最大的巴州达到 5925 元。从增长速度来看，除了塔城地区和博州外，2014 年新疆各地州市农村居民纯收入比 2011 年增长超过 40%，并且有 8 个地州市的增长率超过了 60%，增长率最高的阿勒泰地区达到 82%。其次，从城镇居民可支配收入增加的绝对值和增长率来看，2014 年各地州市城镇居民收入比 2011 年也获得显著改善，除了克拉玛依市和喀什地区，其他地州市新一轮对口援疆后这三年城镇居民可支配收入都增长了 5000 元以上，并且有 6 个地州市增长了 7000 元以上，增长的绝对数值最大的哈密地区达到 9069 元，从增长速度来看，城镇居民收入增长速度低于农村居民，有 5 个地州市 2014 年新疆城镇居民收入比 2011 年增长低于 40%，只有 3 个地州市的增长率超过了 50%，当然这主要是由于城镇居民可支配收入的基数（2011 年的收入）明显高于农村居民收入的基数造成的。最后，从援疆后这 4 年，城乡收入差距和各地州市农村居民收入之间都表现出较显著的下降趋势，2011 年新疆各地州市城乡收入比最低为昌吉州的 1.5，最高为克州的 4.7，该比值在 2 以下的有 5 个地州市，该比值在 3 以上的有 3 个地州市，而到 2014 年新疆各地州市城乡收入比最低为昌吉州的 1.5，最高为克州的 4.0，除了该比值在 3 以上的 2 个地州市之外，其余地州市都在 2 左右，同样从援疆后这 4 年发展情况最好的地州与最差的地州的差距也呈现出缩小趋势，如 2011 年农村居民收入昌吉州是克孜勒苏柯尔克孜自治州的 3.8 倍，到 2014 年下降为接近 3 倍，而相对来说，从抽样调查的数据来看，各地州市城镇居民平均收入差距一直较小。

第三，从援疆后新疆各地州市规模以上企业及工业园区成长来看，呈现出援疆后南疆各地州市规模以上企业和工业园区从数量上获得快速发展，但从规模和产值来看还是与北疆存在巨大差距。首先，从规模以上企业个数来看，按照国家统计局对该指标的界定，从 2011 年经国务院批准，纳入规模以上工业统计范围的工业企业起点标准从年主营业务收入 500 万元提高到 2000 万元，按照此统计口径，2011 年自治区规模以上工业企业有 1738 个，其中规模以上企业个数最多的伊犁州有 357 个、乌鲁木齐市有 343 个、昌吉州有 290 个，而南疆三地州仅有 92 个，到 2013 年规模以上企业个数，伊犁州有 436 个、乌鲁木齐市有 389 个、昌吉州有 364 个，南疆三地州增长为 141 个，2013 年比 2011 年增长了 53%，增长速度远高于这三个企业规模个数最多的北疆地州市。其次，从工业园区的分布来看，随着对口援助的开展，各支援省市为了提高受援地的工业发展基础，加大了工业园区的建设，各地州市工业园区增长快速，如喀什地区已建 12 个工业园区，和田地区的工业园区也达到 8 个，但从园区规模和产值来看，2014 年和田地区 8 个工业园区产值才 21.3 亿元，而 2014 年昌吉州 10 家工业园区内规模以上企业达到 213 家，实现工业增加值 195.4 亿元。可见，虽然南疆工业园区个数增长快速，但在园区规模和产值方面与北疆各地州市差距巨大，这也可以从国家级园区在新疆各地州市的布局中得到体现，新疆国家级园区有 22 家，而南疆三地州只有 2 家。

综合以上分析不难看出，随着新一轮对口援疆的实施，新疆各地州市在支援省市的大力支持和帮助下获得了快速发展，尤其是南疆 3 地州更是发生了日新月异的变化，通过园区建设和产业援疆的推进，大大提升了其产业发展基础，创造出更多工作岗位，切实提高了企业成长和居民收入改善的能力，为缩小南北疆的发展差距、促进区域协调发展提供了扎实的微观基础。

3.5　问卷调查与典型的产业援疆模式研究

3.5.1　对口援疆成效的问卷调查

由上述论述可见，以东部省市为主力的对口援助取得了巨大成效。为了更深入地反映对口援疆的积极成效能否真正有效地传递给普通民众，从普通民众的视角反映对口援疆的成效与问题。本课题组成员通过发放预试问卷 200 份，回收有效问卷 67 份，根据预试问卷中存在的问题，通过仔细分析出现问题的题目设计和答题结果以及对调查对象的咨询，同时和政府援疆办工作人员沟通，对问卷内容进行了多次修改完善，最终确定了由 51 个题项量表构成的问卷内容设计。课题组成员带领经过培训的 17 名民族学生，利用 2015 年 2 月寒假，通过调查问卷的形式对喀什市、疏勒县、伽师县、和田市、皮山县、阿克苏市、沙雅县、昌吉市、呼图壁县、若羌县、奎屯市、哈巴河县、额敏县、哈密市等受援地区的民众进行了实地调查和访谈。本次调研共发放问卷 1500 份，对所回收问卷按照一定的筛选原则（如：漏答超过 5 个，答题有明显的勾选规律，勾选的前后题项的逻辑关系错误等）进行筛选，回收有效问卷 986 份，回收率为 65.73%。问卷调查由两部分构成：第一部分从产业援疆的成效评价、民生援疆的成效评价、教育援疆的成效评价、干部人才援疆的成效评价和政府政策落实的成效评价这 5 项，具体设计了 43 个指标（问题），并按照 Likert5 点量表打分，即设选项同意为 5、基本同意为 4、一般为 3、不太同意为 2、不同意为 1，对不同选项的均值越高，则对原指标评价度越高，反之亦然。第二部分是被调查者的基本信息，包括 8 个问题，主要包括受访者的居住地、性别、族别、户口性质、年龄、收入、受教育程度等，通过采集这些信息，有助于我们对不同群体的评价进行对比分析，具体的问卷设计见附录 2。

3.5.1.1 问卷的合理性检验和样本分布特征分析

为了保证问卷设计和结果分析的可靠性，本书先对问卷题项进行信度和效度检验。量表的信度代表其一致性或稳定性，在社会科学领域通过问卷对心理测量的相关研究，采用最多的为克隆巴赫 α 系数（Cronbach's α），又被称为内部一致性系数。根据 Cronbach's α 的计算公式，量表的题项数越多，Cronbach's α 系数会随之提高。因而，若删除某一题项后，Cronbach's α 会相应减小。所以，假如删除某个题项后整体量表的 Cronbach's α 系数反而会出现增大的情况，则可以判断出此题项所要测量的心理特质与其余题项所要测量的行为或心理特质并未存在同质性，此题项应予以考虑删除。一般来说，Cronbach's α 大于 0.8 表示内部一致性甚佳，大于 0.6 小于 0.8 表示内部一致性较好，小于 0.6 表示内部一致性较差。在实际应用中，Cronbach's α 至少要大于 0.5。通过 SPSS 22.0 软件对正式样本进行信度检验，发现问卷的 Cronbach's α 系数为 0.735，而且删掉任何题项，Cronbach's α 系数均无显著变化，说明调查问卷的内部一致性较好，有较强的可信度。对问卷调查表的效度分析，本书采用因子检验法进行建构效度检验。Kaiser（1974）指出，当 KMO 值大于 0.5 时，问卷结构效度较好，KMO 值大于 0.9 时，则问卷的建构效度非常好。本书中，KMO 检验统计量达到 0.715；Bartlett 的球形度检验水平为 0.000，拒绝 Bartlett 球形度检验零假设，建构效度较好。

具体来看，本书中调查对象的分布特征如下：

①从样本的地域分布来看，被调查者所属地市州位于北疆的占总问卷调查人数的 45.6%，位于南疆的占总问卷调查人数的 35.7%，位于东疆的占总问卷调查人数的 18.7%。②从样本的民族分布来看，被调查者为汉族的有 381 人，占总问卷调查人数的 38.6%，维吾尔族的有 428 人，占总问卷调查人数的 43.4%，其他少数民族的有 177 人，占总问卷调查人数的 18%。③从样本的性别结构来看，被调查者为男性的有 568 人，占总问卷调查人数的 57.6%，女性为 418 人，占总问卷调查人数的 42.4%。④从样本的户口性质来看，被调查者为农业户口的有 516 人，占总问卷调查人数的 52.3%；非农业户口的有 470 人，占总问卷调查人数的 47.7%。⑤从样本的年龄分布来看，被调查者的年龄分布最多的是 30~40 岁，共

有 308 人，占总问卷调查人数的 31.2%，而调查者年龄分布最低的两组是 50 岁以上和 20 岁以下，这两组分别有 82 人和 55 人，分别占总调查人数的 8.3% 和 5.6%。⑥从样本的受教育程度分布来看，被调查者为文盲的有 63 人，占总问卷调查人数 6.4%，小学文化的有 229 人，占总问卷调查人数的 23.2%，初中文化的有 327 人，占总问卷调查人数的 33.2%，高中文化的有 296 人，占总问卷调查人数的 30%，大学文化及以上的有 71 人，占总问卷调查人数的 7.2%。⑦从样本的主要收入来源分布来看，被调查者主要收入来源为低保救济的有 35 人，占总问卷调查人数的 3.5%，务农的有 297 人，占总问卷调查人数的 30.1%，个体户的有 135 人，占总问卷调查人数的 13.7%，进城打工及临时工的有 325 人，占总问卷调查人数的 32.9%，获得单位正式收入的有 194 人，占总问卷调查人数的 19.7%。⑧从样本的月收入分布来看，被调查者的收入分布最集中的组为 1000~2000 元，收入选择该组的人数有 465 人，占总调查人数的 47.2%，选择月收入在 500 元以下的有 83 人，占调查人数的 8.4%，选择月收入在 500~1000 元的有 202 人，占调查人数的 20.5%，选择月收入在 2000~3000 元的有 161 人，占调查人数的 16.3%，选择月收入在 3000 元以上的有 75 人，占调查人数的 7.6%。

对口支援成效的比较分析：先从对口援疆各组成部分的总体成效来分析，从回收的有效问卷的平均分来看，对民生援疆的成效评价最高，其平均分为 3.68 分，对干部人才援疆的成效评价一般，其平均分为 3.05 分，对教育援疆的成效评价的平均分为 3.26 分，对产业援疆的成效评价的平均分为 3.12 分，对政府政策执行落实的成效评价最低，其平均分为 2.83 分。结合我们在当地的实地访谈发现，在国家和自治区相关政策和配套资金的支持引导下，各支援省市都把民生建设作为对口援疆的重点，甚至有些援疆省市把援疆资金总量的 70% 以上投入到改善当地居民的生活条件，援建安居富民、牧民定居房、棚户区改造和保障性住房大大改善了当地民众的居住条件，同时对很多受援地区的水、电、路等配套基础设施进行新建或者完善，这些民生援疆项目的实施，给当地居民带来了看得见摸得着的实惠，所以民生援疆的评价最高。教育援疆通过一些项目确实改善了当地的办学条件，同时援疆学校、幼儿园等行为也较容易传播，进而也容易使得民众对其的评价较高。而对于产业援疆来说，主要表现为通过援建产业园区或者引导支援方企业来受援地投资或通过发挥受援地在资源等方面的优势，引导某些产业发展具体项目的对接，有些援疆省市通过产业援疆在当地建立了产业园并对当地劳动力进行职业培训，对于改善当地民众的收入和就业都产生了一定的积极效果，但同时有些地方随着产业援疆的推进，确实带来了物价上升和生态环境破坏等问题，普通民众对这方面的问题比较敏感，这都是造成对产业援疆的评价并不是那么高的原因。对于干部人才援疆的评价一般，主要是由于一方面援疆干部和人才与普通民众尤其是非农户的接触机会较少；另一方面疆外培训项目名额较少，这两方面使得普通民众对干部人才援疆的评价较低。对援疆政策的执行的评价最低，主要是一方面支援省市的援疆干部和援疆政策与受援地普通民众由于文化差异等原因造成两者缺乏有效的沟通；另一方面某些政策实施过程中存在处理不够灵活、后续配套政策落实不到位等问题都使得对其评价最低。

为了更清楚地反映不同群体对援疆效果的评价的差异，本书进一步分析了由于调查对象本身特征的差异带来的评价结果的差异，通过此分析能够更客观地反映对口援疆政策受益最大的群体特征。本书通过对样本进行 t 检验和单因素方差分析的方法对样本特征造成的差异检验其显著性。检验结果表明，被调查对象的民族成分、收入水平、收入来源、户口性质对援疆评价检验变量大致都存在显著性差异，而被调查对象的性别、地域分布、文化程度对援疆评价结果的大多数指标都不存在显著性差异。限于篇幅，本书以性别为例列示出其具体的检验结果（见表 3-4）。

表 3-4　性别对援疆效果评价差异的显著性检验

检验变量	性别	平均值	t 值	差异是否显著
产业援疆成效评价	男	3.21	1.35	否
	女	2.99		
民生援疆成效评价	男	3.72	-0.75	否
	女	3.63		
教育援疆成效评价	男	2.07	1.42	否
	女	1.72		
干部人才援疆成效评价	男	2.74	0.90	否
	女	2.67		
政策执行落实成效评价	男	3.26	-1.19	否
	女	3.34		

具体来分析被调查对象的特征影响比较显著的各项统计指标的具体情况：

第一，民族差异最显著的影响统计指标主要体现在对民生援疆成效的评价和政策执行落实成效评价上，其中对安居富民工程的成效评价（第二项中 1~6 个小统计指标，这些指标受民族差异影响较显著），哈萨克族的评价最高，平均分为 4.13 分，汉族的评价最低，为 2.87 分，维吾尔族的评价为 3.35 分，其他民族为 3.11 分，这主要是由于调研区域的哈萨克族主要受益的是定居兴牧工程，其资金来源除了对口援助省市的资金之外，还有国家和自治区补助资金，使得其评价程度明显高于其他民族，同时，由于被调查的哈萨克族大多数生活用品都能自给自足，所以对物价感受不那么强烈，也使得其对物价评价的得分高于其他民族；对于政府政策执行成效的评价（第五项中 4~9 个小统计指标，这些指标受民族差异影响较显著），哈萨克族的评价最高，平均分为 3.58 分，汉族的评价最低，为 2.67 分，维吾尔族的评价为 3.28 分，其他民族评价的，平均分为 3.02。由于受调查的汉族群众更多的来自城镇，其对援疆政策的实施有更多的认识和期待，但其直接受益又不多，使得其评价总体偏低。

第二，户口性质差异最显著的影响统计指标主要体现在对教育援疆成效评价和干部人才援疆成效评价上，其中对教育援疆成效评价中（第三项中 1~5 个小统计指标，这些指标受户口性质影响较显著）农村居民的评价平均分为 3.76 分，城镇居民评价的平均分为 2.93 分，这主要是由于对口援疆对于改善农村地区教学基础设施进行了大量的投入，农村居民感受到教育设施及师资力量的改善更显著；其中对干部人才援疆成效评价中（第四项中 1~4 个小统计指标，这些指标受户口性质影响较显著）农村居民的评价平均分为 3.48 分，城镇居民评价的平均分为 2.79 分，这主要是由于被引进的援疆干部更多地被下派到农村的乡镇基层，对农村行政管理能力提升更显著，而城镇普通居民真正接触援疆干部的机会较少，降低了其评价度。

第三，收入水平及收入来源差异最显著的影响统计指标主要体现在对产业援疆成效评价和政府援疆执行落实成效评价上，其中对产业援疆成效评价中（第一项中 1~7 个小统计指标，这些指标受收入水平及收入来源影响较显著）单位正式职工的评价得分最低，为 2.45 分，而个体户的评价得分最高，平均为 3.65 分，务农收入人群的评价得分是 3.32 分，从相应的收入水平来看，较高收入人群

（月收入在 2000 元以上）对产业援疆成效评价较低，平均得分为 3.08 分，较低收入人群（月收入在 2000 元以下）对产业援疆成效评价较高，平均得分为 3.42 分。得到这样的评价结果，主要是因为产业援疆对当地经济的发展或者创造的工作岗位等成效更多，有助于个体户等收入较低的群体，而产业援疆使当地在城镇单位就业的较高收入人群的就业岗位的创造难以发挥作用，而且在城镇就业的正式职工对由于产业援疆带来的当地物价上涨更敏感，进而对物价没有显著上涨的指标的评价较低，各项指标综合起来使得城镇就业同时也是较高收入人群对产业援疆的评价显著低于个体经营者及务农的低收入人群的评价。

3.5.1.2 实地问卷调查及访谈中发现对口援疆过程中存在的主要问题

从实地问卷调查和访谈来看，虽然不同区域、不同民族、不同收入、不同职业的民众对援助成效的评价存在较大差异，但从各项援疆的总体评价看，虽然对民生援疆成效评价最高，对干部人才援疆、产业援疆成效评价较低，但除了对援疆政策执行落实的评价低于 3 分（一般满意），对其他各项援疆内容的评价都高于 3 分，说明民众对援疆工作整体评价比较高，对援疆政策比较支持，但在调查及访谈中也发现存在以下问题：

（1）存在援疆过程中缺少资源整合，部分援助项目存在低水平、同质化竞争问题。通过实地调研发现，虽然对口援助的模式针对性很强，但容易受到区划行政体制和对口关系体制制约，缺少区域统筹和协调，区域内部竞争及相邻区域的重复建设现象较普遍，资源无法得到有效整合。具体来看，在对口援疆过程中，存在同一地州各个县市受不同的支援省市援助的情况，如山东、广东、上海、深圳 4 个省市共同参与对喀什地区各县市的援助项目。由于各援疆省市更关注能否完成自身的援助任务，各支援省市之间缺乏沟通协调，使得各援建省市更多结合自身发展情况和受援县市的实际情况进行规划建设，而很少会将整个受援地区及与其相邻近的县市放在一起全盘考虑。由于部分受援县市相互交错，在这样的受援区域内规划与实施援建项目，非常需要援助方充分考虑各受援地资源以及产品销售市场的现状和发展前景，对其项目的地理布局进行统筹规划，这样就可以整合各支援方和受援方的资源，合作建设援疆项目，既有利于援疆项目真正成长壮大，又能避免低水平的重复建设带来的恶性竞争问题。我们在调研中发现，各援疆省市指挥部之间缺乏交流沟通，各援疆省市在各自援助地、援助区规划设计了很多彼此重复的开发区项目。比如在喀什市区，可以看到广东、上海、深圳各自规划的广州城、上海城、深圳城等开发区，以及随着各种建设"国际航空口岸""综合保税区"等宏大项目的开展，政府把很多农田转为建设用地，出让给开发商，这些项目缺少统筹协调，难以形成集聚效应，能否产生预期的经济效益存在很大的不确定性。同时，假如招商引资没有达到预期的规模，出让的土地长期闲置以及农民出让土地后失去可持续的收入来源，更会引发影响社会稳定等诸多问题。

（2）存在援疆项目根植性差，对当地相关行业发展及就业带动作用有限的问题。调研中发现，虽然各支援省市为受援地提供了大量资金开展对口援建项目，由于受援地在相关技术、人力等方面的欠缺，对援疆项目进行规划、设计、建设，主要以援疆省市为主，很多援助的项目或产业难以融入当地现有产业，又缺乏长期的可成长性，对当地经济发展和就业的带动作用十分有限。尤其是南疆的部分地区，大量的民生项目建设过程中，由于当地缺乏合格的建筑劳动者，使得在当地招募的劳动力数量有限，进而使得这些对口援建的项目从规划、施工到竣工等各环节，大多数都以援疆省市为主，所以，在很多大规模项目的建设中，部分援疆资金在这样的情况下又无形地流回援疆省市，给当地留下来的大都是一些基础设施，很难起到真正促进当地相关产业发展、促进少数民族就业的作用。

（3）存在援疆项目中除发改委之外的政府其他部门参与性不够、民众知情权不足等问题。对口援疆省市和受援地的发改委一般是援疆项目的牵头单位，而各级政府的其他部门（民宗委、人力资源和社会保障局、民政局等）较少参与这些项目的立项论证和管理工作，实践中这些政府机构的基层民族宗教管理部门、劳动就业部门、社会福利保障部门的工作与当地居民有更多的联系，这些部门对于具体援建哪些项目会更符合当地的民众和经济社会发展的水平需要，能够提供重要的参考意见。进一步来说，各个省市的援疆项目集中在民生和经济发展领域，其过程可以完全透明化，并且可以广泛征求政府相关各个部门、各级人大代表、学术界、社会各界人士的意见和建议。假如社会各界都参与项目的论证过程，万一项目实施过程中发生未曾预料的问题，社会各界也不会站在旁观者的角度指责政府的决策失误。所以，在援疆过程中对于涉及地方与民众利益的重大建设项目时需要组织公开讨论，广泛征求群众的意见，使得利益相关群体的意见得到充分采纳,这样不仅可以避免政府未来对项目评价出现歧义时陷入被动,还有利于社会的稳定和提高政府的威信。

(4)存在援疆干部和人才"水土不服"的问题。通过实地调研发现,援疆省市的很多干部,由于对新疆的当地民族语言、宗教和传统文化、民族关系发展态势等缺乏必要的了解,而更多照搬东部沿海市场发展程度较完善的一些行政及管理理念,使得很多工作的开展脱离了受援地区现有基础和客观条件,降低了民众对政府政策执行落实成效的评价。尤其是由援助省市直接派干部在南疆担任"一把手",确实引发了一些问题,这也使得人才干部援疆对当地干部管理能力提升及缓解当地人才匮乏问题的作用成效还不是很显著。人才缺乏,民生和公共服务领域专业技术骨干匮乏,是当前一些受援地区的各项社会事业发展的突出矛盾,也是阻碍城乡群众享有普惠型基本公共服务的门槛,其最为突出的是医疗、教育规划设计等专业技术人才的紧缺。由于支援地的人才对受援地特殊历史、语言文化、生活环境等存在诸多困难,使得支援地的干部人才与受援地的工作人员缺乏充分的沟通,援疆成效大打折扣。比如访谈中发现,有些支援地的干部按照市场用工机制,从内地引进大量较熟练的劳动力来解决当地项目建设用工问题,引起当地少数民族群众的不满;同时,有的教师、医生等不能适应当地特殊的发展和生活环境,在工作开展及交接中存在较多障碍,致使一些较先进的医疗技术及教育理念的推广应用远达不到预期。

3.5.2 东部援疆的典型案例及产业援疆模式

3.5.2.1 东部援疆的典型案例——以深圳为例

深圳作为援疆19个省市中唯一的计划单列市,对口支援喀什地区的喀什市和塔什库尔干塔吉克自治县。深圳市紧扣受援地的需求,以民生援疆为重点,以产业援疆为支撑产业,展开援疆工作,并将深圳城、深圳产业园和喀什大学的建设作为援疆工作的重中之重,用于"一城一园"基础设施和公共服务设施建设的投资累计达到15.8亿元,同时喀什大学新校区建设的资金投入也达到10亿元。整个"十二五"期间,深圳实际投入援疆资金高达38.5亿元,超额完成"十二五"援疆综合规划确定的33.5亿元的目标。深圳市的对口援助使得受援地区的基础设施、公共服务设施和环境得到极大改善,自我发展能力不断提升。现将深圳援疆工作开展 5 年来的进展总结如下：

（1）在产业援疆方面，从产业园区建设、产业培育和扶持等方面加快喀什市产业发展。具体来说，深圳市勇担喀什经济开发区建设重担，集聚 15.8 亿元用于深圳产业园、深圳城（以下简称"一园一城"）基础设施、公共服务设施和产业发展；先后组织 516 家企业赴疆考察，同时借助深圳高交会、文博会和新疆亚欧博览会、喀交会等国际化、市场化平台，开展全方位、多层次招商活动，促成深业集团、中航集团等 32 家深圳企业入疆投资，实际到位资金 34.8 亿元，实现就业人数为 2200 人。同时，在援疆资金中专门安排 5000 万元作为产业扶持资金，重点帮扶对当地就业贡献较大的企业，能留得住、发展好的企业，较快速带动了产业的集聚和发展。

（2）在教育援疆方面，形成从小学到大学全阶段的教育援疆体系。深圳特别重视对援疆地区的教育投入，自对口援建喀什以来，深圳在喀什市教育方面已经投入资金 4.1 亿元，其中最近两年投入的金额近 3 亿元，并已经派出 7 批近百名教师来喀什支教。2015 年，喀什市有中小学、职业技术学校、特殊教育学校 135 所（比 2014 年增加 9 所），其中小学有 104 所，中学有 31 所。在校生总数为 103922 人，幼儿园有 94 所，在园幼儿有 21818 人，教职工有 8345 人，专任教师有 7918 人。其中农村学校超过 80%，农村学生数量接近 60%。喀什市第十八小学、深喀教育园区南北校区两所寄宿制中学，将为喀什市解决 8000 名中小学生上学问题，正在建设的"九年一贯制"深喀实验学校和喀什地区第一所综合性的喀什大学完工后，将使得深圳形成从小学到大学全阶段的教育援疆体系。

（3）在医疗援疆方面，形成从医疗设施提供到医疗水平提升的全方位援助。深圳市按照二甲标准援建的塔什库尔干塔吉克自治县人民医院已投入使用，新增床位 100 张，使塔县医疗条件获得历史性提高，另外还投入援疆资金 2500 万元，为喀什市人民医院购置了一批急需的高科技医疗设备，并集中深圳市各重点医院对口支援喀什市人民医院的重点科室，真正提升受援医院医疗水平，帮助其顺利通过二甲医院评审。

（4）在民生援疆方面，从安居富民工程建设到乡村基础设施完善，让援疆成果真正惠及普通民众。住房方面，累计安排援疆资金 4.33 亿元，支持建设安居富民、牧民定居房屋 30076 套，同时，还通过对一批乡村水、电、路等基础设施的改建和完善，使一大批民族同胞从低矮破旧的土坯房搬进宽敞明亮、干净整洁、配套齐全的新居，真正让受援群众感受到来自深圳及祖国大家庭的温暖和关怀。

（5）在干部人才援疆方面，为新疆受援县市提供全方位的人才和智力支持。深圳充分发挥其丰富的人力资源优势，按照喀什地区中长期人才发展规划的要求，依托喀什经济开发区和各工业园重点开发企业管理领军人才和各类优秀专业技术人才建设，分批派出技术扎实、素质过硬的干部人才队伍，截至 2013 年，深圳累计援疆干部人才已经有 156 名，一定程度上缓解了受援地人力资源极度短缺的问题。

3.5.2.2　新一轮对口援疆中典型产业援疆模式总结

（1）园区集中招商引资模式（江苏模式）。江苏在对口支援霍尔果斯经济开发区建设过程中形成了园区招商引资的特色和高效的模式。这种模式是以园区建设为核心动力，通过政府对招商引资工作的大力支持和引导，形成现代化园区发展的空间模式。在园区具体建设过程中，江苏省政府按现代园区理念，引导苏州工业园国有资本投入 15 亿元，并通过政府的引导和配套建设，吸引更多江苏有实力的企业进入园区落户，如宇龙集团投资 8 亿元建设综合性保税物流中心，苏州鹏云置业集团投资 8 亿元建设的国贸中心项目等。据统计数据显示，自新一轮援疆工作以来，江苏为了推进园区招商引资的工作，先后 5 次组织举办包括"江苏百企千亿项目签约仪式"等在内的大型苏新产业合作活动，共签约项目 237个，投资总额为 2373 亿元，国信、徐矿、苏宁、亚邦等一批江苏知名企业纷纷加入产业援疆行列。这种模式较适合受援地区有较好的发展工业园区的区位、资源、政策优势等，并且受援地政府已经形成把工业园区建成当地经济增长极的长远规划，并且园区建设和发展对当地经济发展的作用已经取得广泛共识，在这种条件下，通过支援方和受援方政府深入的沟通，借助支援方在园区发展方面的经验，通过政府组织产业对接等形式，来引导支援方的企业或项目参与园区建设和发展的模式来进行产业援疆。

（2）政府金融贴息支持模式（广东模式）。广东充分发挥其省内金融资本运作市场发达的优势，借助引导资金或发展基金为企业贴息的手段，通过金融引导和支持，鼓励广东优势产业，充分利用新疆的资源优势，来新疆投资并开拓市场，实现东部产业转移与产业援疆的有效结合。广东省政府在产业援疆过程中，建立了 4.5 亿元的引导资金，用贴息的方式扶持企业发展，鼓励企业来疆投资，并开展金融扶持，计划在第一个五年援疆计划中为企业提供 300 亿元的金融支持，并且明确了棉纺、矿产资源、农产品的深加工、商贸物流和旅游业 5 个方向的合作重点。以棉花这一优势资源为例，广新集团充分利用新疆是我国棉花主产区的优势，在伽师县投资 6.5 亿元建设轧花厂，预计年加工籽棉 7 万多吨，首期 10 万锭棉纺项目当时预计 2015 年底建成并投入生产。这种模式尤其适用于经济发展水平较高的东部沿海支援省市，通过这种模式，可以促进东部不再具有比较优势的传统产业，特别是对资源依赖程度较高的产业转移到新疆，为东部支援省市实现产业转型升级腾出空间，也为新疆资源型优势特色产业的发展提供支持，实现支援省市与受援地的双赢。

（3）股份合作模式（央企的中国石化股份合作模式和山东的农业开发股份合作模式）。股份合作模式，主要是指支援方和受援地，通过成立股份公司的形式，共同进行资源开发和经营的模式。这种模式在产业援疆中，主要表现为央企的中国石化股份合作模式和山东的农业开发股份合作模式。具体来说，央企的石化股份合作模式，是指在中国石化股份有限公司在援疆过程中，于 2012 年 7 月，与阿克苏地区共同出资组建成立了中国石化塔河炼化有限责任公司（简称中石化塔河分公司），它是中石化在新疆唯一的炼化企业。山东的农业开发股份合作模式，是指山东在产业援疆中，通过支援省市的企业与受援地农民以土地、资金等入股的方式共建农业科技示范园的模式。如山东日照市的五征集团在麦盖提县希依提墩乡 8 村建设万亩农业示范园项目过程中，把村民整体搬迁到新建的小区，同时鼓励村民们以征地入股的形式获得收入，村民还可以到万亩农业生态园打工，获得持续收入。为了便于开展工作，平时五征集团的负责人和村干部交叉任职，实行村企合作。在农业示范园的基础上，五征集团根据目前南疆市场需求情况，充分发挥其在农用车生产方面的优势，在示范园内一边生产、组装农用车，一边销售，每月平均可产销农用车 1000 多台，在扩展了市场的同时，也搞活了当地经济。类似的还有力诺集团正准备利用 3 万亩沙漠，规划千兆瓦的产业园区，建成后总投资达 120 亿元，年发电量为 1.3 亿度，年收入 1.15 亿元，年利税 1700 万元，同时推进装备生产制造、中草药种植等项目，可增加就业 3000 余人。这种援疆模式，实现了援疆企业和受援地富民的双赢，真正提高了受援地的自我发展能力，深受当地政府和民众的欢迎。总之，这种模式适合于存在大型龙头企业的情况下，通过政府引导，将大型龙头企业与当地资源开发利用相结合的项目，尤其是对于解决央企在援疆过程中热衷于"跑马圈地"而对当地财政和就业贡献不大的问题，促进央企深度参与产业援疆，实现援疆大企业（尤其是央企）和自治区政府资源开发创新，把新疆的资源优势转化为经济优势，具有重要的意义。

（4）园区集群式对接模式（湖北模式）。湖北模式，是指湖北省在对口援疆过程中，通过 BT 方式投资，加大与博州园区的投资和对接，帮助受援地筑巢引凤，进而实现两地产业有效分工合作的方式。截至 2014 年底，湖北省先后投入资金 10649 万元，采用 BT 方式开展博州五台工业园和五师荆楚产业园的规划、设计"七通一平"基础设施建设，为企业进入园区搭建基础平台。为了支持受援地产业园区发展，专门组织省内东湖高新区、襄阳高新区、宜昌高新区等 12 个国家级开发区与博州五台工业园、五师荆楚工业园、金三角工业园进行对接共建；武汉、孝感、咸宁三市 3 个国家级开发区与阿拉山口市产业发展园区结对共建。湖北省通过这种园区对接、合作共建产业园区的方式，不仅充分利用了受援地的资源优势，还通过园区对接、为其园区内产业扩张和转移搭建了平台，比如随着平云工贸专用车项目在荆楚工业园的落地，带动了十堰市汽车企业在新疆形成汽车零部件产业集群式发展，形成了通过园区对接实现产业链式转移的援疆新模式。

（5）共建共享复合功能区模式（辽宁模式）。巴克图辽塔新区是由辽宁省和塔城地区共同建设的国际性复合功能区。辽宁省想要利用口岸地缘、区位、政策优势，以边境贸易为突破口，以旅游产业为载体，积极发展外向型经济的思路与援疆之前塔城地区想要整合巴克图口岸和塔城边境经济合作区，建立一个高规格的开放区，以此为支点推动塔城地区的发展的思路一拍即合，辽塔新区战略得以确立，这个战略力图打造一个整合塔城的地缘优势和口岸资源，以此为平台吸引人流、物流和资金流，推动塔城地区的新型工业化和城镇化建设。辽宁省建筑设计院项目管理咨询公司负责新区建设项目管理工作，引进辽宁大型建筑施工企业鞍钢建设集团有限公司，通过项目总承包和与新区投资公司合伙成立公司方式，吸纳资金，高水平进行新区建设。通过合作共建共享新区，支援省市获得了发展外向型经济的出口，受援地区获得新区建设和运作过程中对当地资源进行了有效整合，不断发挥对经济增长的集聚效果和外溢效果，实现了支援省市与受援地区经济发展的良性互动。

（6）产供销一体化帮扶模式（天津模式）。天津市针对受援方和田地区的策勒、于田、民丰3县的产业发展基础薄弱，尤其是缺乏附加值较高的产业链中的销售和深加工环节的问题，建立了从初级生产到深加工再到销售的一体化产业链援疆模式。比如，为了促进受援地区民族手工产业链的形成和发展，天津不仅援助了万副地毯织架，组织建立了9个手工编织合作社、161个编织点，还援建了4个展销中心，在带动4.7万名妇女灵活就业的同时，也让当地民众享受到地毯产业链发展的更多收益。2015年天津在已援建大棚2320个、拱棚4000个的基础上，继续支持扩建大棚1000个，提升林果种植5万亩，并积极搭建载体平台，援建了3个工业园区和策勒健康农业科技产业园，大力引进和培育龙头企业，如天津金三农、鑫雅途服装、津援百宝果业、瑰觅生物、天力沙生等龙头企业，并按照"龙头企业+基地+农户"模式，在策勒县天津工业园区规划建设了"健康农业科技产业园"，提高农产品深加工能力，构建高端农业产业链，做大和田绿色农产品品牌和规模。天津市这种产供销一体化的产业链援疆模式，尤其适合南疆这种产业发展基础薄弱，当地民众集中从事初级产品的生产环节，导致难以增收致富的地区。

综合看来，以上6种典型的产业援疆模式各具特点，实践中各支援方和受援地要结合自身经济发展情况、产业发展基础、资源禀赋优势等因地制宜地进行选择，以便充分整合支援方和受援地的资源，优化资源配置，提高对口援疆的效果。

第4章　东部援助、产业转移与新疆自我发展能力提升的理论研究

本章尝试将基于集聚优势的产业转移理论和基于比较优势的产业转移理论，纳入统一的分析框架，在空间经济学的自由资本模型（Footloose Capital Model）的基础上，引入代表比较优势的参数，建立了既包含禀赋差异（比较优势）又包含空间区位因素（集聚优势）的我国东部地区与新疆区域间产业援助及转移的理论模型，通过数理推导揭示东部援助及产业转移与主要经济变量之间的相互作用关系，在此基础上，基于要素优化配置的分析视角，从影响产业援助及转移的因素入手，分析了各影响因素之间的相互关系和各影响因素对新疆自我发展能力的作用机理。通过本章的研究，为接下来对东部援助、产业转移与新疆自我发展能力提升的实证检验，奠定理论基础。

4.1　基于比较优势与集聚优势的区际产业转移理论模型构建

4.1.1　模型的基本设定与均衡的实现

假设经济系统中由2个区域组成，分别对应我国东部和西部（新疆），每个区域都只包含农业和工业两个部门，同时只有资本和劳动力2种生产要素。农业部门只使用劳动生产完全同质的产品，并以规模收益不变和完全竞争为特征，农产品在区内和区际间都没有贸易成本。工业部门以迪克希特—斯蒂格利茨的垄断

竞争为特征，同时，假定东部和新疆区域内出售产品没有交易成本，但东西部区际之间存在成本，并为"冰山"交易成本（该成本代表把本区商品出售到另外地区产生的所有成本）。并且假定两个区工业品的交易成本不同，新疆和东部地区内交易成本为 T^* 和 T，用 P 和 P^* 表示东部和新疆生产的产品分别在当地出售时的价格，则东部生产的产品在新疆出售时价格为 PT^*，新疆生产的产品在东部出售时价格为 P^*T。为了反映 2 区域不同的比较优势，进一步假定东部和新疆生产单位工业品时的劳动投入存在差异分别为 L 和 L^*，同时假定资本可以自由流动，但劳动力不流动，同时资本收益全部返回资本来源地进行消费。资本投入是固定成本，劳动力投入是可变成本，每个企业以单位资本作为固定成本，东部和新疆单位产出需要的劳动投入分别是 L 和 L^*，东部企业的成本函数可以表示为 $\pi +$ WLX，其中，W 表示劳动力报酬，π 表示资本报酬。农业只需劳动力，生产 1 单位农产品都需 A 单位劳动力。根据前面的假设条件，为了获得均衡时候的产业份额分布，需要先分析消费者的需求函数和企业的生产函数。本书模型的设定参考安虎森的《新经济地理学原理》中自由资本模型的相关内容。[1][2]

对消费者来说，设定东西部消费者具有相同的偏好，消费者消费农产品和工业品的效用函数为 C–D 型，消费一组工业品时的效用函数为 CES 型。μ 代表总支出（也是总收入）中对工业品的支出份额，对农产品的支出份额为 $1-\mu$。东部和新疆农产品的消费量用 C_A 和 C_A^* 表示，C_M 是工业品组合的消费量，由种类众多的差异化产品组成，σ 表示任意两种工业品的替代弹性，$\sigma > 1$。消费行为的基本准则是在收入约束下实现效用最大化。根据工业品效用函数式（4–1），最大化的一阶条件，可以得出东部消费者对东部生产的某种工业品的需求量 C；如式（4–2）所示，同理可得到新疆消费者对东部生产的某种工业品的需求量 C^*，如式（4–3）所示，其中，P_M 和 P_M^* 分别代表东部和新疆工业品价格指数，E 和 E^* 分别代表东部和新疆总支出水平，N 代表经济系统中的企业总数。

$$C_M = (\int_{i=0}^{N} c_i^{1-1/\sigma} di)^{1/(1-1/\sigma)} \tag{4-1}$$

① 安虎森等. 新经济地理学原理 [M]. 北京：经济科学出版社，2009：142-152.
② 安虎森. 欠发达地区工业化所需最小市场规模 [J]. 广东社会科学，2006 (6)：5-11.

$$C = \mu EP^{-\sigma}/P_M^{1-\sigma} \tag{4-2}$$

$$C^* = \mu E^*(PT^*)^{-\sigma}/(P_M^*)^{1-\sigma} \tag{4-3}$$

对企业来说，根据企业利润最大化的一阶条件，此时企业根据边际成本加成定价法进行定价，由于 2 地区存在比较优势，生产单位工业品时，两地劳动投入不同，则当均衡时东部和新疆企业最优价格为：$P = WL/(\sigma - 1/\sigma)$，$P^* = WL^*/(\sigma - 1/\sigma)$。考虑东部 1 个东部企业，在东部的销售量为 C，销售价格为 P，在新疆的销售量为 C^*，销售价格为 PT^*，则总销售收入为 $PX = PC + PT^*C^*$，总产出 $X = C + T^*C^*$，根据垄断竞争条件下，企业获得零超额利润，即销售收入等于生产成本，可得企业的利润函数式（4-4），可见只要将东部和新疆的工业品价格指数 $P_M^{1-\sigma}$ 和 $P_M^{*1-\sigma}$ 计算出来，就可以得到利润。具体以东部工业品价格指数 $P_M^{1-\sigma}$ 的计算为例，该价格指数由在东部生产并在东部出售的工业品和新疆生产东部出售的工业品，具体计算如式（4-5）所示。同理可得新疆价格指数 $(P_M^*)^{1-\sigma}$ 的表达形式，如式（4-6）所示，其中，$\phi^* = (T^*)^{1-\sigma}$，$\phi = (T)^{1-\sigma}$，分别表示新疆和东部市场自由度，$0 < \phi^* < \phi < 1$；$\theta = (L/L^*)^{1-\sigma}$ 表示东部和新疆的比较优势，如果 $\theta > 1$ 说明东部地区具有比较优势，$\theta < 1$ 说明新疆具有比较优势；S_n 和 S_n^* 分别表示东部和新疆企业占总企业数的份额，本书用其反映产业份额在东部和新疆的分布。

$$\pi = PX/\sigma = \mu P^{1-\sigma}(EP_M^{-(1-\sigma)} + E^*(T^*)^{1-\sigma}P_M^{*-(1-\sigma)})/\sigma \tag{4-4}$$

$$P_M^{1-\sigma} = \int_0^N P_M^{1-\sigma}di = nP^{1-\sigma} + n^*(P^*T)^{1-\sigma} \tag{4-5}$$

$$= NP^{1-\sigma}[(n/N) + (n^*/N)T^{1-\sigma}(L/L^*)^{1-\sigma}]$$

$$= NP^{1-\sigma}(S_n + \theta S_n^*\phi)$$

$$(P_M^*)^{1-\sigma} = NP^{1-\sigma}(S_n\phi^* + \theta S_n^*) \tag{4-6}$$

根据以上表达式最终整理出东部和新疆利润的表达式 π 和 π^*，如式（4-7）和式（4-8）所示。

$$\pi = \frac{\mu(E + E^*)}{\sigma N}\left(\frac{S_e}{S_n + \phi\theta S_n^*} + \frac{\phi^* S_e^*}{\phi^* S_n + \theta S_n^*}\right) \tag{4-7}$$

$$\pi^* = \frac{\mu(E + E^*)}{\sigma N}\left(\frac{\phi S_e}{S_n + \phi\theta S_n^*} + \frac{S_e^*}{\phi^* S_n + \theta S_n^*}\right) \tag{4-8}$$

同时，可以得到东部和新疆的企业总产出 X 和 X*，如式（4-9）和式（4-10）所示。

$$X = \pi(\sigma - 1)/WL \tag{4-9}$$

$$X^* = \pi^*(\sigma - 1)/WL^* \tag{4-10}$$

其中，S_e 和 S_e^* 分别表示东部和新疆支出占总支出的份额，即 $S_e = E/(E + E^*)$。

现在来分析均衡，产业的分布 S_n 和 S_n^*。由于资本收益全部返回资本初始所在地，因此，资本流动将取决于东部和新疆两个区域的名义收益，并且资本流动速度与名义收益差异成正比。由此，区域间要素的流动如式（4-11）所示。

$$\dot{S}_n = (\pi - \pi^*)S_n S_n^* \tag{4-11}$$

假定区际资本的流动不受任何限制，那么资本流动实现均衡的条件就是东部和新疆企业的经营利润，此时即为企业在两地的均衡区位分布，由 $\pi = \pi^*$，进而可以得出东西部企业分布 S_n 和 S_n^* 与支出份额 S_e 和 S_e^* 以及比较优势度 θ，还有市场自由度 ϕ 和 ϕ^* 之间的关系表达式（4-12）。该表达式可以清楚地反映东西部产业份额分布，是由东西部支出份额（市场规模）、市场自由度，以及两区域的比较优势共同决定的，即东西部的经济社会发展演变共同决定了东西部产业份额分布的变动（区际产业转移），为此，将东部产业转出去和新疆产业移入区联系起来，才能准确把握新疆承接区际产业转移的发展情况。

$$\frac{(1 - \phi)S_e}{(1 - \phi^*)S_e^*} = \frac{S_n + \phi\theta S_n^*}{\phi^* S_n + \theta S_n^*} \tag{4-12}$$

进一步化简，使东西部支出份额比为 $\lambda = S_e/S_e^*$，东西部产业份额比（企业分布份额比）$\gamma = S_n/S_n^*$，可得 γ 与 λ，θ，ϕ，ϕ^* 之间的关系表达如式（4-13）。

$$\gamma = \frac{\theta\lambda - \theta\lambda\phi - \theta\phi + \theta\phi\phi^*}{1 - \phi^* - \lambda\phi^* + \lambda\phi\phi^*} \tag{4-13}$$

式（4-12）对 λ 求导，最终整理得到式（4-14）：

$$d\gamma/d\lambda = \frac{\theta(1 - \phi^*) - \theta\phi(1 - \phi^*) + \theta\phi\phi^{*2}(1 - \phi)}{(1 - \phi^* - \lambda\phi^* + \lambda\phi\phi^*)^2} > 0 \tag{4-14}$$

式（4-12）对 ϕ 求导，最终整理得到式（4-15）：

$$d\gamma/d\phi = \frac{-\theta(1 + \lambda)(\phi^* - 1)^2 - \lambda\theta\phi\phi^*(1 + \phi^*)}{(1 - \phi^* - \lambda\phi^* + \lambda\phi\phi^*)^2} < 0 \tag{4-15}$$

式（4-12）对 ϕ^* 求导，最终整理得到式（4-16）：

$$d\gamma/d\phi^* = \frac{\theta\lambda(1+\lambda)(\phi-1)^2}{(1-\phi^*-\lambda\phi^*+\lambda\phi\phi^*)^2} > 0 \qquad (4-16)$$

由式（4-12）中 $\gamma > 0$，$\theta > 0$，可得到对 θ 求导结果式（4-17）：

$$d\gamma/d\theta = \frac{\lambda(1-\phi)-\phi(1-\phi^*)}{\lambda\phi^*(\phi-1)+(1-\phi^*)} > 0 \qquad (4-17)$$

以上数理推导得到东西部产业份额比（东部和新疆产业份额差距）与诸要素之间关系进行分析。在具体分析之前，本书设定 $\phi^* = 0.2$，$\phi = 0.4$，分别考察比较优势 $\theta = 0.5$，$\theta = 1$，$\theta = 2$ 时，通过 MATLAB 作图，模拟东部和新疆产业份额比随着 2 地区支出份额比的变动情况，如图 4-1 所示。

（1）式（4-14）说明，在其他条件不变的前提下，东西部产业份额的比与两地支出份额（市场规模份额）比同方向变动，即东部和新疆 2 地市场份额差距越大，则 2 地产业份额的差距就越大。这再次证明了空间经济学中本地市场效果对产业分布的重要影响，即在其他条件相同的情况下，企业选择生产区位时更偏好市场规模大的区域，这也不难理解，在市场规模大的区域更容易实现规模经济，同时，将生产区位接近市场规模大的区域还能节约销售过程中的各种运输成本和市场交易成本，这种市场接近效果会进一步产生激励企业向市场规模较大的区域进一步集中的集聚力，进而使得东西部产业分布份额差距进一步扩大，从图 4-1 可见，随着东西部市场分布份额比变大（市场份额差距变大），产业分布份额的差距上升得更快（变得更陡峭）。

（2）式（4-15）说明，在其他条件不变的前提下，东西部产业份额比与东部市场自由度反方向变动，即随着东部市场自由度变大，东部和新疆两地产业份额的差距就会逐渐缩小。这说明随着东部市场自由化程度的提高，东部所占产业份额会降低，而新疆的产业份额会逐渐增大。这也不难理解，如果东部市场全部自由开放，即东部地区生产要素流到新疆没有任何交易成本，由于存在边际报酬递减，东部地区资本为了获得更高收益就会逐渐向新疆转移，资本的转移意味着东部的企业将向新疆转移，这样就带来东部企业数的降低和新疆企业数的增加，即东部和新疆的产业份额比就会缩小。该结论的政策意义在于，要促进东部产业向新疆转移，则需要对东部地区实现更加开放的政策，尤其是要矫正当地政府出于短期经济增长压力，而运用行政力量及提供优惠来留住转出企业的行为，降低企业转出的成本。

（3）式（4-16）说明，在其他条件不变的前提下，东西部产业份额比与新疆市场自由度同方向变动，即新疆市场自由度越大，东部和新疆两地产业份额的差距就越大。这说明新疆的市场自由化程度越高，则东部的产业份额就会越大，这也不难理解，如果新疆提高市场自由度，那么新疆的可流动要素就更多地流向东部，资本的向东部转移必然会进一步提高东部产业份额的同时降低新疆的产业份额，使得东部和新疆的产业份额比进一步扩大。将该结论与上一结论对比具有重要的政策意义，说明在我国东西部区域经济发展存在显著差距的条件下，要实现均衡发展，必须对新疆实现倾向的政策，提高新疆要素收益，使更多能够带来高附加值的资源和要素（如人才、技术等）扎根新疆，为新疆经济发展提供持续动力。

（4）式（4-17）说明，在其他条件不变的前提下，东西部产业份额比与比较优势同方向变动，即说明区域比较优势对于产业分布具有正向影响。随着东部地区比较优势的增强，东部和新疆的产业份额比会加大，即由于东部比较优势对可流动要素形成吸引，在资本总量不变的前提下，资本向东部转移必然会进一步提

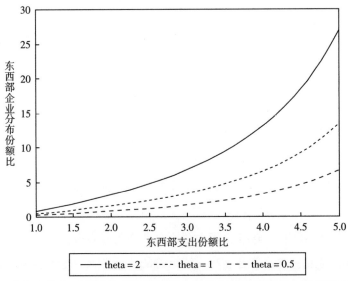

图4-1 东部和西部（新疆）产业份额比与支出份额比及比较优势变动情况模拟

高东部产业份额而降低新疆的产业份额，使得东部和新疆的产业份额比进一步扩大。从图 4-1 可见，随着东部比较优势逐步变大，即 θ 变大，东部和新疆产业分布份额比差距更大。

综合以上分析，东部和新疆产业份额的分布情况，决定了两区域实际收入水平的高低，该区域产业份额越大，实际收入水平也越高，同时，东部和新疆产业份额分布，又主要是由 2 区域市场规模（集聚优势）、比较优势以及市场自由度决定的。这是因为 2 区域实际收入水平取决于两地的工业品价格指数（因为农产品在 2 区域之间不存在交易成本），如果产业在 2 区域重新分布，比如企业从东部向新疆迁移，则降低了新疆的价格指数，提高了东部的价格指数（企业集聚在某一区域，区内提供的消费品种类增多，从区外消费的种类减少，通过节约交易成本，降低生活成本），进而提高了新疆的人均实际收入，降低了东部地区的人均实际收入，即产业在东西部分布区位的变动，一定会使得两地实际收入水平的差距发生相应的变动。另外，再强调一下市场规模对于产业分布的重要作用，通常情况下，该区域市场规模越大，产业份额也越大，主要是因为企业倾向于将区位布局在市场规模大的区域，这样既能利用其规模经济，同时还能降低交易成本和生活成本，通过循环累计效果产生的集聚力不断吸引企业进入，形成产业分布的核心—边缘结构，当然集聚到一定程度也会产生拥挤效果。对于比较优势和市场自由度对产业份额的影响就不再解释。

4.1.2　引入内生经济增长的模型及均衡实现

在以上东部和（西部）新疆产业份额分布模型中，由于劳动份额和资本份额是外生给定的，所以东部和新疆的支出份额（市场规模）也是外生给出的。现在本书根据局部溢出模型（Baldwin，Martin and Ottaviano，2001）引入资本的内生积累机制，进一步研究东西部产业份额分布和经济增长的关系。

先设定基于局部溢出效果的经济增长模型。借鉴 Grossman 和 Helpman（1991）的思想，资本存量的持续增长驱动了经济增长，同时，资本创造部门（创新部门）存在知识溢出的本地化效果（Martin and Ottaviano 1999），即在企业越密集的地区，创新成本越低。基于此，本书在模型中将决定经济增长的资本创造部门具体设定为如下形式：在东部创造一单位资本需要 L/S_n 单位劳动力作为生产要素，而在新疆则需要 L^*/S_n^* 单位劳动力作为生产要素，结合前述对比较优势的界定，即 $\theta = (L/L^*)^{1-\sigma}$，因为在东西部产生的资本是一样的，替代弹性 σ 等于 1，这使得本节中 $\theta < 1$，说明东部地区具有比较优势，这与前述含义不统一，为了便于区分本节用 θ' 代替 θ。为此，资本创造部门可以设定为：在东部创造一单位资本需要 θ'/S_n 单位劳动力作为生产要素，而在新疆则需要 $1/S_n^*$ 单位劳动力作为生产要素，即在东部创造一单位资本的成本是该地区现有企业数目的减函数，是当地比较优势的增函数，$\theta' < 1$，说明东部地区具有比较优势。同时，本地企业数目多，意味着存在产业或产品部门多样化，而这种多样化对于推动创新起着积极作用，所以，产业部门多样化是影响溢出效果的很关键因素。这种产业多样化带来的溢出效果得到了广泛验证：Henderson 等（1995）发现，在具有多样化产业环境的城市中更容易产生新的高科技产业，Ciccone 等（1996）在美国州级数据中也发现，存在集中度和生产率正向相关关系。由于资本在东西部之间自由流动决定了两地的资本价格与资本成本必然相同。为此，长期均衡时，创新部门将集中在东部地区，东部创新部门将决定整个国家的经济增长率。

再来分析经济增长率的确定，即长期均衡的实现过程。模型实现长期均衡时，东部和新疆的企业份额应该是一个常数，即东部和新疆企业份额都按着同一个经济增长率 $g = \dot{N}/N$ 来增长。为了获得均衡的经济增长率，需要分别考察资本市场和劳动力市场的均衡条件。要分析资本市场长期均衡条件，需要先刻画资本消费和储蓄的最优跨期分配问题，由汉密尔顿方程得出的欧拉方程是表示最优跨期消费行为的经典方式。本书用消费者持有无风险资产获得的利率 r 代表其延期消费的边际收益，延期消费的边际成本由该期边际效用的减少量 $\dot{S}_n/S_n$ 和边际效用随时间递减速率 ρ（消费折现率）构成，因为资本流动不受任何限制，所以东部和新疆消费者支出的最优跨期均衡条件相同，即都满足边际收益等于边际成本的原则，进而得到 $\dot{S}_n/S_n + \rho = r$，即欧拉方程，如式（4–18）所示。对于资本市场来说，长期均衡时，应该在无风险资产和公司股票之间不存在套利机会，即式（4–19）成立，其中，κ 代表单位企业的价值（单位资本价值），r 代表持有无风险资产获得的单位利率收益，δ 代表资本的固定折旧率；对于资本创造部门来说，假定资本创造部门可自由进入，且利润为零，劳动力工资率标准化为 1，则可以得到资本创造部门的均衡条件，$\kappa = \theta'/S_n$，即均衡时企业的价值等于该企业生产单位资本的成本，总之，资本市场均衡时，式（4-20）成立。劳动力市场实现均衡的条件，即东部和新疆全部劳动力 L^w 正好全被分配到以下 3 个部门中：收益不变的农业部门、收益递增的工业部门和创新部门。具体来说，A 有（$C_A +$ C_A^*）被雇佣到农业部门，$N(LX + L^*X^*)$ 被雇佣到工业部门，$\theta'(N/S_n)$ 被雇佣到创新部门。根据此均衡条件可得到式（4-21）。通过本书得到的关系式，利用套利条件、企业的均衡规模（总产出）和均衡利润、农产品在总支出中的份额关系，最终可以整理得到经济增长率 g 的表达式（4-22）。

$$\dot{S}_n/S_n = \dot{S}_n^*/S_n^* = r - \rho \tag{4-18}$$

$$r = \dot{\kappa}/\kappa + \pi/\kappa - \delta \tag{4-19}$$

$$g = \dot{N}/N = \dot{S}_n/S_n = -\dot{\kappa}/\kappa \tag{4-20}$$

$$L^w = A(C_A + C_A^*) + N(LX + L^*X^*) + \theta'(\dot{N}/S_n) \tag{4-21}$$

$$g = \frac{\mu}{\sigma}\frac{L^w}{\theta'}S_n - \frac{\sigma - \mu}{\sigma}\rho - \delta \tag{4-22}$$

从式（4-22）可以反映出模型中均衡的经济增长率与各参数之间的关系。该关系式中只有第二项的系数需要简单判断，由 $\sigma > 1$，$0 < \mu < 1$，可知 ρ 前面的系数为负，即 ρ 越大（消费者效用函数的折现率越高，即更倾向现期消费），经济增长率越小，这是经济学常识就不再解释了。为此，经济增长率主要由式（4-22）中右边第一项来决定，即经济增长率主要受到人口规模（L^w）、总支出中对工业品的支出份额（μ）和东部地区产业份额（S_n）的正向影响，产品间的替代弹性（σ）、创新成本（θ'）的负向影响。简单解释如下：经济系统中人口规模越大和对工业品的支出份额越大，对资本创造部门的激励就越大，进而带来经济增长率的提高，同时，东部地区产业份额越高，越容易通过溢出效果降低东部地区的创新成本，进而提高经济增长率；东部地区的创新成本越小，经济增长率越高，产品间替代弹性越大，说明竞争越激烈，企业难以获得垄断利润，经济增长率越小。

最后，考察经济增长率和东西部支出份额（收入差距）之间的关系。通过前面的分析可以发现，东部和新疆支出份额 S_e 和 S_e^*，是影响东西部产业分布份额 S_n 和 S_n^* 的变量之一，而均衡的经济增长率 g 是关于 S_n 的函数。为了考察这 3 个变量的相互影响关系，还需要确定经济增长率对支出份额的影响。根据长期均衡时，资本价值与资本成本相等的条件。经济系统中的总收入就等于劳动和资本的总要素收入，假定劳动力的报酬为 1，则劳动收入就等于 L^w，假定每个企业只使用一单位资本，那么资本总量就等于企业总数 N，同时资本存量随着资本价值 κ 的下降以相同比例上升，所以，经济系统总收入便可以表示为：$L^w + \rho N\kappa$，同时根据套利条件得出的单位资本现值：$\kappa = \pi/(\rho + g + \delta)$，利用这些关系式，并结合前文的均衡利润表达式，可以得到东部及新疆支出水平和经济增长率之间关系表达式（4-23），东部及新疆支出份额和经济增长率之间的关系表达式（4-24），其中，S_k 和 S_k^* 分别表示东部及新疆初始资本存量份额。最终，将得到的受产业分布份额 S_n 影响的均衡经济增长率 g 的表达式（4-22）代入式（4-24）中，则可以得到支出份额和产业份额之间的关系表达式（4-25）。

$$E = 1 + \frac{2S_k\rho\mu}{\sigma(\rho + g + \delta) - \rho\mu} \; ; \; E^* = 1 + \frac{2S_k^*\rho\mu}{\sigma(\rho + g + \delta) - \rho\mu} \qquad (4\text{-}23)$$

$$S_e = \frac{1}{2}\frac{\sigma(\rho + g + \delta) + \rho\mu(2S_k - 1)}{\sigma(\rho + g + \delta)} \; ; \; S_e^* = \frac{1}{2}\frac{\sigma(\rho + g + \delta) + \rho\mu(2S_k^* - 1)}{\sigma(\rho + g + \delta)}$$

$$(4\text{-}24)$$

$$S_e = \frac{L^w S_n + 2\theta'\rho S_k}{2(L^w S_n + \theta'\rho)} \; ; \; S_e^* = \frac{L^w S_n + 2\theta'\rho S_k^*}{2(L^w S_n + \theta'\rho)} \qquad (4\text{-}25)$$

从式（4-25）中可以发现，东部和新疆的支出份额（收入份额）主要受到产业的空间分布结构 S_n（东部地区企业数量的份额）、总人口规模（L^w）、东西部的比较优势（θ'）、效用函数的折现率（ρ）以及东部和新疆初始资本存量份额（S_k 和 S_k^*）等因素的共同影响。由于除了产业的空间分布结构 S_n 之外，其他因素短期内都比较稳定，可以认为，短期内东部和新疆的支出份额（收入份额）主要是由产业的空间分布结构 S_n 决定的。

对本节内容进行综合可以得到如下重要结论：在市场机制作用下，产业份额的空间分布主要是由市场规模决定的（因为比较优势主要还是依靠产业在本区域的聚集发展获得的），东部地区市场规模越大，该区域的产业份额越大（产业份额的空间分布更集中），全国经济增长率也越高，但东部与新疆区域间实际收入差距也会加剧。同时，在给定市场初始规模外生的情况下，如果东部与新疆的市场自由度都很高（比如东部和新疆都实施一体化的开放政策），那么可流动要素将会向初始市场规模大的区域集聚，进一步提高该区域的产业份额，这可以解释我国的经济活动表现出不断向东部地区集聚的现象，也是造成我国东部和新疆收入差距不断加剧的主要原因。为此，要改变这种市场规模差距带来的产业份额差距进一步加剧的自我循环强化机制，就需要政府干预，通过制定相应的政策支持，扩大新疆的市场规模，增强新疆的比较优势，同时对东部地区实行完全开放的市场自由度，促进资源或要素向新疆转移，促进区域协调发展。

4.2　产业援助及转移对新疆自我发展能力提升的作用机制

根据前述对区域自我发展能力内涵与评价体系的论述，本书从三方面研究承接区际产业转移对新疆自我发展能力提升的作用机理，即产业援助及转移与新疆资源利用和经济社会发展能力、产业结构优化与集聚能力、居民收入与企业成长能力。研究产业援助及转移与新疆自我发展能力提升之间的实现机制，主要包括分析影响承接优势的主要因素及其各影响因素之间的相互关系，厘清各主要影响因素与 3 个层面能力提升之间的内在联系及具体实现机制。

4.2.1　作用机制中的主要因素分析

本书认为，产业援助及转移对新疆自我发展能力提升的效果的作用机制中的主要因素包括 5 个方面：新疆承接产业援助及转移的优势、承接规模、承接类型、承接模式、根植性（承接产业与当地产业的竞争合作关系）。

（1）分析对新疆自我发展能力提升效果起决定作用的因素，即承接优势。从前述对承接优势的界定中，可知新疆承接产业援助及转移的优势，一方面，体现在资源、要素价格、相关优惠政策等方面的比较优势，比较优势与东部产业转出区域差距越大越有利于承接区际产业转移，比较优势的主要作用是降低转移企业的生产成本；另一方面，体现在其产业基础、市场化水平、市场规模、合理的产业组织形式等方面的集聚优势，集聚优势与东部产业转出区域差距越小越有利于承接区际产业转移并形成集聚效果，竞争优势的主要作用是降低转移企业转移过程中产生的各种交易成本，并为承接产业与当地产业的融合互动提供后续支持。进一步分析承接优势中的比较优势对承接产业转移的类型和规模起主要影响作用，因为新疆与东部地区相比在哪些方面有比较优势，则在这些有比较优势的方面更容易承接，比如新疆在资源方面有比较优势，当前新疆承接区际产业转移也主要集中在资源依赖型行业，同时，比较优势越突出，则承接的规模越大；承接优势中的集聚优势对承接产业转移的模式和根植性起主要影响作用，新疆集聚优势越强，说明新疆产业基础、市场规模以及市场化水平等方面与东部转出地越接近，更容易满足产业园区集中承接的要求，并能够为集中承接进来的产业与当地产业融合互动提供支持，集聚优势越突出，越有助于集中承接，越有助于承接产业与当地产业集聚发展，提升承接产业的根植性。

（2）分析对新疆自我发展能力提升效果产生直接影响的因素，即承接规模、类型和模式。新疆把产业援助及转移作为加快自身经济发展的捷径正是因为自身产业发展的规模和层次与发达地区存在较大的差距，只有积累到一定规模的产业转移，才能引起较大规模的人才、技术或产品的跨区域流动，才能体现承接区际产业转移对于当地资源的配置作用，个别企业跨区域投资很难体现其作用效果。承接的产业类型主要包括资源依赖型（资源开采利用的资本密集型行业和特色农产品初级加工的劳动密集型行业）、劳动密集型、资本密集型和技术密集型等类型，不同的产业类型对于新疆地区经济社会发展的效果不同：劳动密集型产业对于增加当地就业作用更显著，资源依赖型产业对于当地特色产业的发展很有帮助，技术密集型产业对于当地产业发展水平的提升具有重要作用。承接模式主要包括分散承接和产业园区集中承接：分散承接主要是靠企业的自发投资进行的，一般规模较小，同时缺少相应的规划引导，不一定与当地产业发展有较强关联性，进而难以发挥对当地经济社会发展的影响；而产业园区集中承接的模式，通常立足于当地的优势产业发展，通过合理规划引导，积极主动进行的产业链式或者产业集群式的承接，一般规模较大，随着承接进程的不断推进，将能够较好地与当地产业融合互动，进而对当地经济社会发展发挥广泛而持久的作用效果。

（3）分析对新疆自我发展能力提升效果产生间接影响的因素，即承接的根植性。新疆承接产业援助及转移的根植性主要是指，承接产业通过资源、要素、产品等的流动与当地产业建立丰富而紧密的联系，形成分工与合作的有序竞争格局，优化资源配置，形成新的集聚经济效果，最终与承接地产业一起成长升级，发挥对当地产业组织优化和产业结构升级的深远作用。可见，新疆承接产业援助及转移的根植性是随着承接的不断推进和深入才能逐渐显现出来，它一般需要一定的传导机制与路径才得以发挥其对产业援助及转移效果的巩固和强化作用。

4.2.2　作用机制中各主要因素间的关系分析

本书认为，承接优势是决定产业援助及转移对新疆自我发展能力提升效果的基础和前提因素，因为它直接关系到承接援助及转移的绝对规模、类型及模式；进一步来看，其对新疆自我发展能力提升效果的直接表现（短期表现）是由绝对承接规模、类型决定的；其对新疆自我发展能力提升效果的直接表现（短期表现）是由绝对承接模式、根植性决定的。承接优势主要由新疆比较优势和集聚优势的演变来体现，不同的产业转移类型对比较优势和竞争优势的依赖度和敏感性不同，一般来说，资源依赖型和劳动密集型产业更看重承接地区的比较优势，而资本密集型和技术密集型更看重承接地区的集聚优势，所以说承接优势直接决定了承接规模和产业类型。承接优势也直接关系到承接模式的选择，本书简单地将承接模式区分为分散承接模式和产业园区集中承接模式 2 种，一般来说，相比于分散承接模式，产业园区集中承接模式对于绝对承接优势有着更高的要求，不仅关注承接地是否具有比较优势，还要看重承接地区的竞争优势，更希望在承接地区获得长久发展的后续支撑。当然，从本书对承接优势的界定来看，已经包含着其对承接产业的后续发展能力的作用，所以，新疆承接产业援助及转移的根植性自然离不开承接优势的作用，特别是承接优势中的竞争优势越显著，越容易为承接产业提供与东部地区相近的市场发展环境，越有助于承接产业在新疆扎根，进而促进承接产业与当地产业的融合升级。

综合以上分析，绝对承接优势是影响新疆承接区际产业转移绝对效果的最根本因素，它直接对其他 4 个影响因素（承接规模、类型、模式和根植性）产生作用，所以，研究新疆承接产业援助及转移对其自我发展能力提升的作用效果，必须从承接优势开始。同时，承接优势主要体现在比较优势与竞争优势的绝对演变两方面，除了承接资源依赖型产业更看重其比较优势之外，其他类型的产业承接、产业园区集中承接模式以及提升承接产业根植性，都更看重绝对承接优势中的集聚优势。进一步从比较优势和竞争优势的来源来看，比较优势主要是由当地的资源、区位等禀赋决定的，一般比较稳定，较难通过比较优势来提供承接优势，而竞争优势中的产业基础、市场规模、市场化水平等主要是由当地经济发展水平决定的，随着经济发展水平的提高，新疆承接产业转移及援助的能力得到了较快的提升，新疆承接产业援助及转移的规模也得到了显著的增长。可以说，在经济发展水平存在显著差距的条件下，承接优势中的集聚优势的作用更关键，而在经济发展水平差距很小的条件下，承接优势中的比较优势的作用更明显。很多产业为何在东部省份内部进行产业转移，而不转移到新疆呢？正是因为非资源依赖型产业更看重集聚优势，更希望转入区与转出区的市场发展程度相接近。所以，在东西部经济发展水平存在显著差距的情况下，可以说，新疆经济发展水平越高，则承接产业援助及转移的优势越强，承接的规模越大、产业类型更多样（更有助于承接非资源依赖型行业）、根植性更强，进而获得更好的新疆自我发展能力。

4.2.3 各主要因素发挥作用的实现机理

在前述分析基础上，本节将区域自我发展能力分成 3 个层面，即微观的企业成长和居民收入改善能力、中观的产业集聚与结构调整能力、宏观的经济社会发展能力，具体分析各主要因素如何通过影响发生流动要素的价值特征类型、流动方式、流动融合性，进而对新疆这 3 个层面的自我发展能力提升发挥作用。

第一，分析各影响因素对要素流动的作用机制。承接优势代表的综合比较优势和集聚优势形成的利益差，是引起企业跨区域投资的关键。在自由开放的经济系统中，企业作为区际产业转移的微观主体，根据生产过程中劳动力、资本和技术等要素投入的成本与产出收益的核算，将选择各种要素投入和产出收益之间所产生的净收益最大的地区作为企业布局的最佳区位。企业跨区域投资，其外在表现其实就是劳动力、资本和技术等生产要素（资源）在区域间的流动。进一步来说，新疆承接优势形成的利益差决定了流入该区域的资源或要素的特征及价值构成，若流入的资本通过利用承接优势中的比较优势（体现在资源、劳动力等禀赋方面）能获得更高的要素报酬，则资本将投向新疆的资源依赖型产业或劳动密集型产业；若流入的资本和技术通过利用承接优势中的竞争优势（体现在产业基础、市场规模、市场化水平等经济发展水平方面），体现其在新疆的稀缺性，缓解资本和技术在东部地区集聚到一定程度产生的要素边际报酬递减和集聚不经济等问题，获得更高的要素收益，则这些要素将流入资本密集型行业和技术密集型行业（或者是改造传统产业）。这样通过不同特征的要素流入就形成了不同的承接产业类型；同时，要素分散流入或者集中流入方式的选择，也就是相应形成了分散承接模式与集中承接模式。从长期来看，流入的要素能否与承接地的要素相互融合，优化资源配置，也就对应着承接产业根植性的程度。

第二，分析要素流动对新疆居民收入与企业成长能力提升的实现机理。新疆通过承接产业援助及转移改进要素配置效率的直接体现是对当地企业成长的影响，具体来看：一方面，当前东部产业援助及转移的产业类型，很大一部分属于扩张型产业转移，其实质就是东部企业通过部分生产经营环节的转出，企业可以充分利用承接地的原材料、劳动力、区位等优势，获得生产成本的降低、市场规模的快速扩张等好处。这种扩张型的产业转移通过在新疆建立公司或者部门的形式，将直接对新疆相关企业的成长提供有利条件；另一方面，对于东部援助及转移的属于撤退型的产业来说，这种产业转移的途径就是东部地区将在本地不具备比较优势的企业直接迁移到新疆而产生的转移，这将对增加新疆当地企业的数量和规模产生直接作用。新疆通过承接产业援助及转移对居民收入改善的影响，主要是由于当前新疆承接的产业主要是资源开采型产业和劳动密集型产业，这样的产业转移过程中，除了高层以及管理人员来自东部转出地区，其他岗位的劳动人员基本要依靠承接地的劳动力，这样就直接带来了就业岗位的增加，尤其是有助于新疆农村剩余劳动力的转移，同时，随着产业援助及转移的增加和就业岗位的增多，将改变承接地劳动力市场原有的均衡结构，使劳动力的需求曲线向右上方移动，从而提升了新疆的均衡工资水平，进而通过就业岗位的增加和就业工资水平的提高直接提高了当地居民的收入。

第三，分析要素流动对新疆产业集聚和结构调整能力提升的实现机理。随着东部援助及产业转移的增加和整体劳动力工资水平的提高，使得新疆经济发展中的分工会进一步细化，更多的产品在新疆实现生产，当地商贸活动更加丰富和繁荣，使得新疆能以更高比重的当地产品替代原来从东部购买的产品，从而节省了大量的交易成本。随着这一过程的不断持续深入和东部援助及转移带来的要素的不断积累，当地劳动生产率和产业承接配套能力会进一步提高，进一步促进了相关产业不断向新疆转移，这不仅使得承接地的就业空间不断拓展，更有助于西部地区自身产业产生集聚效果，促使新知识和新技术在西部产生，从而内涵式提高当地的创新能力。不断提高的创新能力，通过技术扩散的溢出效应，改造新疆的传统产业和促进新兴产业的产生，并通过不断与新疆相关产业融合，形成有利于创新的集聚经济效果，促进新疆产业结构优化升级，并使得产业在新疆获得集聚发展，进而不断提升当地产业集聚和产业结构能力。

第四，分析要素流动对新疆经济社会发展能力提升的实现机理。要素流动对新疆经济社会发展能力的提升，反映的是要素流动对企业成长和居民就业的效果以及产业结构调整效果长期累计传导的综合结果。为此，有了前述关于要素流动对企业成长、居民就业、产业结构调整等效果的作用机制的分析，要素流出对东部经济社会发展的效果就很容易理解。短期来看，随着产业转移或援助带来的产业集聚发展和结构的优化升级，将提高产业附加值，进而带来更高的经济增长率和人均收入水平，使得新疆经济获得更长期、稳定的增长。同时，随着产业援助及转移规模的不断增加，将对新疆提高资源环境的承载能力产生重要影响，另外，随着要素的大规模流入，将会提供更多非农就业岗位，也有助于加快承接地的城市化，推动新疆城市化进程，进而带动新疆文化、开放水平等社会发展水平不断提高。

第 5 章　新疆各地州市承接优势与自我发展能力演变评价

在第 4 章的理论分析中，已经充分体现出区域承接优势对区域自我发展能力提升的重要作用。为此，需要对新疆各地州市承接优势与自我发展能力演变轨迹进行客观呈现。本章基于现有研究对承接优势和区域自我发展能力评价的相关研究中存在的缺憾，重新从比较优势和集聚优势两方面构建评价承接优势的相对指标体系，并从资源利用与经济社会发展能力、产业结构优化与集聚能力、企业成长与居民收入改善能力三个层面建立新疆自我发展能力评价的绝对指标体系，并通过运用时序全局主成分分析方法对新疆各地州市的承接优势与自我发展能力进行具体评价，较全面地反映新疆及各地州市经济社会发展与承接优势和区域自我发展能力的具体演变路径及特征。

5.1　新疆各地州市承接优势演变评价

根据前文对承接优势的界定，本书将从比较优势与集聚优势两方面，在保证数据可获得性前提下，选择相应的指标，建立相应的评价承接优势的相对指标体系，运用时序全局主成分分析方法，较客观呈现伴随着东西部区域经济社会的发展演变，新疆各地州市 2006~2014 年的承接优势演变轨迹。

5.1.1　新疆各地州市承接优势演变评价的相对指标体系构建

从本书对承接优势的界定中可以发现，决定承接优势的比较优势和集聚优势这两个"优势"本身就包含着相比较的含义，只有通过将承接地与转出地相比较才能得到是否具有承接优势，进而承接优势用相对指标来体现更合适（承接地与转出地的比值），因为产业转移的产生和发展本质上是产业转出区与转入地经济社会发展综合基础和实力动态发展演变的结果，更进一步来说，将产业转出区与承接区联系起来的承接优势才是决定产业转移进展的最重要因素。为了准确把握新疆承接优势的具体演变表现，就需要建立能全面衡量反映新疆比较优势与竞争优势演变的相对指标体系。新疆承接优势的演变，是区域经济在自身长期发展中不断积累变化的体现，需要多维度评判。我们以系统性、代表性和可获得性为基本原则，结合现有文献资料对影响产业转移的主要因素进行研究，从比较优势与集聚优势演变两个层次来构建能衡量新疆承接优势发展演变的指标体系：比较优势，主要从资源要素价格与政府政策方面来反映，政府的政策干预通常体现在要素价格上，由于各地区优势资源类型不一样，缺少统一的经过折算之后的资源价格数据，考虑到所用数据的连续性及可获得性，只能近似用工业生产者出厂价格指数和消费者价格指数来很粗略地代表当地的资源价格。同时，政府政策也缺少明确的指标，考虑到政府通常以土地价格优惠的方式来进行招商引资，但缺少对招商用地价格的具体统计，只能用土地平均价格来大体反映政府政策，同时土地价格也是要素价格的重要代表，具体指标包括工业生产者购进价格指数、居民消费价格指数、城镇非私营单位就业人员平均工资、土地平均价格。集聚优势，主要从地区发展水平、产业发展基础及企业成长与居民收入方面来衡量：地区发展水平指标主要有人均 GDP、城市化水平、就业率、固定资产投资总额、交通基础设施密度、市场化程度、对外开放水平、人力资本水平（受教育程度）、科技（专利）水平等；产业发展基础主要有第二产业，第三产业产值份额，产业结构合理化，市场规模，工业集聚度等；企业成长与居民收入的指标主要有城镇居民人均可支配收入、农村居民家庭人均纯收入、规模以上工业企业个数、规模以上工业企业主营业务收入及利润等。按照这两个层次构建的指标体系能衡量新疆承接优势发展演变全貌，原因则是这些构成指标的要素对于产业转移的作用机理及具体影响，都能找到相应的文献支持，可以很好地满足我们后续研究分析的需要。

从这两个层次确定的具体指标中大部分指标含义都比较确定，对于能在各种年鉴中找到相应解释的指标，在此就不再界定，对需要进一步解释和重新需要界

定的指标具体列示如下：土地平均价格，利用该年该地区总土地出让销售价款和
土地出让面积的比值来近似衡量；城市化水平，使用城镇常住人口占总人口的份
额来表示城市化率；就业率，使用就业人口占常住人口的比值来表示；交通基础
设施密度，使用区域内公路和铁路营运里程与区域面积之比来近似衡量；对于市
场化程度，由于樊纲、王小鲁所编制的市场化指数数据不够完整，本书使用财政
支出与地区生产总值之比来近似表示政府对经济的参与程度，政府参与程度越
高，说明市场化程度越低；对外开放度水平，使用以按境内目的地和货源地所分
的进出口总额除以当年地区生产总值的份额来近似表示，并使用当年人民币对美
元汇率将以美元计的进出口总额数据进行处理；人力资本水平，数据使用高中以
及高校在校学生数占总人口的份额来近似表示；科技水平，使用专利授权量来近
似代表；产业结构合理化，借鉴干春晖等（2011）的研究，用 INOP 值来衡量产
业结构合理化水平，y 表示产值，l 表示就业，i 表示产业，INOP 值越接近零，
说明产业结构合理化水平越高：$INOP = \sum_{i=1}^{3} \left(\frac{y_i}{y} \right) \ln \left(\frac{y_i l}{y l_i} \right)$；市场规模用社会消费品
零售总额来近似表示；工业集聚度用区位熵分析的方法来界定，具体定义是用该
地区工业增加值占地区生产总值的份额与全国工业增加值占全国生产总值的份额
的比值来衡量；每个规模以上工业企业主营业务平均利润，用规模以上工业企业
主营业务平均利润除以规模以上工业企业个数来表示，以反映不同地区规模以上
企业的平均盈利能力。

　　现对承接优势指标体系中各指标数据来源进行统一说明。除了特别注明的数
据来源之外，本书所用到的数据均来自历年新疆统计年鉴、新疆各地州市统计年
鉴、《中国统计年鉴》、《中国工业经济统计年鉴》、《中国劳动统计年鉴》、《中国国
土资源统计年鉴》、中经网统计数据库、新疆各地州市国民经济和社会发展统计
公报、新疆各地州市政府相关网站等。对于时间跨度来说，本书选取省级样本分
析的时间是 2006~2014 年，共 9 年，个别指标缺少某一年份的统计值，本书使用
移动平均法进行补齐。各指标中受价格影响的指标以 2006 年为基期按可比价进
行平减。最终，由 2 个一级指标，4 个二级指标，23 个具体相对指标，构成了用
来衡量新疆各地州市承接优势发展演变的相对指标体系，如表 5-1 所示。具体相
对指标的计算，是以新疆各地州市该指标的数值与东部地区该指标的算数平均值

的比值来衡量。东部地区是指东部 11 省市（指北京、天津、河北、辽宁、上海、江苏、浙江、福建、山东、广东、海南）。如新疆某地州市某年人均 GDP =（该年该地区 GDP 的数值）÷（该年东部 11 省市 GDP 平均值）。

表 5-1　新疆各地州市承接优势演变评价的相对指标体系

一级指标	二级指标	三级指标	表示符号
比较优势	要素价格优势	工业生产者出厂价格指数	INDPRICEB
		消费者价格指数	CUPRICEB
		城镇非私营单位就业人员平均工资	WAGEB
		土地平均价格	LNPRICEB
集聚优势	地区经济发展优势	人均 GDP	PGDPB
		城市化水平	URBANB
		就业率	RATEB
		固定资产投资占 GDP 份额	FCAPB
		交通设施密度	DTRAFB
		人力资本水平	HUCAPB
		科技水平	TECHB
		市场化程度	MARKETB
		对外开放度水平	OPENB
	产业发展优势	第二产业增加值所占份额	SECONDB
		第三产业增加值所占份额	THIRDB
		产业结构合理化	INOPB
		市场规模	SALEB
		工业集聚度	CLUSTERB
	企业成长居民消费优势	城镇居民可支配收入	LNURME
		农村居民纯收入	LNRUME
		规模以上工业企业个数	COMPB
		规模以上工业企业主营业务收入	COINB
		每个规模以上工业企业主营业务平均利润	COPROB

注：本指标体系采用时序全局主成分分析时会自动为各指标赋权数。

5.1.2　新疆各地州市承接优势演变评价

本节利用新疆各地州市承接优势评价的相对指标体系表，运用时序全局主成分分析，对新疆各地州市承接优势演变的轨迹进行呈现。

5.1.2.1　时序全局主成分分析方法

目前对新疆各地州市承接优势评价大多采用多指标综合评价方法，这些方法主要是运用横截面数据对新疆承接优势的静态综合分析，非常缺少运用面板数据对其承接优势进行动态分析的研究。因此，本书尝试运用时序全局主成分分析，对新疆承接优势演变进行评价。时序全局主成分分析是时序分析与全局主成分分析方法的结合，是对时序立体数据表进行主成分分析，进一步讲，时序立体数据表，就是一组按时间顺序排列的平面数据表序列，并且所有的数据表有完全同名的样本点和变量指标，它与平面数据表的最大区别在于，它有张按时间顺序排放的数据表序列表；它通过对该表进行全局主成分分析，得到统一的主成分公共因子，进而能迅速提取立体表的重要信息，并据其对样本总量的贡献度赋予权数，构造出一组综合指标，进而能够从全局的角度对多指标的经济问题进行动态轨迹描绘及分析，可以有效解决综合评价研究的相关性和人为赋权的主观性问题。可见，时序全局主成分分析本质上作为一种降低变量维数的分析，通过寻求时序立体数据表所有变量的一个简化了的子空间，得到统一的主成分公共因子，来简化观测系统和减少变量维数，从而用一个变量子集来解释整个多指标数据系统问题。这样能够解决问题。

时序全局主成分分析的一般表达形式为：$F_j = \sum_{i=1}^{p} a_{ij}X_i (j = 1, 2, \cdots, k,$ 且 $k \leqslant p)$。其中，$F = (F_1, F_2, \cdots, F_k)'_{k \times 1}$，为提取的 k 个主成分；$A = (a_{ij})'_{k \times p}$ 为 X 的协方差矩阵特征值对应特征向量矩阵的转置矩阵；$X = (X_1, X_2, \cdots, X_p)'_{p \times 1}$，为 p 维随机向量。且满足：①$a_{1j}^2 + a_{2j}^2 + L + a_{kj}^2 = 1(j = 1, 2, \cdots, p)$；②$A'A = I_k$，$I_k$ 为单位矩阵，即 A 为正交矩阵；③$Cov(F_i, F_j) = \lambda_i \delta_{ij}$，$\delta_{ij} = \begin{cases} 0, & i \neq j \\ 1, & i = j \end{cases}$。则综合得分评价函数为：$ZF = \sum_{i=1}^{k} r_i g F_i$。其中，$r_i = \lambda_i / \sum_{i=1}^{k} \lambda_i$，$\lambda_i$ 为 X 的协方差矩阵的特征值，

其和等于 1。

进行时序全局主成分分析，关键就是选择合适的变量，构成时序立体数据表。本书认为，合适的变量选择的标准是：一方面，变量选择不能太少，否则不能代表和反映经济问题受多因素影响的综合性特点；另一方面，变量也不能太多，否则经过降低变量维数的处理后，综合评价函数意义就不明确，难以清晰地对应出最重要的影响变量。

5.1.2.2 时序全局主成分分析方法确定分析的主成分

首先，判断指标之间的相关性。使用承接优势相对指标体系中 23 个具体指标确定的指标体系，用 PASW 软件对各指标的具体数据进行标准化预处理，然后对各指标进行相关性检验，KMO 值和 Bartlett 的球形度检验的结果表明，各指标数据存在较强的相关性，适合采用主成分分析，检验结果如表 5-2 所示。在此基础上，通过各指标标准化数据的相关系数矩阵，获得相关系数矩阵的特征值和特征向量，进行主成分分析，具体计算出的相关系数矩阵的特征值及贡献率如表5-3 所示。从该表可知，特征值大于 1 的前 4 个主成分因子都提供了原始数据的大部分信息，方差提取率达到 84.93%。

表 5-2　承接优势各指标数据的 KMO 和 Bartlett 检验

取样足够度的 Kaiser-Meyer-Olkin 度量		0.812
Bartlett 的球形度检验	近似卡方	3916.471
	df	120
	Sig.	0.000

表 5-3　承接优势各指标数据主成分解释的总方差结果

初始特征值			提取平方和载入		
合计	方差的（%）	累积（%）	合计	方差的（%）	累积（%）
8.701	54.383	54.383	8.701	54.383	54.383
2.313	14.462	68.844	2.313	14.462	68.844
1.579	9.869	78.713	1.579	9.869	78.713
0.994	6.212	84.925	0.994	6.212	84.925

其次，确定各主成分的得分并计算绝对承接优势综合得分。主成分得分可以通过相关指标进行衡量，X_1~X_{23} 分别代表 23 个指标变量，其中对于比较优势指标数值越低表示比较优势越强，本书对比较优势的 4 个指标取负数。以 F_i 表示第 i 个主成分，4 个主成分表达式可统一表示为：$F_i = f_{i1}X_1 + f_{i2}X_2 + \cdots + f_{i23}X_{23}$，（$i =$ 1，2，3，4），其中 f_{i1}，$\cdots$，f_{i23} 为对应系数，最后依据各主成分表达式及标准化处理后的原始数据，PASW 软件会自动计算得到绝对指标体系的 4 个主成分得分，为了节约篇幅，本书就不再列示出各主成分的具体得分。

最后，用各个主成分的方差贡献率占累计方差贡献率的份额作为权数，分别对 4 个主成分的得分进行加权求和，得到新疆承接产业转移能力综合评价的绝对指标体系综合评分 SCORE，其中，SCORE = 0.63 × F_1 + 0.18 × F_2 + 0.12 × F_3 + 0.07×F_4，具体综合得分结果如表 5-4 所示。

综合看来，根据时序全局主成分分析得到的新疆各地州市承接优势发展演变的综合得分，可以对新疆各地州市承接优势发展演变评价如下：①从相对指标体系的得分来看，新疆各地州市承接优势，基本都表现出先下降后上升的特征，2008 年是转折点，2008 年以后，尤其是 2010 年后开启新一轮对口援疆后，新疆各地州市承接产业转移的优势越来越突出，这也与我国 2008 年以后才真正进入较大规模的产业转移阶段相符合，2008 年以后受金融危机的影响，东部加快产业转型升级的步伐，新疆承接条件也得到很大的改善，尤其是新一轮对口援疆之后其承接东部产业转移的比较优势逐渐凸显。这充分说明本书用相对指标来衡量承接优势能够真正反映其本质，是更科学的衡量指标体系。②从新疆各地州市承接优势的演变来看，各地州市之间存在较大差距。综合来看，承接优势最显著的地区是乌鲁木齐市、伊犁州、巴州、昌吉州；承接最低的地区是和田地区、克州、吐鲁番地区、喀什地区；剩余的地州市处于中间位次。

表5-4 2006~2014年新疆各地州市承接优势得分

省份	乌鲁木齐	克拉玛依	吐鲁番	哈密	昌吉州	伊犁州	伊犁州直	塔城	阿勒泰	博州	巴州	阿克苏	克州	喀什	和田
2006	0.42	-0.34	-0.65	-0.39	-0.22	-0.31	-0.21	-0.66	-0.96	-0.02	-0.53	-0.74	-0.94	-0.74	-1.25
2007	0.528	-0.36	-0.74	-0.41	-0.17	-0.27	-0.23	-0.68	-1.02	-0.09	-0.42	-0.72	-0.86	-0.86	-1.37
2008	0.672	-0.44	-0.87	-0.52	-0.22	-0.34	0.02	-0.61	-0.97	0.02	-0.34	-0.65	-0.90	-0.88	-1.26
2009	0.672	-0.36	-0.79	-0.43	-0.17	-0.27	-0.05	-0.57	-0.76	-0.19	-0.25	-0.51	-0.80	-0.86	-0.99
2010	0.744	-0.32	-0.66	-0.33	0.04	-0.17	0.05	-0.63	-0.64	-0.23	-0.14	-0.47	-0.72	-0.74	-0.88
2011	0.96	-0.31	-0.51	-0.28	0.16	0.08	0.08	-0.46	-0.58	-0.08	-0.10	-0.31	-0.61	-0.61	-0.73
2012	1.02	-0.27	-0.43	-0.25	0.21	0.14	0.15	-0.65	-0.55	-0.03	-0.16	-0.25	-0.57	-0.57	-0.62
2013	1.092	-0.28	-0.33	-0.19	0.29	0.23	0.29	-0.30	-0.41	0.05	0.03	-0.12	-0.56	-0.38	-0.60
2014	1.116	-0.24	-0.29	-0.12	0.33	0.30	0.44	-0.16	0.21	0.10	0.35	0.07	-0.38	-0.27	-0.41

5.2　新疆各地州市自我发展能力演变评价

根据前文对区域自我发展能力的界定，本书将从资源利用与经济社会发展能力、产业集聚与结构调整能力、企业成长与居民收入改善能力 3 个层面，在保证数据可获得性前提下，选择相应的指标，建立相应的评价区域自我发展能力的绝对指标体系，运用时序全局主成分分析方法，较客观地呈现伴随东部援助和产业转移的不断深入推进，新疆各地州市 2006~2014 年的区域自我发展能力演变轨迹。本节的研究思路和上一节完全一致，只是指标体系中有个别指标选取不一样，如上一节更多突出资源要素价格等方面的互补性。而本节主要体现资源环境的承载力，同时，本节评价体系是用绝对指标构成，而上一节用相对指标构成。

5.2.1　新疆各地州市自我发展能力评价的绝对指标体系构建

为了准确把握新疆各地州市自我发展能力的具体演变表现，就需要建立能全面衡量、反映其内在发展演变特征的指标体系。指标体系的构建有两个基本要求：一是能全面表征新疆各地州市自我发展能力演变现实特征，二是能为后续研究承接产业转移演变对区域自我发展能力提示效果进行具体检验时，提供数据和变量选择的支持。我们以系统性、代表性和可获得性为基本原则，结合现有研究区域自我发展能力的文献中，对微观的企业和居民的作用关注不够的问题，从资源利用与经济社会发展能力、产业集聚与结构调整能力、企业成长与收入改善能力 3 个层面来构建能衡量新疆各地州市自我发展能力及发展演变的指标体系。由于评价区域自我发展能力演变的许多指标与评价承接优势的指标存在交叉，为此，就相同含义的指标就不再解释。最终，由 3 个二级指标，23 个具体相对指标，构成了用来衡量新疆各地州市自我发展能力演变的指标体系，如表 5-5 所示。

表 5-5　新疆各地州市自我发展能力评价指标体系

一级指标	二级指标	三级指标	表示符号
区域自我发展能力	资源基础与经济社会发展能力	人均耕地面积	AVLAND
		人均水资源量	AVWAT
		环保投资占地区生产总值的比	ENVIR
		人均公共绿地面积	PGRAND
		交通设施密度	DTRAF
		人均GDP	LNPGDP
		城市化水平	URBAN
		固定资产投资水平	FCAP
		人力资本水平	HUCAP
		科技水平	LNTECH
		就业率	RATE
		市场化程度	MARKET
		对外开放度水平	OPEN
	产业集聚与结构调整能力	第二产业增加值所占份额	SECOND
		第三产业增加值所占份额	THIRD
		产业结构合理化	INOP
		市场规模	LNSALE
		工业集聚度	CLUSTER
	企业成长与居民收入改善能力	城镇居民人均可支配收入	LNURME
		农村居民家庭人均纯收入	LNRUME
		规模以上工业企业个数	LNCOMP
		规模以上工业企业主营业务收入	LNCOIN
		每个规模以上工业企业主营业务平均利润	COPRO

注：本指标体系采用时序全局主成分分析时会自动为各指标赋权数。

5.2.2　新疆各地州市自我发展能力演变评价

本节按照上节的研究思路，依据从资源利用与经济社会发展能力、产业集聚与结构调整能力、企业成长与收入改善能力3个层面，在保证数据可获得性的基础上，建立相应的评价新疆各地州市区域自我发展能力的绝对指标评价体系，并在此基础上，运用与上节同样的研究方法，客观呈现新疆各地州市自我发展能力的演变轨迹。

首先，判断指标之间的相关性。使用新疆各地州市自我发展能力指标体系中 23 个具体指标确定的指标体系，用 PASW 软件对各指标的具体数据进行标准化预处理。

其次，对各指标进行相关性检验，KMO 值和 Bartlett 的球形度检验的结果表明，各指标数据存在较强的相关性，适合采用主成分分析，检验结果如表 5-6 所示。在此基础上，通过各指标标准化数据的相关系数矩阵，获得相关系数矩阵的特征值和特征向量，进行主成分分析，具体计算出的相关系数矩阵的特征值及贡献率如表 5-7 所示。从该表可知，特征值大于 1 的前 4 个主成分因子都提供了原始数据的大部分信息，方差提取率达到 86.42%。

表 5-6 　新疆自我发展能力指标数据的 KMO 和 Bartlett 检验

取样足够度的 Kaiser-Meyer-Olkin 度量		0.745
Bartlett 的球形度检验	近似卡方	1916.471
	df	78
	Sig.	0.000

表 5-7 　新疆自我发展能力指标数据主成分解释的总方差结果

初始特征值			提取平方和载入		
合计	方差的（%）	累积（%）	合计	方差的（%）	累积（%）
5.319	40.915	40.915	5.319	40.915	40.915
2.997	23.057	63.971	2.997	23.057	63.971
1.720	13.234	77.206	1.720	13.234	77.206
1.198	9.218	86.423	1.198	9.218	86.423

确定各主成分的得分并计算绝对承接优势综合得分。

主成分得分可以通过相关指标进行衡量，以 X_1~X_{23} 分别代表 23 个指标变量，以 F_i 表示第个 i 主成分，4 个主成分表达式可统一表示为：$F_i = f_{i1}X_1 + f_{i2}X_2 + \cdots + f_{i23}X_{23}$，（$i = 1$，2，3，4）。其中，$f_{i1}$，$\cdots$，$f_{i23}$ 为对应系数，最后依据各主成分表达式及标准化处理后的原始数据，PASW 软件会自动计算得到绝对指标体系的 4 个主成分得分，为了节约篇幅，本书就不再列示出各主成分的具体得分。

最后，用各个主成分的方差贡献率占累计方差贡献率的份额作为权数，分别对 4 个主成分的得分进行加权求和，得到新疆承接产业转移能力综合评价的绝对指标体系综合评分 SCORE，其中，SCORE = $0.47 \times F_1 + 0.27 \times F_2 + 0.15 \times F_3 + 0.11 \times F_4$，具体综合得分结果如表 5-8 所示。

综合来看，根据时序全局主成分分析得到的新疆各地州市自我发展能力演变的综合得分，可以对其演变评价如下：①从绝对指标体系的得分来看，新疆各地州市自我发展能力呈现出稳定的上升趋势，尤其是 2010 年新一轮对口援疆之后，新疆各地州市自我发展能力获得显著提高；②从新疆各地州市自我发展能力的演变来看，各地州市在自我发展能力方面的差距，比其在承接优势方面的差距更显著。这主要是由于南疆三地州在承接产业转移方面还可以利用其资源和劳动力优势，这种要素价格方面的比较优势对承接优势产生积极影响，综合来看，区域自我发展能力最高的地区有乌鲁木齐市、昌吉州、伊犁州直属县市、巴州、克拉玛依市；承接最低的地区是和田地区、克州、吐鲁番地区、喀什地区和塔城地区；剩余的地州市处于中间位次。

表 5-8　2006~2014 年新疆各地州市自我发展能力演变综合得分

省份	乌鲁木齐	克拉玛依	吐鲁番	哈密	昌吉州	伊犁州	伊犁州直	塔城	阿勒泰	博州	巴州	阿克苏	克州	喀什	和田
2006	1.38	0.14	-0.45	-0.08	-0.02	-0.15	-0.32	-0.30	-0.44	-0.01	-0.24	-0.34	-0.43	-0.34	-0.57
2007	1.55	0.07	-0.44	0.04	0.07	-0.10	-0.23	-0.29	-0.44	-0.04	-0.18	-0.31	-0.37	-0.37	-0.59
2008	1.69	0.14	-0.44	-0.14	0.18	0.12	-0.31	-0.27	-0.43	0.01	-0.15	-0.29	-0.40	-0.39	-0.56
2009	1.82	0.07	-0.43	-0.10	0.08	0.13	-0.35	-0.27	-0.36	-0.09	-0.12	-0.24	-0.38	-0.41	-0.47
2010	1.86	-0.03	-0.42	-0.10	0.18	0.17	-0.21	-0.32	-0.33	-0.12	-0.07	-0.24	-0.37	-0.38	-0.45
2011	2.28	0.13	-0.39	-0.07	0.27	0.24	0.08	-0.28	-0.35	-0.05	-0.06	-0.19	-0.37	-0.37	-0.44
2012	1.89	0.07	-0.31	-0.08	0.22	0.31	0.12	-0.41	-0.35	-0.02	-0.10	-0.16	-0.36	-0.36	-0.39
2013	2.03	0.14	-0.28	-0.01	0.45	0.53	0.21	-0.20	-0.27	0.03	0.02	-0.08	-0.37	-0.25	-0.40
2014	2.51	0.35	-0.19	0.14	0.77	0.67	0.27	-0.11	0.14	0.07	0.24	0.05	-0.26	-0.18	-0.28

第6章 产业援助与转移规模对新疆自我发展能力提升的实证研究

伴随着新疆承接优势的不断提高，新疆承接产业援助及转移的规模也在加速发展。本章在前述理论研究基础上，通过实证研究，对新疆承接产业援助及转移对于新疆自我发展能力提升效果进行具体检验。根据第5章对新疆自我发展能力评价指标体系的设定，本章利用新一轮对口援疆实施以来的5年（2010~2014年）新疆各地州市的数据，分别从资源基础与经济社会发展能力、产业集聚与结构调整能力、企业成长与居民收入改善能力3个层面对东部产业援助及转移对新疆自我发展能力提升的作用效果进行具体检验。

6.1 对资源基础与经济社会发展能力提升效果的检验

从前述对资源与经济社会发展能力的评价指标中，选择有代表性的指标来反映东部援助及产业转移对于新疆经济社会发展能力提升的效果。由于本书的资源基础更多体现为对当地经济社会发展能力的基础性支持作用，关注点是产业援助及转移对新疆经济社会总体发展能力的提升作用，为此，在变量选择时，将重点从经济社会发展能力方面选择相应的指标，以突出东部援助和产业转移对新疆在经济发展、城市化、就业、技术创新、资源承载能力方面的作用效果。

6.1.1 变量及模型选择

本章关注的核心解释变量即新疆承接援助及转移的规模（LNTRAN），本章用新疆各地州市"实际利用省外境内资金"来衡量，对于其他解释变量，根据相关研究文献，具体从衡量新疆自我发展能力绝对指标体系中进行相应选择。具体来说，对于衡量资源基础和经济与社会发展能力的被解释变量分别选择的是：人均 GDP（LNPGDP）、就业率（RATE）、城市化水平（URBAN）、科技水平（LNTECH）、人均水资源量（AVWAT），用这些指标来综合反映新疆资源与经济社会发展能力。对于这些指标的界定和数据来源在前述研究中已经界定过，在此不再赘述。

分别选择以上指标作为衡量新疆资源基础和经济与社会发展能力的被解释变量，将其与核心解释变量（LNTRAN）和其他控制变量，进行面板数据的计量回归分析。通过共线性检验，发现人均 GDP 作为解释变量时和其他控制变量之间存在严重的共线性，为此，在回归中用人均 GDP 的增长率 G1 来替代，这样就大大降低了解释变量间的共线性问题，然后分别对每个回归模型通过膨胀因子检验，舍弃掉膨胀因子大于 10 的解释变量，在控制时间变量的基础上，最终得到每个模型的具体参与回归的变量。通过对面板数据进行检验，发现个体效果显著，不适合运用 Pooled OLS 来估计，进一步确定运用固定效应还是随机效应模型，Hausman 检验结果表明应该选择固定效应模型。

6.1.2 实证结论及说明

最终产业援助与转移规模对新疆经济及社会发展能力提升效果的回归结果如表 6-1 所示。表 6-1 中，R-sq 表示拟合优度，显著性水平的表示是：* 表示 $p < 0.05$，** 表示 $p < 0.01$，*** 表示 $p < 0.001$，小括号内是对应的标准差。

表 6-1 产业援助与转移规模对资源基础与经济及社会发展能力效果检验结果

Variable	RATE 就业效果	URBAN 城市化效果	LNTECH 技术进步效果	LNPGDP 经济增长效果	AVWAT 资源基础效果
LNTRAN	0.013* (0.003)	0.0070 (0.002)	0.0070 (0.006)	0.026*** (0.014)	−0.040* (0.056)

续表

Variable	RATE 就业效果	URBAN 城市化效果	LNTECH 技术进步效果	LNPGDP 经济增长效果	AVWAT 资源基础效果
URBAN	0.319*** (0.135)		2.470* (1.406)	3.402** (0.319)	−2.856** (1.335)
INUP	0.359* (0.194)	0.771** (0.106)	−0.721 (1.337)	−0.149 (0.79)	7.791* (3.387)
G1	0.192 (0.087)	0.132** (0.049)	2.320** (0.869)		1.433* (0.609)
MARKET	0.192* (0.098)	0.373** (0.053)	1.224 (0.753)	1.213** (0.175)	−0.996 (0.703)
INOP	−0.071 (0.045)	−0.149** (0.023)	−1.550 (0.251)	0.052 (0.098)	−0.873 (0.566)
CLUSTER	0.298*** (0.067)	0.221*** (0.037)	0.558 (0.613)	0.365* (0.158)	1.218 (0.94)
HUCAP	−0.016 (0.005)	−0.020* (0.004)	0.125* (0.051)	0.064** (0.024)	0.065 (0.068)
DTRAF	−0.01 (0.009)	−0.003 (0.008)	1.047** (0.148)	−0.084 (0.048)	0.221** (0.129)
RATE		−0.174*** (0.048)	−1.433** (0.489)	−0.3 (0.173)	−1.930* (0.932)
_CONS	0.198 (0.175)	0.149 (0.076)	2.226 (1.311)	6.762*** (0.535)	3.396 (2.188)
R-sq	0.526	0.713	0.719	0.856	0.561

产业援助与转移规模对资源基础与经济及社会发展效果回归结果具体分析如下：

第一，从这5个模型中核心解释变量（LNTRAN）的回归系数的方向来看，东部援助和产业转移规模对于就业率和经济增长有显著的正向影响，对人均水资源量有显著的负向影响，而对城市化、科技水平没有显著影响。需要解释的是其与人均水资源量的负向关系，说明的是东部援助和产业转移规模对新疆资源的承载能力带来了压力，这进一步证明了当前援助或者承接产业转移主要集中在资源能源开采和利用型的行业，一定程度上确实为新疆脆弱的生态资源环境带来了挑战；从这5个模型中核心解释变量（LNTRAN）的回归系数的大小来看，与其他解释变量相比，东部援助及转移产业规模对这5个反映新疆资源基础与经济及社会发展能力方面的效果还比较小，这主要是由于当前援助及转移规模还比较小，同时，援助及转移的产业层次也不是很高，其效果还处在累积阶段。

第二，这 5 个回归模型中控制变量的回归系数的符号基本都符合预期，对于这些常规的控制变量，在此就不多解释，只是针对每个模型中与产业转移有些关联且较有新意的控制变量进行简单说明：先来分析工业集聚度，其对于就业率、城市化和人均 GDP 均有显著的正向影响，这也完全符合产业集聚的相关经济理论，通过发挥集聚效果确实有助于吸引人口向城市集中，创造更多的就业岗位，进而带动经济增长；再分析交通设施密度，其对于科技水平和单位 GDP 能耗的降低均有显著的正向影响，这说明随着交通设施的改善，拉近了这种空间邻近性有利于产生技术溢出效果，进而对科技水平的提升产生积极影响，科技水平的提高会更有助于节能减排，同时交通运输成本的降低，本身也带来能源消耗的降低，这再次说明了交通设施对于经济发展的重要作用。

6.2　对产业集聚与结构调整能力提升效果的检验

从前述对产业集聚与结构调整能力的评价指标中，选择有代表性的指标来反映东部援助及产业转移对于新疆产业集聚与结构调整能力提升的作用效果。基于现有的研究基本都集中在对产业结构升级（高级化）效果的检验上，而缺少对产业结构合理化和工业集聚度的效果的检验，本书认为，产业援助及转移在承接地能否形成新的产业集聚，将直接影响资源配置效率。为此，在选择指标时，要突出其对产业合理化和集聚的作用效果。

6.2.1　变量及模型选择

根据同样的研究思路，关注的核心解释变量即新疆承接援助及转移的规模（LNTRAN），本书用新疆各地州市"实际利用省外境内资金"来衡量，其他解释变量可根据相关研究文献，具体从衡量新疆自我发展能力绝对指标体系中进行相应选择。具体来说，对于衡量产业集聚与结构调整效果的被解释变量分别选择的是：第二产业增加值份额（SECOND）、第三产业增加值份额（THIRD）、产业结构高级化（INUP）、产业结构合理化（INOP），工业集聚度（CLUSTER）。选择这几个指标的主要原因是，现有的相关研究缺少对产业结构合理化和工业集聚度方面作用效果的检验，另外，考虑到考察以非农产业增加值份额来衡量的产业结构高级化，难以区分其对于第二产业和第三产业的不同影响，为此将第二产业、第三产业单独作为被解释变量来分析。

分别选择以上指标作为衡量新疆资源基础、经济、社会发展能力的被解释变量，对其与核心解释变量（LNTRAN）和其他控制变量，进行面板数据的计量回归分析。通过共线性检验，发现人均 GDP 在作为解释变量时和其他控制变量之间存在严重的共线性，为此，在回归中用人均 GDP 的增长率 G1 来替代，这样就大大降低了解释变量间的共线性问题，然后分别对每个回归模型通过膨胀因子检验，舍弃掉膨胀因子大于 10 的解释变量，在控制时间变量的基础上，最终得到每个模型的具体参与回归的变量。通过对面板数据进行检验，发现个体效果显著，不适合运用 Pooled OLS 来估计，进一步确定运用固定效应还是随机效应模型，Hausman 检验结果表明应该选择固定效应模型。

6.2.2　实证结论及说明

最终产业援助与转移规模对新疆产业集聚与结构调整能力提升效果的回归结果如表 6-2 所示。表 6-2 中，R-sq 表示拟合优度，显著性水平的表示是：* 表示 $p < 0.05$，** 表示 $p < 0.01$，*** 表示 $p < 0.001$，小括号内是对应的标准差。

表 6-2　产业援助与转移规模对产业集聚与结构调整能力效果检验结果

Variable	SECOND 第二产业发展效果	THIRD 第三产业发展效果	INUP 产业结构高级效果	INOP 产业结构合理化效果	CLUSTER 工业集聚效果
LNTRAN	0.011*** (0.001)	−0.002 (0.001)	0.006** (0.002)	0.024 (0.008)	0.010 (0.004)
RATE	0.054** (0.018)	−0.029 (0.024)	0.037* (0.016)	−0.202 (0.137)	0.339*** (0.056)
G1	0.115*** (0.03)	0.037 (0.031)	0.155** (0.022)	−0.270* (0.123)	−0.141 (0.09)
MARKET	0.055* (−0.049)	0.067*** (−0.016)	0.132*** (−0.015)	0.034 (−0.103)	0.175*** (−0.047)

续表

Variable	SECOND 第二产业发展 效果	THIRD 第三产业发展 效果	INUP 产业结构高级 效果	INOP 产业结构合理化 效果	CLUSTER 工业集聚 效果
URBAN	0.108*** (0.018)	0.149*** (0.02)	0.257*** (0.021)	−1.031*** (0.178)	0.290** (0.106)
INOP	−0.004 (0.012)	0.061 (0.015)	0.051* (0.015)		−0.093 (0.081)
CLUSTER	0.232** (0.014)	−0.124** (0.017)	0.108*** (0.015)	−0.221 (0.193)	
HUCAP	0.010*** (0.001)	0.010*** (0.002)	0.020*** (0.002)	−0.046*** (0.011)	−0.005 (0.009)
DTRAF	0.007** (0.003)	0.033*** (0.004)	0.040*** (0.003)	−0.024 (0.02)	−0.003 (0.023)
INUP				0.648** (0.518)	0.532*** (0.223)
_CONS	0.062*** (0.017)	0.196*** (0.028)	0.365*** (0.019)	−0.265* (0.289)	−0.646*** (0.109)
R−sq	0.751	0.64	0.771	0.331	0.727

产业援助与转移规模对新疆产业集聚与结构调整效果回归结果的具体分析如下：

第一，从这5个模型中核心解释变量（LNTRAN）的回归系数的方向来看，东部援助和转移的产业规模对于新疆第二产业增加值份额、产业结构高级化有显著的正向影响，而对于第三产业增加值份额和工业集聚度没有产生显著影响，这在一定程度上说明当前东部援助和产业转移主要集中在工业方面，同时产业援助和转移分布较分散，还没形成集聚效应。从这5个模型中核心解释变量（LNTRAN）回归系数的大小来看，承接产业转移对于产业结构合理化、工业集聚度和第二产业发展效果更明显一些，所以可以综合判断，西部地区承接产业转移还是显著促进了工业集聚度的提升和第二产业的发展，但对第三产业的发展没有显著影响，这使得其对于产业结构高级化的效果主要是通过第二产业的发展带动的，而东部地区的产业结构高级化主要是通过第三产业发展带动的，所以，区分产业转移对于第二产业、第三产业发展的具体影响还是很有必要的。

第二，这5个回归模型中控制变量的回归系数的符号基本都符合预期，常规的控制变量也不多解释，本书主要分析工业集聚度、产业结构高级化和产业结构合理化这三者之间的关系：从影响系数来分析可以发现，当前工业集聚度和产业结构高级化之间已形成互相影响的正向关系，而产业结构合理化与产业结构高级化之间是互相影响的负向关系，这说明新疆虽然产业结构不断升级，但产业结构合理化水平却在恶化，这一定程度上是由于当前新疆正处于工业化加速阶段，而第三产业发展相对滞后，这进一步加剧了西部地区产值结构和就业结构的偏离，导致产业合理化程度降低。这一点从工业集聚度对第二产业、第三产业发展的不同影响也能得到部分说明，其对于第二产业增加值份额和产业结构高级化有显著的正向影响，而对于第三产业增加值份额呈显著负向影响，这说明新疆工业集聚虽然通过发挥集聚效果能够对第二产业的发展产生有利影响，但是现阶段新疆还没有通过生产型服务业的发展形成第二产业、第三产业有效分工互动发展的局面，进而可能产生在资源有限的情况下，通过工业集聚，吸引更多的资源投入第二产业的发展中，而一定程度上限制了第三产业的快速发展。

6.3　对企业成长与居民收入改善能力提升效果的检验

从前述对企业成长与居民收入改善能力的评价指标中，选择有代表性的指标来反映东部援助及产业转移对于新疆企业成长与居民收入改善能力提升的作用效果。基于现有研究缺乏对区域自我发展能力微观层面的关注，本书重点关注其对于规模企业个数增长和居民收入改善的作用效果。通过对微观层面企业成长与居民收入改善能力的作用效果的检验，可以更深刻地反映新疆承接东部产业援助及转移规模对新疆企业成长和居民收入改善作用的微观传递效应，同时也是对现有研究的必要补充和丰富。

6.3.1　变量及模型选择

根据同样的研究思路，关注的核心解释变量即新疆承接援助及转移的规模

(LNTRAN)，本书用新疆各地州市"实际利用省外境内资金"来衡量，其他解释变量可根据相关研究文献，具体从衡量新疆自我发展能力绝对指标体系中进行相应选择。具体来说，对于衡量企业成长与居民收入改善效果的被解释变量分别选择的是：城镇居民人均可支配收入（LNURME）、农村居民人均纯收入（LNRUME）、城乡居民总收入（LNCOME）、规模以上工业企业个数（LNCOMP）、每个规模以上工业企业主营业务平均利润（COPRO）。前三个变量是从居民（消费者）的角度来设置，对于城乡居民总收入这一变量，它是前两个指标的组合，即是城镇居民人均可支配收入和农村居民人均纯收入的加权平均，权数分别是城镇人口份额和农村人口份额。同时为了考察区际产业转移对于农村和城镇居民收入的不同影响，本书把农村居民收入和城镇居民收入分开来考察，后面两个变量是从企业的角度来设置，分别用规模以上企业的个数和盈利能力方面来近似反映承接产业转移对企业的影响。

分别选择以上指标作为衡量新疆企业成长与居民收入改善能力的被解释变量，将其与核心解释变量（LNTRAN）和其他控制变量，进行面板数据的计量回归分析。通过共线性检验，发现人均 GDP 在作为解释变量时和其他控制变量之间存在严重的共线性，为此，在回归中用人均 GDP 的增长率 G1 来替代，这样就大大降低了解释变量间的共线性问题，然后分别对每个回归模型通过膨胀因子检验，舍弃掉膨胀因子大于 10 的解释变量，在控制时间变量的基础上，最终得到每个模型的具体参与回归的变量。通过对面板数据进行检验，发现个体效果显著，不适合运用 Pooled OLS 来估计，进一步确定运用固定效应还是随机效应模型，Hausman 检验结果表明应该选择固定效应模型。

6.3.2　实证结论及说明

最终产业援助与转移规模对新疆企业成长与居民收入改善能力提升效果的回归结果如表 6-3 所示。表 6-3 中，R-sq 表示拟合优度，显著性水平的表示是：* 表示 p < 0.05，** 表示 p < 0.01，*** 表示 p < 0.001，小括号内是对应的标准差。

产业援助与转移规模对新疆企业成长与居民收入改善效果检验结果具体分析如下：

表 6–3　产业援助与转移规模对新疆企业成长与居民收入改善能力效果检验结果

Variable	LNURME 城镇居民收入 效果	LNRUME 农村居民收入 效果	LNCOME 城乡居民收入 效果	LNCOMP 企业成长效果 （企业个数）	COPRO 企业成长效果 （企业利润）
LNTRAN	0.024 (0.016)	0.092** (0.017)	0.041 (0.016)	0.064*** (0.028)	0.001 (0.005)
RATE	0.736* (0.126)	0.530*** (0.137)	0.233** (0.119)	−0.145 (0.404)	−0.423** (0.158)
G1	0.214 (0.206)	0.508** (0.214)	0.371 (0.191)	0.721 (0.454)	0.256 (0.129)
MARKET	1.033*** (0.145)	1.028** (0.117)	1.107* (0.129)	1.270* (0.398)	0.179* (0.099)
URBAN	1.100*** (0.291)	2.311*** (0.266)	2.676*** (0.28)	5.374*** (0.46)	0.159 (0.132)
INUP	0.189 (0.828)	1.351 (0.768)	0.37 (0.79)	−0.907 (1.111)	−1.123*** (0.255)
CLUSTER	0.115 (0.15)	0.094 (0.14)	0.042 (0.142)	2.356*** (0.245)	0.666*** (0.073)
HUCAP	0.008 (0.021)	−0.003 (0.025)	0.007 (0.021)	−0.112* (0.055)	0.026*** (0.008)
DTRAF	0.175*** (0.045)	0.098* (0.04)	0.137** (0.043)	0.274*** (0.052)	−0.092*** (0.026)
_CONS	4.345*** (0.543)	5.829** (0.493)	4.478** (0.505)	6.508*** (0.676)	0.418** (0.156)
R–sq	0.719	0.736	0.754	0.811	0.721

第　·，从这 5 个模型中核心解释变量（LNTRAN）的回归系数的方向来看，产业援助与转移规模对新疆农村居民人均纯收入和规模以上工业企业个数均有显著的正向影响，而对于新疆城镇居民人均可支配收入和企业利润没有显著影响。这说产业援助与转移规模对新疆改善当地农村居民收入和促进规模以上企业成长产生了积极效果，这主要是因为新疆承接的产业转移和援助最直接的表现就是在当地建立新企业，为居民带来更多工作机会，进而改善居民收入。从这 5 个模型中核心解释变量（LNTRAN）的回归系数的大小来看，承接产业转移对于规模以上工业企业个数的增加和农村居民收入作用效果最大。从中可以进一步说明，当前新疆承接东部产业转移及援助主要集中在资源开采型和劳动密集型产业，这种

类型的产业转移，对于新疆农村剩余劳动力的就业有更多帮助，而这种类型的产业其附加值较低，从而对城镇居民收入改善不显著。

第二，这 5 个回归模型中控制变量的回归系数的符号基本都符合预期，本书只解释对居民收入和企业发展影响最大的两个控制变量——市场化程度和城市化水平。对于市场化程度这一变量，本书是用财政支出与地区生产总值之比来近似表示政府对经济的参与程度，政府参与程度越高，说明市场化程度越低。从市场化程度变量的回归系数来看，市场化程度与城镇居民人均可支配收入、农村居民人均纯收入、城乡居民总收入和单个规模以上工业企业利润之间具有显著的正向关系，而与规模以上工业企业个数之间具有显著负向关系。这说明新疆市场化程度比较低，居民收入和企业利润很大程度上要依靠政府的支持；从城市化水平变量的回归系数来看，其与城镇居民人均可支配收入、农村居民人均纯收入、城乡居民总收入和规模以上工业企业个数之间具有显著的正向关系。这说明西部地区城市化对于增加居民收入和新企业的建立产生了积极效果，随着新疆城市化进程的不断推进，将对改善居民收入和带动新企业的成长发挥更大作用。

第7章 新疆具有显著承接优势产业遴选与政府援疆政策有效性评价

本章通过综合运用区域集聚指数的动态和静态演变情况，对我国27个工业行业在东西部空间分布变动及产业转移的行业特征进行了较详细分析，在此基础上，对新疆具有显著承接优势的行业进行了具体遴选，并以东部5个具有代表性省市为代表，对其具有显著转移趋势的行业进行具体统计，以便为新疆与东部产业转移进行对接提供支持。在完成对东部援助、产业转移和新疆自我发展能力的理论与实证分析基础上，为了进一步丰富本书，本章最后运用倾向得分匹配法对新一轮对口援疆政策的有效性进行评价。

7.1 新疆具有显著承接优势的产业遴选

为了较全面掌握西部地区承接产业转移规模和行业演变的现实进展，本节用"27个工业行业绝对产值及相对份额的变动"来具体衡量西部地区和西部各省份承接区际产业转移的规模和行业的具体演变现状。

7.1.1 东西部产业份额空间分布变动及产业转移的行业特征

考虑到我国区际产业转移既有可能带来转出区产业规模的减少和转入地产业绝对规模的增加，也可能带来产业转出区和转入地产业规模的同时上升这两种情形，仅考察区际产业转移的相对规模或者仅考察承接区域产业规模的绝对变化都是不全面的。本书综合借鉴戴宏伟（2006），李强（2011），魏玮、毕超（2011）

等学者的方法，用"绝对产值和相对份额的变动"来衡量东西部区域间产业转移规模和行业特征。考虑到我国近几年才形成了较大规模的区际产业转移的情况，我们使用 2006~2012 年《中国工业经济统计年鉴》中按地区分组的 27 个行业数据，根据其当年价格的工业销售产值份额（百分比）和销售产值总量（亿元）在地区间的变化，来具体衡量我国区际产业转移的规模和行业特征。为了列表方便，分别用数字为 27 个行业编号：1—煤炭开采和洗选业、2—石油和天然气开采业、3—黑色金属矿采选业、4—有色金属矿采选业、5—非金属矿采选业、6—农副食品加工业、7—食品制造业、8—饮料制造业、9—烟草制造业、10—纺织业、11—纺织服装鞋帽制造业、12—造纸及纸制品业、13—石油炼焦及核燃料加工业、14—化学原料及化学制品制造业、15—医药制造业、16—化学纤维制造业、17—非金属矿物制品业、18—黑色金属冶炼及压延加工业、19—有色金属冶炼及压延加工业、20—金属制品业、21—通用设备制造业、22—专用设备制造业、23—交通运输设备制造业、24—电气机械及器材制造业、25—通信设备计算机及其他电子设备制造业、26—仪器仪表及文化办公机械制造业、27—电力和热力的生产和供应业。具体演变情况如表 7-1 所示。

从表 7-1 中可以看出，27 个行业中大部分行业的产值份额 2008 年后才表现出较显著的变动趋势，并且各行业 2008~2012 年向西部地区转移的程度具有较大的差异。为此，我们分别从近 5 年产值份额的变动和产值总量的变动，来具体考察西部地区承接的行业的演变：从产值份额的变动来看，西部地区产业份额增长最高的是煤炭开采和洗选业，达 7.25 个百分点，最低是医药制造业，为-1.30 个百分点。从排序上看，西部地区产业份额增长最快的 10 类产业依次是：煤炭开采和洗选业（7.25），非金属矿采选业（5.37），石油和天然气开采业（4.96），饮料制造业（3.86），电力和热力的生产和供应业（3.19），非金属矿物制品业（2.99），造纸及纸制品业（2.79），金属制品业（2.72），石油炼焦及核燃料加工业（2.70），通信设备计算机及其他电子设备制造业（1.91）。由此可以看出，产业转移最活跃的是煤炭开采、非金属矿采选业等资源依赖型产业；次之为石油开采、金属制品、石油炼焦等技术密集型产业，也产生了较大程度的转移；再从各行业产值增长的绝对量来看，增长最多的是煤炭开采和洗选业（6490.25 亿元，7.25），电力和热力的生产和供应业（5611.91 亿元，3.19），交通运输设备制造业

表 7-1　2006~2012 年我国 27 个行业产值份额空间分布演变

行业顺序	地区	2006年份额百分比(%)	2007年份额百分比(%)	2008年份额百分比(%)	2009年份额百分比(%)	2010年份额百分比(%)	2011年份额百分比(%)	2012年份额百分比(%)	近五年份额变动(%)	近五年产值总量变动(亿元)
1	东中部	80.44	77.06	72.92	70.23	68.45	66.73	65.66	-7.25	9377.41
	西部	19.56	22.94	27.08	29.77	31.55	33.27	34.33	7.25	6490.25
2	东中部	69.77	67.59	64.67	64.65	64.84	64.47	59.72	-4.96	911.95
	西部	30.23	32.41	35.33	35.35	35.16	35.53	40.28	4.96	1402.44
3	东中部	83.58	82.83	81.38	81.26	82.92	82.66	81.93	0.54	3965.33
	西部	16.42	17.17	18.62	18.74	17.09	17.34	18.07	-0.54	850.85
4	东中部	67.53	67.96	69.37	72.08	70.39	71.77	70.09	0.71	2078.93
	西部	32.47	32.04	30.63	27.92	29.61	28.23	29.91	-0.71	860.43
5	东中部	83.28	83.57	81.90	79.36	77.80	76.07	76.53	-5.37	1704.55
	西部	16.72	16.44	18.10	20.64	22.20	23.93	23.47	5.37	650.2
6	东中部	85.67	85.46	85.12	84.43	84.41	84.14	85.32	0.21	24132.7
	西部	14.33	14.54	14.88	15.57	15.59	15.86	14.67	-0.21	4091.05
7	东中部	85.62	85.24	84.47	84.56	83.86	83.88	84.86	0.39	6913.12
	西部	14.38	14.76	15.53	15.44	16.14	16.12	15.14	-0.39	1199.00
8	东中部	76.97	76.06	75.44	73.92	72.57	71.47	71.58	-3.86	4893.72
	西部	23.03	23.94	24.56	26.08	27.43	28.53	28.42	3.86	2270.90
9	东中部	65.30	66.42	66.43	65.02	68.08	67.74	66.84	0.41	2357.65
	西部	34.70	33.58	33.57	34.98	31.92	32.26	33.16	-0.41	1142.13
10	东中部	95.04	94.65	94.74	94.32	93.98	93.73	93.91	-0.83	10033.60
	西部	4.96	5.35	5.26	5.68	6.02	6.27	6.09	0.83	835.11

续表

行业顺序	地区	2006 年份额百分比 (%)	2007 年份额百分比 (%)	2008 年份额百分比 (%)	2009 年份额百分比 (%)	2010 年份额百分比 (%)	2011 年份额百分比 (%)	2012 年份额百分比 (%)	近五年份额变动 (%)	近五年产值总量变动 (亿元)
11	东中部	99.02	98.70	98.47	98.06	97.83	97.13	97.02	-1.45	7665.63
	西部	0.98	1.15	1.53	1.94	2.17	2.87	2.98	1.45	372.85
12	东中部	93.64	93.53	92.95	91.54	90.66	90.16	90.16	-2.79	4210.76
	西部	6.36	6.47	7.05	8.46	9.34	9.84	9.84	2.79	696.58
13	东中部	84.64	84.45	83.67	83.20	81.98	79.79	80.97	-2.70	12945.00
	西部	15.36	15.55	16.33	16.80	48.08	18.30	19.03	2.70	3785.40
14	东中部	89.02	88.85	88.33	88.35	88.48	87.78	87.92	-0.41	29209.80
	西部	10.98	11.15	11.67	11.65	11.52	12.22	12.08	0.41	4168.21
15	东中部	84.81	84.64	84.43	84.59	85.01	84.11	85.73	1.30	8201.81
	西部	15.19	15.36	15.58	15.41	14.99	15.89	14.27	-1.30	1251.94
16	东中部	97.21	96.92	96.48	95.46	95.39	95.61	96.01	-0.47	2608.99
	西部	2.79	3.08	3.51	4.54	4.61	4.39	3.99	0.47	127.40
17	东中部	89.28	89.05	88.32	86.44	85.43	84.92	85.34	-2.99	19683.8
	西部	10.72	10.95	11.68	13.56	14.57	15.08	14.66	2.99	4095.60
18	东中部	87.04	87.08	86.43	85.47	85.65	84.89	84.97	-1.46	19962.50
	西部	12.96	12.92	13.57	14.53	14.35	15.11	15.03	1.46	4286.35
19	东中部	76.08	75.41	78.53	78.51	78.23	77.34	—	—	—
	西部	23.92	24.59	21.47	21.49	21.77	22.66	—	—	—
20	东中部	96.45	96.01	94.98	93.59	93.65	92.77	92.26	-2.72	12809.7
	西部	3.55	3.99	5.02	6.41	6.35	7.23	7.74	2.72	1506.89

续表

行业顺序	地区	2006 年份额百分比 (%)	2007 年份额百分比 (%)	2008 年份额百分比 (%)	2009 年份额百分比 (%)	2010 年份额百分比 (%)	2011 年份额百分比 (%)	2012 年份额百分比 (%)	近五年份额变动 (%)	近五年产值总量变动 (亿元)
21	东中部	93.21	93.10	92.89	91.95	91.83	91.27	—	—	—
	西部	6.79	6.89	7.11	8.05	8.17	8.73	—	—	—
22	东中部	90.35	89.93	89.59	89.45	90.20	90.26	—	—	—
	西部	9.65	10.07	10.41	10.55	9.80	9.74	—	—	—
23	东中部	86.89	86.59	86.69	86.26	86.77	86.61	86.36	-0.34	28650.90
	西部	13.11	13.41	13.31	13.74	13.23	13.39	13.64	0.34	4654.67
24	东中部	95.18	94.92	94.69	93.99	93.56	93.56	93.43	-1.26	22564.00
	西部	4.82	5.08	5.31	6.01	6.44	6.44	6.57	1.26	1987.70
25	东中部	97.72	97.40	94.69	61.43	96.28	94.34	92.78	-1.91	36393.50
	西部	2.28	2.60	5.31	3.42	3.72	5.66	7.22	1.91	3443.52
26	东中部	95.68	95.75	95.10	94.69	95.04	95.40	94.15	-0.95	1644.87
	西部	4.32	4.25	4.90	5.31	4.96	4.60	5.85	0.95	150.91
27	东中部	82.65	81.99	81.52	81.01	80.29	78.96	78.33	-3.19	15911.7
	西部	17.35	18.01	18.48	18.99	19.71	21.04	21.67	3.19	5611.91

（4654.67亿元，0.34），黑色金属冶炼及压延加工业（4286.35亿元，1.46），化学原料及化学制品制造业（4168.21亿元，0.41），非金属矿物制品业（4095.60亿元，2.99），这些行业中虽然有些行业在西部地区的产值份额变动较小，但是由于其变化的绝对量较大，也说明该行业的转移较为活跃，如交通运输设备制造业和化学原料及化学制品制造业，虽然近五年产值份额仅增加了0.34%和0.41%，但产值总量变动很大，说明这两个行业发生了扩张型的产业转移，与此相对的是撤退型的产业转移。国内学者对这两种产业转移的类型进行过具体界定，在此不再详细解释。总之，这种扩张型产业转移的产业大多具有一定市场前景，企业通过主动对其他区域进行投资转移，来获得更大的成本优势和规模优势，它更多表现为产业渐进式的转移所带来的地区间的生产份额较缓慢的改变。

7.1.2 新疆具有显著承接优势的行业遴选

在总体把握东西部产业份额空间分布变动特征的基础上，还需要具体分析新疆在哪些行业的承接方面具有显著优势，这样才有助于科学有序地选择具体承接的行业。本书利用2006~2012年新疆27个行业区域集聚指数（区位商）和该指数7年来的动态演变情况，来分析新疆具有承接优势的产业。根据2006~2012年新疆27个行业的区位商及其演变情况，那些区位商历年基本都大于1且7年演变中均表现出较稳定的上升趋势的行业，基本就是优势特色产业，也是具有承接优势的行业，具体整理后的结果如表7-2所示。同时，为了将产业转移与产业承接有效对接，我们简单选了5个东部具有代表性省市来呈现其具有潜在转移趋势的行业。东部代表性省份选择的是产业转出较多的省份，依据的是2006~2012年该省27个工业行业中有较多个行业的产值份额变动的绝对值超过1%为标准，最终选定东部代表性省份为北京、上海、江苏、浙江和广东5个省市。同样，对于东部5个代表性省市，根据其2006~2012年27个行业的区位商及其演变情况，那些区位商历年基本都小于1且7年的演变中均表现出较稳定，下降趋势的行业，基本就是该省市不再具有比较优势的行业，也是该省市具有向外转移趋势的行业。本书重点关注新疆优势产业的选择与演变，对于东部代表性的5个省市的具有向外转移趋势的行业及其区位商的发展的演变不再具体列表，只呈现最终整理得到的东部5个省市具有向外转移趋势的行业统计，如表7-3所示。

表 7-2　新疆较具有显著承接优势的行业发展演变统计

行业	2006 年	2007 年	2008 年	2009 年	2010 年	2011 年	2012 年	变化情况
石油和天然气开采业	14.65	6.75	15.18	15.39	14.30	14.18	12.69	-+++--
黑色金属矿采选业	1.85	0.84	2.00	1.79	1.81	1.51	1.47	-+-+--
有色金属矿采选业	2.16	1.00	1.47	1.45	1.48	1.38	1.27	-+-+--
石油炼焦及核燃料加工业	4.71	2.01	4.29	5.37	5.27	5.03	4.59	-++---
化学纤维制造业	0.45	0.37	0.93	2.29	2.29	1.78	1.30	-++=--
黑色金属冶炼及压延加工业	0.72	0.35	0.97	1.17	1.31	1.28	1.15	-++---
电力热力的生产和供应业	0.73	0.34	0.86	1.13	1.03	1.14	1.30	-++-++

表 7-3　东部 5 省市具有向外转移趋势的行业统计

省市	具有显著的转移趋势的行业
北京	石油和天然气开采业；烟草制品业；印刷业和记录媒介的复制；化学纤维制造业；黑色金属冶炼及压延加工业；专用设备制造业；交通运输设备制造业；通信设备、计算机及其他电子设备制造业；仪器仪表及文化、办公用机械制造业；水的生产和供应业
上海	煤炭开采和洗选业、有色金属矿采选业、黑色金属矿采选业、食品制造业、非金属矿采选业、电力热力的生产和供应业
浙江	造纸及纸制品业；印刷业和记录媒介的复制；文教体育用品制造业；化学原料及化学制品制造业；橡胶制造业；塑料制造业；金属制品业；通用设备制造业；电气机械及器材制造业；工艺品及其他制造业；废弃资源和废旧材料回收加工业；电力、热力的生产和供应业
江苏	交通运输设备制造业、煤炭开采和洗选业、烟草制品业、医药制造业仪器仪表及文化办公机械制造业、非金属矿采选业
广东	纺织业；纺织服装、鞋、帽制品业；家具制造业；造纸及纸制品业；印刷业和记录媒介的复制；文教体育用品制造业；化学原料及化学制品制造业；橡胶制造业；塑料制造业；金属制品业

从表 7-3 中可以发现，东部地区具有转移趋势的行业演变表现出如下趋势和特征：

第一，向外转移产业很多都具有绝对规模优势，行业产值占全国同行业的比重均超过 60%，这说明当前东部地区向外转移的产业很多属于扩张型产业转移，为此，新疆在制定加快承接产业转移的政策时，不能过分依赖资源禀赋和生成要素成本等优势（这些优势对撤退型产业转移更有效），而更多地需要创造有利于东部企业在新疆进行扩张投资的市场环境和市场优势。

第二，向外转移的各行业表现出不同的空间演变特征：黑色金属矿采选业、有色金属矿采选业、非金属矿采选业、黑色金属冶炼及压延加工业、有色金属冶炼及压延加工业等资源依赖型行业在东部 5 个代表性省市都具有显著的转出趋势，通用设备制造业、专用设备制造业等技术密集型行业和农副食品加工业、食品制造业、饮料制造业等劳动密集型行业在 5 个代表性省市也都表现出显著的转出趋势，而交通运输设备制造业、电气机械及器材制造业等技术密集型行业和纺织业、纺织服装鞋帽制造业等劳动密集型行业则表现出在东部内部省份间转移的趋势（即该行业的区位商在东部很多省份表现出显著的下降趋势，但在某一东部省份表现出快速上升的特征），为此，新疆应依据自身优势，在加快劳动密集型行业承接的基础上，更加主动承接技术密集型行业，为当地产业发展和结构优化升级发挥更大作用。

从表 7-2 中可以发现，新疆具有承接优势的产业演变表现出如下趋势和特征：①新疆具有显著承接优势产业的分布较单一，基本集中在资源依赖型行业，如石油和天然气开采、石油炼焦及核燃料加工业等；②新疆具有显著承接优势的行业中，各行业间的承接优势差异较大，如石油和天然气开采业的区位商在新疆最高可达到 15.39，而其他的具有一定承接优势的行业如黑色金属冶炼及压延加工业的区位商最高才达到 1.31；③从承接优势的演变来看，新疆资源开采型行业的承接优势表现出一定的下降趋势，如石油和天然气开采业、黑色金属矿采选业、有色金属矿采选业的区位商都呈现出显著的下降趋势，而化学纤维制造业、黑色金属冶炼及压延加工业、电力热力的生产和供应业等行业表现出较显著的上升趋势，这表明新疆的产业结构得到一定的调整优化，逐步改善了石油工业等"一支独大"的局面，带动当地经济发展的主导产业的类型逐渐多样，同时资源型行业的产业链也得到一定程度的延伸，产业增加值不仅来源于最上游的开采环节，还来源于资源加工获得的增加值的比重逐渐增加。认真分析这些演变特征，有助于新疆更加科学有序地承接东部地区产业转移。

7.2　新一轮对口援疆政策效果评价
——基于倾向得分匹配法

　　虽然理论上，研究者都普遍认可政府政策对于承接产业转移和当地经济发展（自我发展能力）具有重要影响，但对于政策效果具体影响的定量研究比较欠缺，同时在现有实证研究中也仅是简单用一个替代指标来代表政府政策的作用（如通过产业园区个数），用该指标（代替政府政策）作为一个普通自变量，通过计量回归系数来简单反映其与产业转移效果的关系。即使我们先不质疑用一个指标能否有效代表政府政策，仅这种普通计量回归分析方法也存在一个重大的缺陷，那就是该方法不能很好地把其他变量对产业转移和当地经济发展的作用效果与政府政策的作用效果区分开。为了单独考察政府政策对产业转移和当地经济发展（自我发展能力）的影响效果，本书使用一种比较新的实证分析方法——基于倾向得分匹配法（PSM），该方法近年来在社会学和经济学领域研究政策效果或项目评价时常被采用。

7.2.1　数据与分析方法

　　为了单独考察自 2011 年开始的新一轮对口援疆政策对新疆承接产业转移和当地经济发展的具体影响，或者更进一步的表述是，为了判断新一轮对口援疆中实施的包含产业援疆、人才援疆、基础设施援疆等在内的一揽子政策，是否有助于新疆更好地承接产业转移和经济发展，即与没有实施政策相比，新疆通过实施一揽子政策对承接产业转移规模及其对人均 GDP 的增长、产业发展与结构调整、居民收入提高等的作用更显著。为了解答这一问题，常采用的方法是比较政策实施前后综合效果的变化，但该方法必须保证政策实施前后其他可能影响综合效果的因素没有发生变化，这在现实中是没办法实现的。如果我们把新疆通过实施一揽子政策后承接产业转移及其对经济发展的综合效果称为真实处理组，而把相同时间段内，假设新疆没有实施一揽子政策承接产业转移的规模及其对经济发展的综合效果称为虚拟处理组，我们只需要比较真实处理组和虚拟处理组就能解答上述问题。真实处理组的数据是很容易获得的，但虚拟处理组是我们假设的，现实中是没办法观测的，我们自然也就没办法获得相应数据。基于倾向得分匹配法为我们解决这一虚拟处理组数据问题提供了较合理的替代方案。该方法的基本原理是：它先通过建立一个估算倾向得分的二值变量回归模型（Logit 模型或 Probit 模型），取 1 为处理组，取 0 为控制组，自变量是评判两组相似度的若干指标，对每一个体计算其参加处理组的概率（即倾向得分）后，再针对处理组的每一个个体，从控制组寻找与其概率相同的匹配者组成对照组，这样我们就可以用对照组的数据来替代虚拟处理组的数据进行具体分析。

具体把 PSM 应用到本书中的思路是，我们以 2011~2013 年（政策实施后）新疆 83 个县市的人均 GDP，第一产业、第二产业、第三产业增加值，财政收入等指标为处理组的自变量，以 2011~2013 年承接产业转移的规模和经济发展程度与新疆都十分接近的云南省、甘肃省和宁夏回族自治区各县市的相应指标为控制组的自变量，通过模型估计倾向得分后，从控制组中选出与处理组倾向得分相同或相近的个体进行配对，这样我们就可以把配对后的数据当作没有实施一揽子政策的新疆承接产业转移及其对经济发展的综合效果，通过比较其与处理组的差异，如果匹配后的各指标（自变量）与处理组的各指标（自变量）存在显著差异，就说明实施一揽子政策与不实施政策相比存在显著差异。更简单的表述是，我们选择甘肃、云南和宁夏共 198 个县市，从这 198 个县市中选择出与新疆 83 个县市相配对的县市，比如在人均 GDP 方面，如果这些配对的县市和新疆的 83 个县市存在显著差距，我们就可以判断，人均 GDP 方面的差距是由一揽子援疆政策导致的，进而能大致推断在新疆与甘肃、云南、宁夏在承接产业转移的规模和经济发展程度相近的情况下，新一轮对口援疆政策对于承接产业转移及其促进区域经济发展的效果更显著。

7.2.2 变量选择及实证结果分析

本书在数据的可获得性前提下，采用 Logit 模型，通过引进反映经济发展特征的多个自变量进行倾向得分估算，依据实施了多重政策干预下的处理组和没有实施多重政策干预下的控制组的倾向得分的平衡性和模型的 Pseudo-R^2 值，通过

选择满足平衡性要求且 Pseudo-R² 值最大的相应自变量的组合用于最终倾向得分
估算。选定的用于倾向得分估算的 10 个自变量为：人均 GDP 增长率、第一产业
增加值增长率、第二产业增加值增长率、第三产业增加值增长率、公共财政收入
增长率、农村从业人员数增长率、年末单位从业人员数增长率、居民储蓄存款余
额增长率、固定资产投资增长率、医院床位数增长率。根据匹配标准的不同，本
书分别采用最近邻匹配（Nearest Neighbor Matching）、核匹配（Kernel Matching）
和半径匹配（Radius Matching）这 3 种不同的匹配算法，对于处理组和控制组进
行匹配，以检验估计效果的稳健性。匹配的结果表明 3 种匹配方法得到了较一致
的结论：新疆多重政策的实施，除了对农村从业人员数增长率和第二产业增加值
增长率产生了较显著的影响之外，对其他变量没有显著影响。3 种匹配方法下，
这 2 个有显著影响的变量的平均处理效果（ATT），即多重政策实施对农村从业
人员数增长率和第二产业增加值增长率的净影响效果，如表 7-4 所示。

表 7-4　三种匹配标配下对农村从业人数的增长率和第二产业增加值增长率的净影响效果

倾向得分匹配法	农村从业人数的增长率		第二产业增加值增长率	
	ATT	T-stat	ATT	T-stat
最近邻匹配法	0.011	2.23**	0.017	1.83*
核匹配法	0.013	2.85***	0.024	1.97**
半径匹配法	0.009	1.69*	0.021	2.72***

注：* 表示 0.1 的显著性水平，** 表示 0.05 的显著性水平，*** 表示 0.01 的显著性水平。

对表 7-4 简单解释如下，3 种匹配方法下处理组（新疆各县市）和控制组
（甘肃、云南和宁夏的各县市）的农业从业人员数增长率和第二产业增加值增长
率，分别存在 1.1%和 1.7%、1.3%和 2.4%、0.9%和 2.1%的显著性差异，这种显
著性差异是处理组实施了一揽子政策导致的，即新疆由于实施了以对口援疆为代
表的一揽子政策，而比其他没有实施相应政策的甘肃、云南和宁夏的农村从业人
员数增长率和第二产业增加值增长率平均高 1.1%和 2.07%，即 1.1% =（1.1% +
1.3% + 0.9%)/3，2.07% =（1.7% + 2.4% + 2.1%)/3。这说明以对口援疆为代表的一
揽子政策实施 3 年来，显著提高了新疆农村富余劳动力的就业机会和就业能力，
同时也显著提高了第二产业的发展速度，进而使新疆农村就业人员数增长率和第

二产业增加值增长率显著高于虽然承接规模和发展水平与新疆相近但没实施相关政策的西部省份中的甘肃、宁夏和云南。

需要特别解释的是，以对口援疆为代表的一揽子政策的实施，对模型中处理组和控制组的其他变量如人均 GDP 增长率、年末单位从业人员数增长率等没有显著影响，主要是因为任何政策的实施都不可能产生立竿见影的效果，政策从实施到作用显现出来都需要时间，由于本书只能获得政策实施后 3 年的数据，在这么短的考察期限内，政策的效果还不足以体现出来，所以本书的具体实证结论意义有限，只是提供一种研究思路和方法的参考。在后续更长研究期限内，将基于倾向得分匹配法和双重差分的研究方法相结合来综合评价政策的效果，将会得到更具有解释力的研究结论。

第8章 案例研究：新疆纺织服装产业发展与承接

基于本书前述构建的研究产业发展与承接的分析框架，本章以新疆纺织服装产业的发展与承接为典型案例，运用"钻石模型"对新疆纺织服装产业发展与承接的优势进行多维度的分析，同时对中央与自治区扶持纺织服装产业发展的政策进行梳理，在此基础上，分析新疆纺织服装产业发展与承接进展及存在的问题。最后，对新疆纺织服装产业竞争力的发展演变进行分析和评价，并提出促进新疆纺织服装产业发展的对策思路。

8.1 新疆纺织服装产业发展与承接进展研究

8.1.1 新疆纺织服装产业发展与承接优势的"钻石模型"分析

"钻石模型"是迈克尔·波特在充分吸收与借鉴绝对优势理论、相对优势理论等一系列理论的基础上提出的，该模型建立了全面系统的产业竞争力分析框架，被公认为是迄今为止最具影响力的产业国际竞争力理论（黄祖辉等，2010）。在波特看来，一个国家（或者地区）的产业能够获得竞争优势主要取决于该国或者该地区的生产要素条件、需求条件、相关和支撑产业以及企业战略、结构和同业竞争四个因素。这些因素形成一个形似钻石的菱形架构，所以该理论被称作钻石理论或者钻石模型。除了上述四个因素外，政府和机遇也会影响一个国家（或者地区）的产业竞争优势，这两个因素被称为辅助因素（波特，2002）。本文按照钻石模型的构成要素，对影响新疆纺织服装产业竞争力的各要素逐一分析。

8.1.1.1 生产要素因子分子

（1）原料资源：棉花等原料优势突出。纺织服装产业的主要原料是棉花和化纤。我国最大的商品棉生产基地在新疆，棉花的种植面积占全国的比重逐年增加，2010年新疆棉花种植面积为1460.6千公顷，占全国比重的30%，到2016年种植面积达1805.20千公顷，占全国比重的54%，已超过全国的一半。棉花产量占全国的比重也是逐年增加，2010年新疆棉花产量达274.9万吨，占全国比重的42%，到2016年棉花产量达359.4万吨，占全国比重达68%。新疆棉花在总产量、单位面积产量上具有比较大的优势。而且新疆棉花的品质优良，纤维柔长，一般为33~39毫米，最长可达64毫米。由此可见，新疆棉花在国内棉花市场上占有绝对的优势和主导地位，丰富的棉纺原料为新疆纺织业的发展提供了资源优势。具体如表8-1所示。

表8-1 2010~2016年新疆棉花种植面积、产量与全国对比情况统计

年份	棉花种植面积			棉花产量		
	新疆（千公顷）	全国（千公顷）	新疆占全国比重（%）	新疆（万吨）	全国（万吨）	新疆占全国比重（%）
2010	1460.60	4849	30	247.90	596.1	42
2011	1638.06	5038	33	289.77	658.9	44
2012	1720.83	4688	37	353.95	683.6	52
2013	1718.26	4346	40	351.76	629.9	56
2014	1953.30	4222	46	367.72	617.8	60
2015	1904.30	3767	51	350.30	560.3	63
2016	1805.20	3345	54	359.40	529.9	68

资料来源：《中国统计年鉴》（2010~2017）。

（2）人力资源：普通劳动力丰富，专业高素质劳动力短缺。2010~2014年，新疆适龄劳动力呈现持续上升趋势，表明新疆劳动力供给较稳定且有所增长。新疆劳动力参与率2010年仅为56.79%，至2016年劳动参与率逐年上升，虽然2016年上升至73.38%，较2010年上升了16.59%，但仍有近27%的人未就业，说明新疆仍然存在大量的剩余劳动力。纺织业为劳动密集型产业，需要大量劳动力，新疆大量剩余劳动力为新疆纺织业发展提供了劳动力供给。具体如表8-2所示。

表 8-2　2010~2016 年新疆劳动参与率

年份	适龄劳动人口（万人）	经济活动人口（万人）	劳动参与率（%）
2010	1595	906	56.79
2011	1621	964	59.49
2012	1623	1022	62.98
2013	1648	1109	67.25
2014	1655	1146	69.24
2015	1674	1209	72.22
2016	1739	1276	73.38

资料来源：根据 2010~2017 年《中国统计年鉴》和《新疆统计年鉴》计算所得。

人力资源丰富、劳动力成本低是新疆发展纺织业的优势，但是缺少技术人才及创业人才，成为制约新疆纺织服装产业未来发展的短板，为此，新疆正在积极开展各种培训，为新疆纺织服装产业发展提供人才支撑，例如千名服装产业创业人才计划，将用三年培训一千名服装创业人才；此外，对工人的培训也在进行，2015 年全年培训 9.5 万人（不含兵团），其中企业培训 6.1 万人，占总培训人数的 64.2%，培训后就业率达 89.5%。2016 年组织 1 万~2 万名工人到内地纺织服装企业就业培训，同时输送 500 名服装产业创业与管理人才赴内地培训。

（3）资本资源：供给渠道多样，投资有保障。2014 年第二次新疆工作座谈会召开后，确定了新疆将大力发展纺织服装产业政策决定后，中央将投 100 亿元专项资金用于支持新疆纺织行业的发展，并且自治区还将配套出资 100 亿元，支持新疆纺织行业发展。各援疆省市对新疆提供了大量资金支持，其中浙江、广东等在纺织工业上具有优势的纺织工业大省发挥自身优势，积极引导和支持省内优势纺织服装企业到新疆投资建厂。浙江为了推进产业援疆，与新疆生产建设兵团农一师所在的阿拉尔市自援建以来至 2016 年 6 月共达成产业合作项目 23 个，其中纺织服装项目 21 个，到位资金 35 亿元，用于打造南疆全产业链纺织基地。广东省援建的兵团草湖产业园 200 万锭棉纺项目是广东产业援疆的重大项目，规划总投资 106.5 亿元。同时，民营企业对投资新疆纺织服装产业也表现积极，浙江洁丽雅集团投资建设了阿拉尔新越丝路有限公司高档毛巾生产基地项目，计划投资 27 亿元，是目前在建的全产业链规模最大的纺织园区。广东锦兴国际投资 15 亿元用于建设农三师的 50 万锭棉纺项目，这也为未来广东省、香港地区、澳门地区企业投资起到积极的示范作用。此外，在浙江省和兵团支持下，中国银行浙江分行和农行兵团分行为企业贷款 5.2 亿元。自治区为发展纺织服装产业也加大了金融支持力度，按照企业从金融机构实际贷款的 2~4 个百分点利率确定，固定资产贷款给予 2 个百分点利率贴息，流动资金贷款给予 4 个百分点利率贴息，并且自 2017 年起项目固定资产贷款和生产性流动资金贷款贴息率分别下调 0.5 个百分点，这解决了部分企业的融资问题，促进了纺织服装产业各项目的建设。

（4）能源：工业生产能源消耗价格较低。新疆作为能源大省区，有着非常丰富的能源资源，煤炭、石油、天然气以及太阳能和风能等基础能源储量在我国名列前茅，2016 年新疆原煤产量已达到 1.61 亿吨，原油产量 2564.86 万吨，天然气产量 291.2 亿立方米，2016 年底新疆的电力装机总容量超 7000 万千瓦，不仅能满足疆内电量需求，且有富足电力"疆电外送"。表 8-3 表明，新疆的能源生产总量呈上升趋势，目前主要以原煤、原油、天然气为主，水电、风电、太阳能电及其他能源发电量所占能源生产总量比重也在逐年上升，随着对新能源的开发与使用，新疆丰富的风电、太阳能资源也将对能源生产量做出重要贡献。因此，区域内丰富的资源和能源优势也是新疆发展纺织服装产业的成本优势。

表 8-3　2010~2016 年新疆能源生产总量及构成

年份	能源生产总量（万吨标准煤）	占能源生产总量的比重（%）			
		原煤	原油	天然气	水电、风电、太阳能及其他能源发电
2010	14696.76	49.2	24.9	22.6	3.3
2011	16117.37	54.1	23.2	19.4	3.3
2012	17744.42	55.7	21.5	19	3.8
2013	18943.23	53.4	21.1	19.9	5.6
2014	19473.2	53	21.1	20.3	5.6
2015	19779.97	53.3	20.2	19.7	6.8
2016	19900.54	54.3	18.4	19.5	7.8

资料来源：《新疆统计年鉴》（2010~2017）。

8.1.1.2　需求条件因子分析

（1）国际市场需求条件：具有面向欧亚的国际市场优势。新疆地处欧亚大陆中心，与中亚五国（哈萨克斯坦、乌兹别克斯坦、吉尔吉斯斯坦、土库曼斯坦、塔吉克斯坦）毗邻，中亚五国人口规模逐渐扩大，表 8-4 显示，2010 年中亚五国总人口 6306.07 万人，2016 年达 7012.54 万人，较 2010 年增长了 11.2%，由于历史原因，中亚五国的轻工业发展较为薄弱，且逢我国"一带一路"倡议以及新丝绸之路经济带建设的机遇，巨大的国际市场潜力为新疆纺织服装产业提供了良好的发展机遇。具体如表 8-4 所示。

表 8-4　2010~2016 年中亚五国人口数

单位：万人

年份	哈萨克斯坦	乌兹别克斯坦	吉尔吉斯斯坦	土库曼斯坦	塔吉克斯坦	总计
2010	1632.16	2856.24	544.79	508.72	764.16	6306.07
2011	1655.66	2933.94	551.46	517.41	781.59	6440.06
2012	1679.14	2977.45	560.72	526.78	799.51	6543.60
2013	1703.53	3024.32	571.96	536.63	817.78	6654.22
2014	1728.92	3075.77	583.55	546.62	836.27	6771.14
2015	1754.41	3129.89	595.69	556.53	854.87	6891.39
2016	1779.70	3184.82	608.27	566.25	873.50	7012.54

资料来源：世界银行网站。

（2）国内市场需求条件：国内市场规模也不断扩大。需求是产业发展的动力，我国是世界纺织品消费的第一大国，有着巨大的消费市场，每年纺织产品有 70% 以上供应国内市场，国内消费是纺织业发展的主要市场，这为新疆纺织业竞争力的提升奠定了基础。衡量一个国家或地区人们衣着消费水平的重要指标——人均纤维消费量与人均 GDP 存在很强的正比关系，经济发展水平越高，人均纤维消费量就越高[1]。中国的人均 GDP 在 2010 年为 30876 元，2012 年为 40007 元，2014 年为 47203 元，2016 年为 53980 元，一直处于增长的状态，所以可以推断国内人均纤维消费量水平也处于逐年增长态势。此外，我国城镇化进程不断加

---

① 李豫新，刘乐. 丝绸之路经济带背景下纺织业竞争力评价与动态预测——以新疆为例［J］. 科技管理研究，2016，36（17）：72-78.

快，农村居民的消费水平也不断提高，2010 年农村人均消费支出为 4941 元，2016 年为 10130 元，较 2010 年增长了近 105%，农村居民成为推动我国纺织品消费增长的又一大动力。

8.1.1.3　相关及支持产业因子分析

当前纺织服装产业的生产正从大批量、少品种向小批量、多品种的模式转变。该产业价值链长且链上的每个环节都很烦琐，所以具有竞争力且相互密切配合的相关与支持性产业对该产业来说非常重要[①]。目前，新疆纺织产业主要以棉花生产、棉纺织业和化纤业为主，纺织业全产业链处于形成的初期，各纺织业产业园也以延长产业链、增加纺织产业附加值较高的环节为发展及规划目标，位于玛纳斯县的玛纳斯纺织产业园规划建设 20 万锭纺纱厂，300 万套服装厂、织布厂、毛衣厂、绣花厂、印花厂、拉链厂、纽扣厂及服装辅料配套厂等纺织业产业链相关产业，但是目前具备纺、织、染、服装等全功能的企业比较少。此外，纺织机械制造业是纺织业生产高质量和高附加值产品的重要基础，为纺织服装产业的主要相关行业，2014~2016 年新疆织布机从 10290 台发展到 17000 余台，增加了 6710 台，平均每年增加约 2237 台；2014 年、2015 年、2016 年新疆规模以上工业棉织布机产量分别为 2190 台、2690 台、2894 台，基本满足了本地区的需求，但其他类型的纺织服装制造等机械设备主要依靠从国内其他地区或者国外引进。

8.1.1.4　企业战略、结构与竞争因子分析

新疆纺织服装企业数量增长较快，2013 年为 560 家，其中规模以上企业 90 家，2015 年 1549 家，其中规模以上企业 109 家，规模以上企业数量并不多，增加的都是规模较小的企业，且很多为内地引进企业，2016 年新疆共引进企业 230 家，其中兵团 17 家，包括山东如意科技集团有限公司、山东鲁泰集团河南新野纺织股份有限公司、浙江华孚色纺股份有限公司、浙江雅戈尔集团股份有限公司等全国知名纺织企业，还引进了江苏红豆集团有限公司、浙江洁丽雅纺织集团有限公司等知名服装企业以及著名家纺企业。这些引进企业可以为新疆本地带来先进的技术、发展理念以及发展活力，新疆本地企业也应重视科技创新和自主研发

---

① 田砚，龚新蜀.基于主成分分析的新疆纺织业竞争力问题研究 ［J］.轻纺工业与技术，2010(4)：27-29.

及先进的营销方式，培育一些原创品牌，打造出属于新疆的知名品牌，发挥品牌效应。表 8-5 表明，新疆纺织服装产业规模以上企业主要集中在棉、化纤纺织及印染精加工这个处于产业链上游的环节，而附加值高的服装制造企业个数较少，说明新疆纺织业竞争主要在低端产品市场上。

表 8-5　新疆纺织服装产业规模以上企业数

单位：家

年份	纺织业	棉、化纤纺织及印染精加工	毛纺织和整染精加工	纺织服装、鞋帽制造业
2010	108	81	9	6
2011	83	68	6	4
2012	81	70	3	8
2013	82	74	3	8
2014	80	71	3	8
2015	91	79	4	18
2016	125	105	7	36

数据来源：《新疆统计年鉴》（2010~2017）。

8.1.1.5　政府行为与机遇因子分析

首先，2014 年 5 月，第二次中央新疆工作座谈会确定了在新疆实施发展纺织服装产业，以此促进百万人就业战略规划，计划利用 10 年时间，通过实施特殊产业政策，实现 100 万人的就业目标，为新疆纺织服装产业的发展提供了前所未有的发展机遇；2014 年 7 月，自治区为发展纺织服装产业，推出实施运费补贴、低电价、社保等 10 条政策，包括岗前培训和一次性新增长就业补贴（南疆企业每人 2400 元，其他地区企业每人 1800 元），社保返还 50%，电价 0.35 元/度，出疆的运费补贴（棉纱 700~1000 元/吨，织布 1000 元/吨）等，这些政策效果显著，使新疆的吨纱生产成本比沿海地区低 2000~3000 元。其次，国家推进"丝绸之路经济带建设"以及"一带一路"倡议，使亚欧大陆的战略要地、位于丝绸之路沿线的新疆成为向中亚、西亚及欧洲贸易的重要关口和经济连接带，也给新疆纺织业发展带来新的机遇。最后，国内纺织服装产业出现由东向西的"产业梯度转移"的发展趋势，东部一些企业已出现"用工荒"问题，新疆有大量剩余劳动力的优势以及丰富的原料资源和煤电气等能源保障优势、地缘优势等，抓住机遇，承接东部产业转移，把有利的资源优势转化为经济和产业的竞争优势，参与国际市场竞争。

综合以上分析可以发现：新疆是主要的产棉大区，有棉纺织业的基础，也是能源资源大区，加上富足的剩余劳动力，新疆纺织服装产业在生产要素方面具有较高的承接优势；在资本资源、生产成本等方面的竞争力主要是靠政府补贴等的支持和投入；但在附加值高的服装制造和相关及支持产业方面承接优势有待提升。

8.1.2 新疆纺织服装产业发展与承接的优惠政策梳理

2014 年以来，国务院、自治区出台一系列文件，成立发展纺织服装产业带动就业领导小组，制定发布了 200 亿元纺织服装产业发展专项资金、增值税全部用于支持纺织服装产业发展、实施低电价优惠政策、差别化的纺织服装运费补贴、企业招录新员工培训就业补贴等多项优惠政策。这一系列政策的实施为新疆纺织服装产业的发展与承接提供了极其有利的条件。具体如表 8-6 所示。

表 8-6　新疆纺织服装产业主要优惠政策汇编

文件号	补贴类型	补贴对象	补贴方式
新财建〔2014〕430 号	纺织服装企业贷款财务贴息	2014 年 1 月 1 日纺织服装企业从银行类金融机构取得的专门用于生产纺织服装产品的固定资产贷款和流动资金贷款	固定资产贷款：2 个百分点利率贴息；以实际贷款年限为准，贴息年限最长不超过 5 年；流动资金贷款：贴息率下调 0.5 个百分点
新财建（2014）431 号	深加工产品出疆运费和进疆面料运费补贴	从 2014 年 1 月 1 日起企业生产服装、巾被类、家用套件类、毯类、袜类、手套类等家纺深加工产品；从内地采购进疆的面料（含辅料）	南疆四地州（阿克苏地区、喀什地区、克州、和田地区）企业生产并运往内地销售的服装和家纺产品，按照产品销售额的 3%给予运费补贴；其他地、州（市）企业生产并运往内地销售的服装和家纺产品，按照产品销售额的 2%给予补贴，企业因生产需要从内地采购进疆的面料（含辅料），按照采购额的 2%给予运费补贴

续表

文件号	补贴类型	补贴对象	补贴方式
新财建（2014）433 号	使用新疆地产棉补贴	从 2014 年 1 月 1 日起，当新疆棉花价格高于同期进口棉价格（到岸价+1%关税）1500 元/吨时，给予纺织企业使用新疆棉补贴	企业生产并实现销售的棉纺产品使用新疆产地棉花和粘胶纤维，补贴标准为每吨 800 元（棉纱线与用棉量的折算，以国家海关总署颁布的 2013 年第 24 号公告《海关总署和国家发展改革委关于批准 27 项加工贸易单耗标准执行公告》为标准，粘胶纱与粘胶短纤维用量按 1∶1 单耗系数折算）
新财建（2014）587 号 新发改能价（2014）2340 号	纺织服装生产企业电费财政补贴	从 2015 年 1 月 1 日起，对纺织服装生产企业用电费给予财政补贴	根据纺织服装生产企业实际用电量，以自治区确定的纺织服装生产企业到户综合电价每千瓦时 0.38 元为基准，以用户实际用电价格 0.35 元/千瓦时为起点，差额电价部分以 0.03 元/千瓦时作为补贴标准
新财建（2014）432 号	毛纺、麻纺产品出疆运费补贴	从 2014 年 1 月 1 日起，企业生产毛纺织、麻纺织生产的毛纺呢绒、纱线（含绒线）和麻纺纱线、布类产品	毛纺呢绒类、麻纺布类产品每吨补贴 1000 元，毛纺（含绒线）、麻纺纱线，南疆四地州（阿克苏地区、喀什地区、克州、和田地区）每吨补贴 900 元，其他地、州（市）每吨补贴 800 元
新财建（2014）434 号	出疆棉纱棉布补贴	从 2014 年 1 月 1 日起，对以新疆地产棉花（含粘胶纤维为原料生产并运往内地销区的棉纱类产品（包括棉纱、棉粘混纺纱、粘胶纱）和棉布类产品（包括机织本色坯布、色织布和印染布、针织本色、染色坯布）），在现有运输费用补贴标准基础上，进一步提高补贴标准（含出口）	南疆地区生产的棉纱类产品，32 支以上（含 32 支）棉纱类产品中央和自治区每吨共补贴 1000 元，32 支以下棉纱类产品中央和自治区每吨共补贴 900 元；棉布类产品中央和自治区每吨共补贴 1000 元
新财预（2014）116 号	纺织服装生产企业增值税使用政策	从 2014 年 10 月 22 日起，对纺织服装生产企业缴纳增值税收入用于支持新疆纺织服装企业发展	对纺织服装生产企业缴纳增值税收入，由各级财政部门通过预算安排的方式扶持纺织服装企业发展，资金使用方向：优化投资环境、人才培养、职业技能培训、污水处理设施运行费等

文件号	补贴类型	补贴对象	补贴方式
新财建（2015）16 号	培训补贴	新招录新疆籍员工开展岗前培训的纺织服装企业	岗前培训补贴，北疆地区企业按 1800 元/人标准给予补贴，南疆地区企业按 2400 元/人标准给予补贴。企业新招录员工只能享受一次岗前培训补贴，并实行实名制登记备案
新财建（2015）17 号	社保补贴	新招录新疆籍员工的纺织服装企业	对纺织、化纤等生产类企业新招录新疆籍员工，按照企业实行缴纳的基本养老保险费的 50%给予补贴；对服装、纺织、针织、地毯等终端产品生产类企业新招录的新疆籍员工，按实行缴纳的社会保险（基本养老险、基本医疗险和失业保险）给予全额补贴

资料来源：笔者整理所得。

8.2　新疆纺织服装产业发展与承接的进展及成效

8.2.1　新疆纺织服装产业发展与承接的现状与特点

8.2.1.1　新疆纺织服装产业产值呈增长趋势，增长幅度波动较大

新疆纺织服装产业工业增加值自 2010 年以来基本保持着增长的趋势，除了 2011 年和 2013 年稍有下降，2016 年新疆纺织服装产业增加值达 80.4 亿元，较 2014 年增长了 94%，较 2010 年增长了 104%。但各年份增长幅度差距较大，2012 年新疆纺织服装产业增加值增加了 15.1%，2013 年增长幅度为 4.8%，2015 年增长幅度为 5.7%，到 2016 年增长幅度高达 47.1%。由此可以看出，新疆纺织服装产业工业发展呈上升趋势，但是纺织服装产业增加值的增长速度不太稳定，波动较大。具体如表 8-7 所示。

表 8-7 **2010~2016 年新疆纺织服装产业工业增加值统计**

年份	新疆纺织工业增加值（亿元）	增长（%）
2010	39.47	6.5
2011	39.15	−0.8
2012	40.30	15.1
2013	40.18	4.8
2014	41.39	−0.2
2015	47.48	5.7
2016	80.40	47.1

资料来源：《新疆统计年鉴》（2010~2017）（注：《新疆统计年鉴》自 2012 年统计口径有所变化，行业分类标准执行国民经济行业分类标准（GB/T 4754-2011））。

8.2.1.2　新疆纺织服装产业布局逐步清晰

新疆由于地域辽阔，各地州市工业经济基础和发展差距较突出，必须依据各地州资源禀赋、区位条件、产业发展的基础等进行合理布局。同时，借鉴东部纺织服装产业集群化发展的经验，合理布局新疆各地州市纺织服装产业的发展，才能更好地推进新疆纺织服装产业集聚区的建设。为此，自治区相关部门依据各地纺织服装产业发展的基础和定位，在新疆"十二五"规划发展中，提出了纺织服装产业"三城七园一中心"的发展规划，其中"三城"为阿克苏纺织工业城、石河子纺织工业城、库尔勒纺织工业城；"七园"分别为哈密、巴楚、阿拉尔、沙雅、玛纳斯、奎屯、霍尔果斯纺织工业园；"一中心"即乌鲁木齐纺织品国际商贸中心。其中，石河子纺织工业城 2016 年完成工业总产值 48 亿元，已成为西北地区最大的综合纺织园区，棉纺织产业规模居新疆各地州市第一位；阿克苏纺织工业城至 2016 年底，入园企业 150 家，其中纺织服装企业 52 家，现有从业人员26479 人，随着阿克苏金元穗纺织有限公司 120 万锭棉纺项目建设完工，预计可实现工业总产值 60 亿元；库尔勒纺织工业城作为新规划建设的新型现代纺织工业城，力争在 2020 年前完成投资 670 亿元，解决近 30 万人的就业问题，建成全国最大的人造纤维及系列产品生产基地。至此，基本形成了新疆纺织服装产业差异化、集群化发展的合理布局。

8.2.1.3 新疆纺织服装产业链逐渐完整

新疆纺织服装产业经过 60 余年的发展，现已形成以棉纺织、化纤为主导，涵盖毛纺织、麻纺织、针织、服装、纺织教育、纺织设计、纺织营销等较为完整的产业链。通过表 8-8 可以看出，新疆纺织服装产业中纺织业工业增加值占比最高，次之是化学纤维制造业，最后是纺织服装制造业。纺织业工业增加值 2010~2012 年呈下降趋势，2013~2016 年呈上升趋势，工业增加值最低为 2012 年 24.01 亿元，2016 年最高达 34.62 亿元。化学纤维制造业工业增加值变化趋势基本与纺织业保持同步，工业增加值最低为 2012 年 12.81 亿元，2010 年最高达 19.58 亿元。纺织服装产业工业增加值除 2013 年和 2016 年稍有波动外，其余年份均呈上升的趋势，且 2015 年增长幅度较大，2010 年纺织服装产业工业增加值仅为 0.59 亿元，2015 年已增加至 5.95 亿元，增长了近 9 倍。

表 8-8　2010~2016 年新疆纺织服装产业工业增加值分布情况统计

年份	纺织业（亿元）	占纺织服装产业工业增加值比重（%）	化纤业（亿元）	占纺织服装产业工业增加值比重（%）	服装（亿元）	占纺织服装产业工业增加值比重（%）
2010	29.82	60	19.58	39	0.59	1
2011	26.00	62	15.13	36	0.81	2
2012	24.01	63	12.81	33	1.57	4
2013	26.24	58	17.95	39	1.30	3
2014	26.65	57	18.50	40	1.58	3
2015	32.40	62	14.03	27	5.95	11
2016	34.62	60	17.42	30	5.34	9

资料来源：《新疆统计年鉴》（2010~2017）。

8.2.1.4 新疆纺织服装产业非国有经济比重稳步提升

经济成分多元化发展对增强国民经济活力，充分调动社会各方面的积极性、创造性，加快生产力发展和扩大就业等方面具有很大作用，同样新疆纺织服装业经济成分多元化对促进新疆纺织服装业发展具有重要作用。通过对 1995~2015 年新疆纺织服装产业资产经济成分构成分析，发现新疆纺织服装产业总资产绝对数呈先上升后下降再上升的趋势，其中国有资产绝对数呈先下降后上升的趋势，非国有资产绝对数与总资产变化趋势相同；但是通过国有资产占总资产的比重不断下降与非国有资产占总资产比重不断上升的变化趋势可以看出，新疆纺织服装业非国有经济比重稳步提升。1995 年新疆纺织服装产业国有资产占总资产比重高达 60%，20 世纪 90 年代新疆纺织服装产业主要以国有经济成分为主，2010 年国有资产比重从 2000 年的 41% 降低至 2015 年的 25%，2000~2010 年新疆纺织服装业经济组成成分多元化，以非国有经济为主。自 2014 年第二次新疆工作座谈会确定了新疆大力发展纺织服装产业以此来带动就业的决策后，中央及地方政府给予了大量的资金以及各项优惠政策和补贴使 2015 年新疆纺织服装业总资产、国有资产及非国有资产的绝对数都有大幅度提升，但是国有资产比重依然保持为 25%，新的发展形势下新疆纺织服装业依然以非国有经济成分为主。具体如表 8-9 所示。

表 8-9　1995~2015 年新疆纺织服装产业资产经济成分构成统计

年份	总资产（亿元）	国有资产（亿元）	占总资产比重（亿元）	非国有资产（亿元）	占总资产比重（%）
1995	114.85	69.03	60	45.82	40
2000	142.89	58.93	41	83.95	59
2005	107.69	43.37	40	64.32	60
2010	181.04	45.62	25	135.41	75
2015	267.65	67.93	25	199.73	75

资料来源：《新疆统计年鉴》（1995~2016）。

8.2.2　新疆纺织服装产业发展与承接进展及成效

8.2.2.1　固定资产投资保持高速增长

近年来，自治区大力发展纺织服装产业促进百万人就业，纺织服装产业固定资产投资持续保持高速增长态势，已成为自治区经济工作的亮点。2016 年 1~8 月，全区纺织服装产业固定资产投资达 287.26 亿元（其中兵团 55.74 亿元），同比增长 93.8%（其中兵团增长 130.3%）。自 2014 年 1 月至 2016 年 8 月底，全区纺织服装产业固定资产投资达 701.35 亿元。2014~2016 年，新疆纺织服装产业固定资产投资超过 1978~2013 年的投资总和。

8.2.2.2　吸纳就业成效显著

自 2014 年 1 月至 2016 年 6 月，全区纺织服装产业实现新增就业 18.9 万人，全行业总就业人数 32.5 万人。截至 8 月底，全区备案纺织服装企业数量已达到

1845 家，新增纺织服装企业 1286 家，现拥有棉纺 1200 万锭（含气流纺），织布 6000 万米，服装 1.2 亿件（套），粘胶产能 85 万吨，地毯 180 万平方米的生产能力，对照《国务院办公厅关于支持新疆纺织服装产业发展促进就业的指导意见》（国办发［2015］2 号）确定的第一阶段发展目标，即 2015~2017 年，棉纺产能达到 1200 万锭（含气流纺），棉花就地转化率为 20%，粘胶产能 87 万吨，服装服饰达到 1.6 亿件（套），全产业链就业容量达到 30 万人左右，部分目标已提前完成。纺织服装产业已成为全区吸纳就业的主渠道之一。

8.2.2.3　承接内地产业转移步伐加快

2016 年 1~8 月，全区新增纺织服装企业 354 家，其中纺织、化纤企业 61 家，服装、家纺等企业 293 家。在新增企业中，从内地来疆投资的新企业 178 家，纺织、化纤企业 52 家，服装、家纺等企业 126 家。两年多来，来疆投资的纺织服装企业数量已经达到 386 家，其中纺织、化纤 114 家，占比 29.5%，服装、家纺 272 家，占比 70.5%。总体来看，越来越多的服装、家纺等劳动密集型企业来疆投资设厂，呈现出蓬勃发展、产业集聚的良好发展态势。

8.2.2.4　工业增加值增速较快，产品类型不断丰富，企业效益持续向好[①]

2016 年前三季度，全区主营业务收入 300 万元以上，362 家纺织服装企业实现增加值 56.53 亿元，比上年同期增长 54.3%，增速比上半年提高 11.1 个百分点。其中：规模以上纺织企业实现增加值 54.13 亿元，占纺织工业增加值的 95.8%，增长 51.8%，增速比上半年提高 11.8 个百分点。从产业内部来看：①纺织业实现增加值 36.12 亿元，增长 70.5%，增速比上半年提高 11.9 个百分点，棉纺织及印染精加工 31.94 亿元，增长 69.8%；毛纺织及染整精加工 1.91 亿元，增长 33.9%；麻纺织及染整精加工 1.05 亿元，增长 82.4%；家用纺织制成品制造 0.90 亿元，增长 2.1 倍；非家用纺织制成品制造 0.21 亿元，增长 2.3 倍。②纺织服装服饰业实现增加值 6.10 亿元，增长 37.7%，增速比上半年提高 9.6 个百分点。其中，机织服装制造 3.91 亿元，增长 30.4%；针织或钩针编织服装制造 1.37 亿元，增长 49.3%；服饰制造 0.83 亿元，增长 60.2%。③化学纤维制造业实现增

---

① http://www.xjtj.gov.cn/tjfx/201610/t20161027_519540.html.

加值 14.31 亿元，增长 26.8%，增速比上半年提高 8.2 个百分点。2016 年 1~8 月全疆纺织工业企业实现主营业务收入 223.29 亿元，比上年同期增长 66.2%。实现利润 10.12 亿元，比上年同期增长 2.1 倍。

8.2.2.5 投资增速保持高位，超八成园区工业总产值实现增长

2016 年前三季度纺织类工业投资 378.38 亿元，比上年同期增长 82.1%，投资额比上半年扩大 213.83 亿元。从投资构成看，建筑工程投资 203.88 亿元，占纺织类投资的 53.9%，增长 1.2 倍；安装工程投资 26.52 亿元，占 7.0%，增长 2.0 倍；设备工器具购置投资 137.79 亿元，占 36.4%，增长 33.7%。具体如表 8-10 所示。"三城七园一中心"中，除霍尔果斯经济开发区、乌鲁木齐经开区工业总产值（现价）同比下降，其他园区均实现大幅增长。其中：呼—玛工业园、巴楚工业园、石河子纺织城的纺织工业总产值实现成倍增长。

表 8-10 2016 年前三季度纺织服装产业投资完成情况

	本期累计	2015 年同期	增速（%）
自年初累计完成投资（万元）	3783845	2077968	82.1
按构成分			
建筑工程	2038782	907920	124.6
安装工程	265163	87272	203.8
设备工器具购置	1377940	1030491	33.7
其他费用	101960	52285	95
按投资地区分			
乌鲁木齐市	15566	14060	10.7
克拉玛依市	1740	1300	33.8
吐鲁番地区	62125	6900	800.36
哈密地区	2294	327	601.5
昌吉州	310907	137404	126.3
博尔塔拉蒙古自治州	453799	99488	356.1
巴音郭楞蒙古自治州	572939	470498	21.8
阿克苏地区	783932	209470	274.2
克州	55259	26222	110.7
喀什地区	327696	223543	46.6
和田地区	97085	62621	55

续表

	本期累计	2015 年同期	增速 （%）
伊犁州	141833	354581	−60
塔城地区	258452	72095	258.5
阿勒泰地区	8194	5370	52.6
新疆生产建设兵团	692024	394089	75.6
本年资金来源小计（万元）	3419939	2113952	61.8
国家预算资金	99849	36773	171.5
国内贷款	165962	383420	−56.7
债券	2426		
利用外资	18500		
自筹资金	2980685	1665349	79
其他资金来源	152517	28410	436.8

8.3 新疆纺织服装产业竞争力分析与评价

8.3.1 新疆纺织服装产业竞争力指标体系构建

基于对纺织服装产业竞争力的内涵及评价指标的认识，本书将纺织服装产业竞争力分为基础竞争力、现状竞争力及潜在竞争力这三个层次。

基础竞争力是产业竞争力的依托和起点，物质资源供给直接影响着纺织业竞争力；纺织服装产业属于劳动密集型产业，人力资源供给也是纺织服装产业竞争力的重要影响因素之一，它能促进居民就业，提高人民的生活质量；经济基础作为竞争力的依托，对纺织服装产业竞争力的提升也起着至关重要的作用。

现状竞争力是产业竞争力当前的发展表现。现状竞争力主要是指纺织企业在一定条件下占有市场、带来利益的能力，主要包括纺织服装产业经营状况和经济效益，它们主要反映纺织企业在生产经营过程中的现状及所获得的效益。

潜在竞争力是产业发展竞争力未来提升的空间和潜力，包括技术创新、投资状况、市场需求和绿色发展。技术和产品等方面的创新是纺织服装产业发展的根本支撑，是培育发展新动力、拓展发展新方向的指向标；投资状况和市场需求对纺织服装产业的发展有导向作用，通过促进高级专门要素的形成和加强纺织服装产业科研建设来增强纺织服装产业竞争力；重视环境保护是纺织服装产业绿色发展的主要内容，体现了自然资源环境方面注重节能减排和资源循环利用。

在此基础上，选择与之对应的具体指标构成新疆纺织服装产业竞争力的评价指标体系（见表 8-11）。

表 8-11　新形势下新疆纺织服装产业竞争力评价指标体系

目标层	系统层	准测层	指标层	单位	属性
纺织服装产业竞争力	基础竞争力（A）	A₁：人力资源	A_{11}：从业人员平均数	人	+
			A_{12}：劳动生产率	%	+
		A₂：物质资源	A_{21}：化纤产量	万吨	+
			A_{22}：棉花产量	万吨	+
		A₃：经济基础	A_{31}：企业单位数	个	+
			A_{32}：工业总产值	万元	+
			A_{33}：流动资产	万元	+
			A_{34}：年末资产总计	万元	+
	现状竞争力（B）	B₁：经营状况	B_{11}：市场占有率	%	+
			B_{12}：产品销售率	%	+
			B_{13}：出口交货值	万元	+
			B_{14}：资产保值增长率	%	+
		B₂：经营效益	B_{21}：产值利税率	%	+
			B_{22}：总资产贡献率	%	+
			B_{23}：流动资产周转率	%	+
			B_{24}：成本费用利润率	%	+
	潜在竞争力（C）	C₁：技术创新	C_{11}：从事科技活动人员数	人	+
			C_{12}：研究与试验发展经费	万元	+
			C_{13}：新产品开发项目数	个	+
		C₂：投资状况	C_{21}：固定资产投资	万元	+
			C_{22}：新增固定资产投资	万元	+

续表

目标层	系统层	准测层	指标层	单位	属性
纺织服装产业竞争力	潜在竞争力 (C)	C3：市场需求	C31：地区生产总值	亿元	+
			C32：与带域国家进出口额占比	%	+
			C33：与带域国家外贸依存度	%	+
		C4：绿色发展	C41：废水排放量	万吨	−
			C42：能源消费总量	万吨标准煤	−

　　数据来源及处理说明如下：由于评价体系中衡量绿色发展的废水排放量与能源消费量为负向指标，先采用对原始数据取负数的方法将这两个指标正向化；由于各个指标的量纲不同，因此采用极值法对原始数据进行标准化处理，以消除量纲和数量级的影响，保证数据在统一的标准下进行计算。数据来源于 2009~2017 年《新疆统计年鉴》。

8.3.2　新疆纺织服装产业竞争力评价结果

8.3.2.1　新疆全区纺织服装产业竞争力评价

　　用 SPSS24.软件对各项指标进行相关性检验，KMO 统计量=0.584 >0.500，球形检验卡方统计量=504.740，单侧 p=0.000<0.010，结果表明，各指标数据存在较强的相关性，适合用主成分分析方法。在此基础上，首先，通过各指标标准化数据的相关系数矩阵，获得相关系数矩阵的特征值和特征向量，进行主成分分析，如表 8-12 所示，特征值大于 1 的前 4 个主成分因子都提供了原始数据的大部分信息，方差提取率达到 98.231%。其次，确定各主成分得分并计算新疆纺织服装产业竞争力综合得分，我们采用公式 $F = F_{iwj}^{*}$（i, j=1, 2, 3, 4）进行计算，其中 F_i 代表各个主成分的得分，用 ZXw（w=1~26）分别表示标准化后的 26 个指标变量，则 $F_i = f_{iw}Z \times Xw$（f_{iw} 为各主成分相对应的各指标的得分系数，如表 8-13 所示），w_j 代表各主成分的权重，用各主成分的方差贡献率占累计方差贡献率的份额作为权数，分别对 4 个主成分的得分进行加权求和，得到新疆纺织服装产业竞争力评价体系综合得分 $F = 0.35 \times F_1 + 0.32 \times F_2 + 0.2F_3 + 0.13F_4$，具体综合得分如表 8-14 所示。

表 8-12　新疆纺织服装产业竞争力各指标数据主成分解释的总方差结果

成分	初始特征值			旋转载荷平方和		
	合计	方差的（%）	累积（%）	合计	方差的（%）	累积（%）
1	11.994	54.517	54.517	10.262	46.645	46.645
2	4.384	19.929	74.446	4.754	21.608	68.253
3	2.953	13.421	87.867	3.733	16.968	85.221
4	2.669	10.929	98.796	3.251	13.010	98.231

表 8-13　成分得分系数矩阵

指标	成分			
	1	2	3	4
从业人员平均数	0.116	−0.264	−0.049	−0.02
劳动生产率	0.021	0.133	0.048	0.007
化纤产量	−0.058	0.239	0.037	0.03
棉花产量	0.03	0.094	−0.22	0.087
企业单位数	0.127	−0.064	−0.035	−0.052
工业总产值	0.104	−0.019	−0.074	0.049
流动资产	0.087	0.055	−0.068	−0.042
年末资产总计	0.013	0.001	0.019	0.248
出口交货值	−0.021	0.051	0.272	−0.105
资产保值增长率	−0.069	0.021	−0.018	0.328
产值利税率	0.046	−0.02	0.13	0.057
总资产贡献率	0.055	−0.076	0.138	0.045
流动资产周转率	0.029	−0.203	−0.115	0.118
成本费用利润率	0.044	0.008	0.126	0.038
地区生产总值	0.024	0.148	−0.071	0.03
废水排放量	−0.138	0.092	0.069	0.025
能源消费总量	−0.012	−0.013	−0.022	0.309
从事科技活动人员数	0.093	−0.074	−0.293	−0.08
研究与试验发展经费	0.123	−0.048	−0.023	−0.078
新产品开发项目数	0.076	0.074	−0.056	−0.033
固定资产投资	0.104	−0.034	0.005	−0.016
新增固定资产投资	0.098	−0.012	−0.014	0.003

表 8-14　新疆纺织服装产业竞争力评价得分

年份	F_1	F_2	F_3	F_4	F
2008	−0.149	−0.133	0.117	−0.265	−0.431
2009	−0.093	−0.139	0.056	−0.087	−0.263
2010	0.131	−0.306	0.143	0.095	0.063
2011	−0.174	−0.035	0.127	0.032	−0.05
2012	−0.047	−0.134	−0.257	0.113	−0.324
2013	−0.089	0.246	−0.150	−0.100	−0.093
2014	−0.125	0.423	−0.039	0.147	0.406
2015	0.547	0.078	0.003	0.064	0.692
2016	0.526	0.027	−0.097	0.047	0.503

通过以上研究，发现新疆纺织服装产业竞争力水平呈以下特征：

第一，2008~2016 年新疆纺织服装产业竞争力水平整体不高，呈先上升后下降然后又上升的态势。2008 年全球性金融危机的爆发，使新疆各产业受到波及，纺织业的发展也受到影响，2009 年后经济复苏，从 2010 年开始，各省市对口对新疆进行产业支援，使新疆纺织服装产业竞争力水平上升，但人力资源的短缺、配套基础设施落后等问题致使新疆纺织服装产业竞争力 2011~2013 年没有进一步提升，反而有下降趋势，2014 年国家和自治区政府加大扶持力度，提出将新疆建设成为纺织品的生产基地，促使纺织服装产业竞争力水平有一个较大幅度的提高。

第二，通过分析，发现企业单位数、从业人员平均数与研究与试验发展经费在第一主成分上有较大载荷值，化纤产量、地区生产总值在第二主成分上有较大载荷值，出口交货值、总资产贡献率在第三主成分上有较大载荷值，能源消费总量、资产保值增长率在第四主成分上有较大载荷值，以上指标反映了影响新疆纺织服装产业基础竞争力的主要因素是人力资源与物质资源，影响现状竞争力的主要因素是经营状况，影响潜在竞争力的主要因素是技术创新与绿色发展。

8.3.2.2　新疆各地州市纺织服装产业竞争力评价

进一步，用以上相同方法计算新疆各地州市纺织服装产业竞争力综合得分，但由于各地州市各指标数据获取的限制，因此用各地州市规模以上工业企业各指标数据代替纺织服装产业的数据，规模以上工业企业发展情况能反映出一个地区整体工业发展水平，是纺织服装产业发展的基础，在一定程度上能反映出纺织服装产业竞争力水平，因克拉玛依工业体系主要以石油产业为主，因此计算时将克拉玛依市剔除。用 SPSS 24 软件对数据进行相关性检验，KMO 统计量=0.791 > 0.500，球形检验卡方统计量=3088.141，单侧 p=0.000<0.010，然后通过各指标标准化数据的相关系数矩阵获得相关系数矩阵的特征值和特征向量，进行主成分分析，得到特征值大于 1 的 3 个主成分，方差提取率为 81.927%，依然采用各主成分的方差贡献率占累计方差贡献率的份额作为权数，最终得到新疆各地州市纺织服装产业竞争力评价体系综合得分 $Fe = 0.28F_1 + 0.43F_2 + 0.29F_3$，具体结果如表 8-15 所示。

表 8-15　2008~2016 年新疆各地州市纺织服装产业竞争力评价得分

年份	2008	2009	2010	2011	2012	2013	2014	2015	2016
乌鲁木齐	0.440	0.587	0.774	0.750	0.736	1.179	1.560	1.548	1.431
吐鲁番	0.354	−0.373	−0.275	−0.006	−0.299	−0.177	−0.234	−0.381	−0.320
哈密	−0.424	−0.631	−0.392	−0.328	−0.373	−0.220	0.188	0.402	0.361
昌吉州	−0.340	−0.172	0.024	0.075	0.328	0.919	0.687	1.137	0.901
伊犁州	0.147	0.103	0.279	0.364	0.438	0.663	0.757	0.958	0.859
伊犁州直	−0.173	−0.198	−0.044	−0.032	0.045	0.130	0.163	0.231	0.199
塔城	−0.513	−0.478	−0.466	−0.450	−0.454	−0.289	−0.193	−0.157	−0.152
阿勒泰	−0.531	0.158	0.086	0.278	0.059	0.040	0.017	−0.065	−0.094
博州	−0.786	−0.765	−0.555	−0.597	−0.688	−0.635	−0.442	−0.373	−0.394
巴州	0.426	0.453	0.849	0.816	0.751	0.949	1.260	0.842	0.761
阿克苏	−0.414	−0.011	−0.239	−0.157	−0.155	−0.032	−0.007	0.368	0.291
克州	−0.605	−0.937	−0.784	−0.770	−0.780	−0.695	−0.694	−0.573	−0.594
喀什	−0.650	−0.655	−0.453	−0.294	−0.293	−0.002	0.076	0.489	0.454
和田	−0.825	−0.762	−0.616	−0.693	−0.697	−0.675	−0.805	−0.331	−0.389

通过以上研究，发现新疆各地州市纺织服装产业竞争力呈以下特征：

第一，新疆各地州市纺织服装产业竞争力大致分为三个层次，其中乌鲁木齐、昌吉州、巴州、伊犁州为第一层次，表明这四个地州市的工业基础较好，为纺织服装产业的发展奠定了较好的基础；喀什、哈密、阿克苏、伊犁州直这四个地州市处于第二层次，这四个地州市有个明显的共同特点，即纺织服装产业竞争力从 2014 年开始呈显著上升趋势，这四个地州市都在新疆纺织服装产业布局的"三城七园一中心"范围内，都建有纺织服装工业园区，表明 2014 年新疆实施以纺织服装产业带动百万人就业战略等新形势下对新疆纺织服装产业的投入效果显著；阿勒泰、塔城、吐鲁番、和田、博州、克州这六个地州处于第三层次，工业基础薄弱，因此纺织服装产业发展相对较慢，其中和田地区 2014~2015 年有较大幅度的提升。

第二，各地州市的纺织服装产业竞争力评价得分水平总体不高，且分化较大，但各地州市的纺织服装产业竞争力都处于上升趋势，尤其是以 2014 年为起点的新形势下，各地州市的纺织服装产业竞争力都有较大程度的提升。不仅各地州市的工业发展水平为纺织服装产业的发展奠定了基础，纺织服装产业的发展也促进了各地州市的工业化水平，尤其是对有一定工业基础但工业基础较薄弱的地州市的促进效果更为显著。

8.4 新疆纺织服装产业发展过程中存在的主要问题及对策

8.4.1 新疆纺织服装产业发展过程中存在的主要问题

为了更准确地分析新形势下新疆纺织服装产业发展存在的主要问题及一系列扶持政策的效果，笔者与课题组成员，分别在南疆的喀什地区，阿克苏地区，北疆的昌吉州和伊犁州，走访调查纺织服装企业共 93 家，概括起来，发现当前新疆纺织服装产业发展中存在的主要问题如下：

8.4.1.1 企业发展规模普遍较小，就业人数极不均衡，专业人才短缺

截至 2016 年底，在新疆维吾尔自治区发展纺织服装带动就业领导小组办公室备案的纺织服装企业共有 2083 家（其中兵团 119 家），而规模以上企业只有 161 家，其中纺织业 125 家，纺织服装、鞋帽制造业 36 家。本次调研的 93 家企

业中，有 11 家企业的就业人数少于 60 人，最低的仅有 20 人，仅有 6 家企业就业人数在 600 人以上，最高的就业人数达到 1136 人，调查的样本企业中有 53%的企业就业人数在 300 人以下，南疆调查的 42 个企业平均每个企业就业人数为 187 人，北疆调查的 51 家企业平均就业人数为 312 人。同时，调查的样本企业普遍反映，缺少高级技工和设计研发新产品的专业人才。2015 年新疆规模以上纺织服装企业全部从业人员年平均数为 41012 人，其中研究与试验发展人员数为 323 人，仅占全部从业人员年平均数的 0.78%，这一问题也在调查的样本企业中得到印证，仅有 7 家样本企业具有专门的产品研发人员。

8.4.1.2　产业链开发度不高，产品品种较单一

无论是从主要产品的增长的分布来看，还是从规模企业的分布来看，都可以发现，新疆纺织工业主要集中在棉纺织业以及化纤业。本次调查的样本企业主营业务及产品的分布也进一步说明，新疆纺织服装产业存在产品品种较单一，全产业链产品开发不够的显著问题。调查的样本企业中，仅从事纺纱单一产品的企业有 14 家，有 29 家企业分别从事服装、鞋帽、内衣、刺绣、窗帘、地毯、床上用品等一种或几种类型的产业链下游产品的简单加工或小额贸易，仅有 6 家企业从事从轧花、棉纱、印染到服装等针织品的制造的全产业链产品的开发。所谓"千人纱、万人布"，织造是延伸完善纺织产业链增加就业人数的关键环节，实地调研发现，新疆现在织造规模不足 5000 台，新上纺织项目基本为纺纱，新上织布项目特别少，这将进一步加剧新疆纺织服装产业在纺纱等附加值较低的产业链初级环节上存在同类产品重复竞争，而对产业链下游的产品开发度不够，资源的使用效率不高的问题。

8.4.1.3　政府扶持政策缺乏有效激励，扶持效果有待进一步提升

近几年自治区政府出台了一系列的政策及优惠措施推动纺织服装产业的发展，调查发现，运费补贴、低电价优惠、企业员工培训补贴等发挥了较显著的作用，但有些政策扶持效果还有待进一步提升。据调查的样本企业核算，自治区对纺纱企业的各种优惠政策，使新疆的吨纱生产成本比沿海地区低 2000~3000 元，使得大量纺纱厂在新疆生产纱线但是把产品销往内地或出口，甚至造成了在本地购买不到纱线的现象，并进一步加剧了企业集中在纺纱等产业链初级环节等问题，同时由于与纺纱相比，织布环节工艺更复杂，需要培训的时间更长，调查中

90%以从事织布环节的企业都选择了"现有的培训补贴远远不够"这一选项，另外对金融政策支持这一问题，43%的样本企业选择的是"从未享受到"。可见相关支持纺织服装产业发展扶持政策，更多的作用是降低生产成本，而缺少对企业提高生产效率、增强产品开发和创新能力等方面激励。

8.4.1.4 各地州市发展规划趋同，特色与优势不突出

调查发现，新疆各地州（市）纺织服装产业的发展优势与特色不明显，没有能凸显各地特色与优势的产业集群。各地区较热衷于规划和建设纺织产业园区，不仅各地州市有工业园，每个县城也基本都在搞产业园建设，如阿克苏纺织工业城、新和县轻纺工业园、阿瓦提县纺织城、沙雅县（纺织）工业园，调查发现，各园区同质化竞争严重，企业入驻率不高，资源不能有效整合利用；调查的93家样本企业中，只有19家企业选择具有特色优势产品，如纺高织纱、生产的是高端家纺和高附加值的手工艺品或品牌服装，调查样本中70%的企业生产的产品各区域都相差不大，基本都是缺乏竞争力的低附加值的产品。

8.4.2 新疆纺织服装产业竞争力提升对策

第一，实行分阶段、差别化的扶持政策。依据新疆纺织服装产业发展的进程，有选择、有重点地对制约新疆纺织服装产业不同发展阶段存在着的突出问题进行集中解决。具体来说，在新疆纺织服装产业发展的初期，政策的重点是夯实生产设备、配套设施等基础建设，扶持和鼓励本土企业的创建，并通过招商引资等多种方式，吸引内地纺织服装企业在疆投资设厂；随着纺织服装产业的不断发展，政策重点就该发生相应的转变，进而对不同规模和发展水平的企业实行差别化的扶持政策，尤其是扶持具有一定竞争优势的企业，创建新疆自主知名品牌，并鼓励其通过分工，带动周边小企业的发展，同时政策重点还应该集中解决企业发展中面临的突出问题，如专业研发人才的引进，可以通过设立专项资金建设自治区纺织服装产业专家人才库，集中力量进行关键技术和产品的开发，再通过业务骨干培训等方式，推动研发成果在企业广泛应用，对于操作度更大的工种的培训，应该视情况提高培训补助，并建立专业性较强的技术院校对企业进行长期的员工输出。

第二，培育和发展基于新疆纺织服装产业链分工的生态市场。针对现阶段新

疆纺织服装产业链开发度不高、产品单一并集中在纺纱环节的突出问题，并深刻认识到优惠政策以及某些生产元素的低成本不足以支撑企业长期发展，通过改变政府相关扶持政策对企业激励效果不够的现实，支持和引导在疆企业建立较为完整的产业链以及发达的产品市场，逐步使得纺、织、服装各个环节的企业在疆内建立分工互动的市场关系，共同维护一个良性循环的新疆自身的市场生态环境，从而带动新疆纺织行业的平衡发展。

第三，建立基于区域特色与优势的纺织服装产业集群。在借鉴我国其他纺织服装产业发达地区成功经验的基础上，依托新疆纺织服装产业"三城七园一中心"的发展规划，依据当地的产业发展基础及优势特色，借助东部地区的纺织服装产业转移，整合相关资源，引导纺织服装产业向工业园区和重点城镇聚集，在新疆建立纺织服装产业集群。在此基础上，更关键的是产生规模效应和溢出效应，形成转入企业与新疆企业分工合作的市场网络，真正提高转入企业的根植性，切实提升新疆纺织服装产业发展规模和竞争力，进而实现通过纺织服装产业带动当地群众就业增收的目标。

第9章 东部援助和产业承接提升新疆自我发展能力效果不够理想的原因分析与对策建议

从前文对东部援助对新疆承接优势及区域自我发展能力演变的作用机理和作用效果的研究可以发现，新一轮对口援疆实施以来，东部援助对于新疆承接条件的改善具有重要作用，新疆各地州市的承接优势显著提升，新疆承接产业转移的规模快速增加，承接产业转移的类型和模式也更加多样，进而对新疆自我发展能力提升具有显著的积极作用，但是通过问卷调查和实证检验，发现对口援助过程中也存在一些问题，同时，产业援助及转移对新疆自我发展能力提升的作用还比较小，尤其是对新疆产业结构调整和集聚能力、企业成长和居民收入改善的能力更需要进一步增强。为此，本章先总结分析东部援助和产业转移对新疆自我发展能力提升效果不够理想的原因主要有：援助项目较分散、难以形成集聚优势，总体承接优势偏低、承接规模偏小，承接的产业转移对当地产业链延展性有限、附加值偏低，承接产业转移的结构趋同严重、资源优化配置效率较低等。基于此，提出新疆要以自我发展能力建设为立足点，围绕区域特色产业和战略性新兴产业的发展，因地制宜地设计承接东部产业转移的关键节点，提升承接产业转移的根植性和长效性的对策建议。

9.1 新疆自我发展能力提升效果不够理想的原因分析

"十二五"时期开启的以东部省市为主要支援方的新一轮对口援疆对于新疆

改善民生、提升新疆承接优势和自我发展能力具有重要作用，但由于支援方和受援地区之间受区划行政体制和对口关系体制的制约，存在资源无法得到有效整合、援助项目和承接项目布局分散难以形成集聚经济效果等突出问题，进而影响区域自我发展能力的提升。

9.1.1 援助项目较分散、难以形成集聚优势

由于新疆自身发展的基础比较薄弱，制约自我发展能力提升的短板较多，为此中央启动了 19 个省市对口援疆的模式，通过民生援疆、干部人才援疆、产业援疆等形式全方位支援新疆的发展。这一模式虽然针对性强，但也容易受到区划行政体制和对口关系的制约，使得资源缺乏有效整合，难以形成聚集优势：一方面，对于新疆各受援地区来说，由于需要支援改善的领域很多，各地对于如何分步骤有序推进援助工作缺乏明确认识，或者进一步说，对于有限的援助资金或者项目投入什么领域才能发挥最大的作用，才能为其他援助项目（或者承接项目）的开展奠定基础和提供支撑，缺乏明确的研判，这使得援助地区大多只是被动接受支援省市支援的项目，每年接受的项目缺少足够的规划和衔接，同时由于缺乏配套资金及人才等的支撑，使得很多项目难以真正在当地获得发展并真正发挥效用，比如，在受援地建设的很多产业园区，招商引资困难、企业入驻率低的问题较普遍，援疆的医院和厂房由于缺少相应的操作人员，而处于闲置状态的也较多。另一方面，对口支援省市要先把资源用于自身的经济发展，在这种情况下很难保证支援方把附加值高的主导产业转移到新疆来，同时还存在作为产业援疆主体的企业，需要更多考虑自身发展战略，不能完全配合政府的援疆政策等问题。

这两方面的原因都导致支援方和受援方对有限的资源缺乏整合，援疆资源的配置效率还有很大的提升空间。尤其是对受援方来说，很多援助的项目或产业较分散，同时，区域重复建设现象较普遍，很多新建的工业园区都把纺织业、能源产业作为重点产业，产业同质化现象比较严重，这使得这些援助项目像散落在各地的棋子一样，既不能融入当地现有产业，又缺乏长期的可成长性，进而很难形成集聚优势，对区域经济发展的带动作用有限。进一步来看，正是由于援疆项目未能形成一环扣一环的合力，致使其难以与当地相关企业或者产业的发展进行人员或资金等生产要素的充分交融，难以与当地相关企业的发展形成竞争或合作的

有效互动的关系，这都导致援疆建设过程中当地普通民众相对较难参与进来，一定程度上影响了援疆的积极成效和向当地居民的有效传递。

9.1.2　总体承接优势偏低、承接规模偏小

从前述对我国新疆承接优势动态演变的研究中可以发现，新疆各地州市承接优势普遍偏低，笔者在另外的研究中曾对西部 12 个省市区的承接优势用本书相同的研究方法进行评价，发现新疆承接优势显著低于四川、重庆、陕西和内蒙古这 4 个西部省市区。同时，新疆各地州市承接优势差异显著，除了乌鲁木齐、昌吉州和伊犁州等具有较高的承接优势外，其他地州市的承接优势较低，但由于各支援省市通过行政手段推进的产业援疆是不能随意选取承接方的，必须按照对口支援关系来确定承接方，这就使得不管该地区是否具有承接优势都会产生一定数量的产业转移，这也使得承接的产业转移难以借助承接优势而发展起来，并进一步对当地承接优势的提高产生正反馈作用。同时，从我国东部地区来看，虽然近年来，资源供给和产品需求条件确实发生了较显著的变化，但一方面，存在东部地区内部还有较大的调整空间，如东部发达省份内部的产业转移；另一方面，东部产业集聚带来的报酬递增等正的外部性收益和我国劳动力的跨区域流动也能有效缓解东部地区要素成本的上升，这进一步削弱了新疆的资源和要素优势。综合看来，作为吸引产业转入的承接地，总体承接优势较低，其他方面还没有形成显著的优势的情况下，还不具备吸引东部产业迁入比较优势；作为产业转出区的东部地区，应对资源和要素变化的调整能力和空间还较大，还没达到产业必须向外转移的边界条件，同时，新疆承接产业转移过程中，还存在与其他地区的竞争，这都使得在新疆承接优势总体偏低的客观现实下，承接产业转移的规模偏小。从新疆具有显著承接优势的行业的遴选中也可以发现，新疆具备承接优势的行业仅集中在资源依赖型行业，如石油和天然气开采业、石油炼焦及核燃料加工业等。

新疆承接优势总体偏低、承接规模偏小的客观现实，是致使新疆承接区际产业转移效果不够理想的最基础原因。新疆各地州市承接优势差距较大，且总体承接优势偏低，一方面，将导致其在和其他地区进行产业承接的竞争中处于不利地位；另一方面，承接优势较低还直接影响承接效果的发挥，很多研究者已经证

明，承接优势的高低直接关系到承接产业转移的技术外溢效果的发挥。同时，承接产业转移的积极效果的发挥，主要是通过转入的产业和当地的相关产业形成新的产业集聚而实现的，如果形不成集聚，只是零散的企业转入，将难以在当地形成具有影响力的经济增长区域，为此，越大规模的产业承接越容易形成集聚，并通过循环累积效果进一步强化集聚，更有助于产业转移积极效果的强化和扩散，而当前新疆承接产业转移的规模偏小，客观上还达不到形成聚集效果的规模，直接限制承接产业转移对当地经济社会发展的影响力度和作用空间。

9.1.3　承接产业对当地产业链延展性有限、附加值偏低

无论是从东部地区具有潜在转移趋势的行业来看，还是从新疆具有承接优势的行业来看，两区域间进行产业转移的行业基本集中在黑色金属矿采选业、有色金属矿采选业、非金属矿采选业、黑色金属冶炼及压延加工业、有色金属冶炼及压延加工业等自然资源依赖型的资本密集型行业和农副食品加工业、饮料制造业等初级农产品资源依赖型的劳动密集型行业，可见这些行业总体上都处于对资源依赖型产品进行初级开采和加工的产业价值链的上游环节，同时，随着产业分工不断深入产品内部，形成了许多生产环节可以进一步细分的产品内部的产业转移，如对于劳动密集型行业的纺织业、纺织服装鞋帽制造业等，就出现了其设计、营销等环节集中在东部沿海发达省份，而将具体的初级产品的生产工序转移到新疆的现象。总之，新疆承接的产业转移，无论是来自对资源依赖型产品进行初级开采和加工的产业价值链的上游环节，还是来自产品内部分工基础上初级产品具体生产工序，都具有附加值偏低的特点。

新疆承接产业转移的行业对当地产业链延展性有限、附加值偏低，是致使新疆承接区际产业转移对自我发展能力提升效果不够理想的根本原因。具体先分析新疆承接的基于自然资源开采和初级加工的自然资源依赖型的资本密集型行业，这些行业的典型特点就是对自然资源的依赖性较大，客观上要求其布局要接近资源地，这使得这些行业的布局较分散，并且一般较远离人口集聚的城市中心区域，其生产主要靠大量购买相关生产设备的固定资产投资，和当地产业发展的关联性也不强，对当地就业的带动作用也不大，其主要是作为原材料供应环节来参与整个产业价值链，获取的附加值也不高，进而对承接地区经济社会发展的作用

有限；对于新疆承接的初级农产品资源依赖型和产品内部分工基础上具体生产工序的劳动密集型行业承接来说，承接这种类型的产业转移，虽然能够较好地发挥新疆气候和水土及光热条件形成的独具特色的农产品资源优势和劳动力优势，但其对新疆经济社会发展的影响，一般依赖于其对农产品资源的深加工程度或者说对这种资源型产品的产业链扩展程度，其对农产品产业链的延展性越高，越容易和当地相关产业的发展产生前后向联系，越容易促进与之配套的商贸物流等行业的发展，越能够创造更多的就业岗位和降低当地消费价格指数，进而对当地自我发展能力的提升发挥的作用就越大。然而现实的情况是，当前新疆承接的此类型产业转移，更多地集中在初级加工环节，对当地相关产业链的延展性有限，并且获得的附加值较低，进而使得承接此类型的产业转移虽然对于承接地经济社会发展产生了一定的积极效果，但还未形成能提升当地自我发展能力的强大动能。

9.1.4　承接产业结构趋同严重、资源优化配置效率较低

由于新疆大部分地区招商引资仍存在诸多困难，致使大部分地区只要稍微具备一点资源条件和发展基础，就把相关的资源依赖型产业和劳动密集型产业作为承接重点，同时，由于完成对口支援任务的需要以及支援方政府的引导，使得大多数从东部地区转出的产业优先选择其受援方作为承接地区，而不是根据其转移的产业特点寻求更具承接优势的区域。这种以行政力量推动的产业转移，使得各承接方承接的产业基本都是援助方中对资源或者环境依赖较大的产业，这也在一定程度上加剧了承接产业结构趋同的现象。另外，从新疆大多数产业园区承接产业定位来看，大部分产业园区都将资源开发加工、纺织业、装备制造业、现代农业等产业作为承接重点，趋同现象也十分明显。在新疆各地州市之间存在的这种承接产业选择趋同的情况下，地方在本地经济利益最大化的驱使下，竞相采取降低投资成本的优惠政策，将很容易造成各地产业承接的恶性竞争，导致产业布局变得更为分散，不利于产业的集中转移和资源配置效率的提升。

新疆承接产业转移趋同竞争严重、资源优化配置效率较低，是致使新疆承接区际产业转移效果不够理想的最直接原因。企业之所以选择进行区际产业转移，除了利用产业承接地已经形成的比较优势之外，更希望能够在产业承接地与承接地企业一起，通过生产要素和资源整合，调整和优化产业和市场布局，深化分工

专业化程度、强化产业关联效果、形成新的集聚经济，进一步优化企业的组织机制和运营方式，获取更优质的企业生产经营资源组合体系，并不断加深产业承接地与产业转出地企业之间的经济分工与合作，最终推动承接地区和产业转出地区的产业获得持续的竞争优势，实现区域协调发展。而当前新疆承接产业转移趋同现象十分明显，一方面，各地州市之间对承接产业的争夺，不利于产业集中布局；另一方面，各地州市内部产业园区内也仅是人为引导企业"扎堆"入驻，这些企业与相关产业链上下游的企业没有形成有效的竞争与合作（缺少紧密的联系），仅是空间集中难以形成真正意义上的产业集聚效果，而区际产业转移效果的发挥，必须通过资源与要素跨区域流动优化各区域资源的组合方式获得，缺少资源跨区域的整合，使得承接产业与当地产业发展互动的范围和程度大大降低，不利于推动区际产业转移企业真正融入承接地产业体系，难以在承接区域形成具有持续的比较优势和市场竞争优势的集聚经济增长极，极大限制了承接产业转移对深化区域的产业分工、提升区域生产效率和自我发展能力作用的发挥。

9.2　提升新疆自我发展能力的援助和承接原则

当前，我国区际产业转移进入加速发展阶段，引导产业合理有效转移已成为加快我国各区域产业结构优化升级和经济发展方式转变的重要内容和有效途径。新疆通过积极承接产业转移，一方面，对于增加就业、促进经济增长发挥了显著的积极作用；另一方面，也由于以资源依赖型为主的产业迁入带来了资源剥夺、环境污染和区域产业发展差距固化等问题。为此，新疆必须利用对口援助和产业转移的有利契机，抓住援助的重点，提升承接优势，强化承接区际产业转移的积极效果，尽量避免承接区际产业转移对资源、环境和区域发展差距的负面影响，提升新疆经济高效、协调、可持续发展的能力。新形势下，对新疆的援助项目（尤其是产业援助）和承接产业转移需要遵循以下几点原则：

（1）坚持资源、环境协调可持续发展的原则。在当前东部地区向外转移的产业主要集中在资源依赖型行业的情况下，新疆承接援助项目或者产业转移先要以当地资源和生态环境的可承载能力作为前提，不能为了追求短期 GDP 的增加而降低产业承接的环境标准，造成一些高耗能、高污染的项目没经过升级改造，却在新疆宽松的环境标准下获得生存的空间，这种未经过资源优化配置，仅是企业生产能力的简单转移，不仅会延缓这种行业转型升级的进程，对于承接地区来说，可能在承受了巨大环境损失的同时，也会因其技术含量低、附加值低，对带动当地经济发展的带动作用很有限。为此，新疆承接援助项目或者产业转移，必须设立严格的产业准入门槛，加强资源节约利用和环境保护力度，对承接项目严格执行有关的能耗、物耗、环保等标准，并做好承接前的资源环境潜在影响论证，承接过程中的环境动态跟踪监测和清洁生产审核，承接后的资源综合消耗审查和污染物排放总量控制，建立鼓励企业采用节能、环保的先进技术的激励机制，降低单位产出的资源消耗，推动承接产业转移与资源、环境协调可持续发展。

（2）坚持因地制宜、突出特色优势的原则。从前述对新疆各地州市承接产业转移发展演变的研究中可以发现，新疆各地州市无论是经济发展水平，还是特色优势产业的发展水平方面都存在较大的差异，这为新疆各地州市从各地实际发展情况出发，立足于自身在资源或者区位条件等方面的比较优势，合理规划产业援助或者承接发展的重点提供了基础和条件。新疆各地州市的资源禀赋和区位条件形成的区域比较优势是吸引区际产业转移的最主要动力，各地州市围绕自身特色优势产业的发展，来确定承接产业转移的重点领域，不仅有助于避免趋同竞争，提高产业承接的集聚度，还能形成新疆区域比较优势的最大合力，提高新疆区域与中部区域相比产业承接的整体竞争优势。为此，新疆各地州市在选择援助项目或者承接产业转移时，要加强区域合作，避免对承接项目数量的盲目竞争，要真正照自身的产业基础和资源禀赋优势，有选择有重点地承接，这样才能真正有利于援助项目或者产业转移与当地资源进行有效整合，真正使援助项目或者承接产业与当地优势特色产业的发展深入互动，通过延长产业价值链，提高产品附加值，把资源优势尽可能转化为经济发展的竞争优势：一方面，通过援助项目或承接产业转移使原有特色优势产业获得更快的扩张和发展，进一步巩固和提升原有特色优势产业的市场竞争优势，促进特色优势产业对当地经济发展发挥更大的作用；另一方面，利用转移过来的先进技术与当地特色资源相结合，逐步发展成为新的优势特色产业，为当地经济发展提供产业支撑。这种因地制宜、突出特色优势的承接原则，虽然承接的项目数量可能不多，但因为能够很好地利用当地的特色优势资源，较好地避免趋同竞争，更容易形成产业集聚，能够真正发展壮大当地的特色优势产业，甚至能在此基础上发展出新的特色产业，有效避免了盲目承接容易造成的"只见企业，不见产业"的问题，真正能为当地经济的发展提供产业支撑，进而真正提升区域自我发展能力。

（3）坚持集中布局的原则。新疆应认识到产业集聚发展已成为产业组织优化演进中的一种重要形式，为此，在接受援助或者承接产业转移过程中要加强统筹规划，合理调整产业布局，引导迁入产业向园区集中，提高重点地区的产业集聚发展的能力。具体来说，一方面，要整合现有的园区资源，充分认识当前一些不具备承接优势的县市的产业园区企业入驻率很低的问题，避免产业园区的盲目建设和重复建设，根据重点接受援助项目或者承接产业的发展定位和方向，增强产业园区的配套基础设施和综合服务能力，提高产业园区的承接优势和集聚水平，发挥园区内重点产业和核心企业的带动作用，吸引相关产业整体集群式迁入，在园区形成新的产业集群，优化资源配置，深化区域分工和协作，实现区域优势互补，共同发展。另一方面，要结合当地资源优势和产业发展基础，借助对口援助，重点发展或培育一批空间承载能力强、承接条件相对完善、经济发展实力相对雄厚的经济区，促进重点经济区中产业集聚发展，产生规模效果和循环累积效果，形成新的经济增长极，发挥其对经济发展的极大带动作用。

（4）坚持市场导向、创新体制机制的原则。新疆接受援助或者承接产业转移过程中要充分体现企业在区际产业转移中的主体地位，发挥市场在资源配置中的基础性作用，同时，要通过体制机制创新，创新接受援助或者承接区际产业转移的模式，探索实现区域互动发展、互利共赢的新机制。具体来说，一方面，要继续深化经济体制改革，提高政府行政效率，推动相关行政许可跨区域互相认可，降低援助项目及转移企业与政府之间的各种行政成本，降低政府对生产要素和资源环境价格的人为干预和扭曲，建立充分反映市场供求关系、资源稀缺程度和环境污染成本的生产要素与资源价格形成机制，促进优化生产要素和资源配置，增强区际产业转移的发展活力；另一方面，要积极探索援助项目和承接区际产业转移的新模式，推动建立统筹协调机制和重大承接项目专项服务机制，同时，还要鼓励承接条件和承接优势相近的区域合作共建产业园区，鼓励产业转出区和转入区通过投资合作、委托管理等形式共建产业园区，通过体制机制创新，积极引导对口援助和承接产业转移真正根植于当地经济社会发展中。

9.3 借助东部援助和承接产业转移提升新疆自我发展能力的对策建议

针对新疆自我发展能力提升不够理想的原因，结合本书对国内外相关研究的梳理与思考，在坚持资源、环境的可持续发展的前提下，突出因地制宜、特色发展的原则，以新疆要以自我发展能力建设为落脚点，以产业结构调整和产业组织优化为主线，创新体制机制，提升新疆自我发展能力，实现区域良性互动和协调发展，具体对策建议如下：

9.3.1 整合支援方和受援方的资源，提升区域承接优势

综合相关文献和本书的具体分析，要提升新疆自我发展能力，最根本的是要增强承接优势，它通过"有效承接规模"对区域自我发展能力的提升发挥综合调节作用。承接优势的高低不仅关系到承接产业转移的规模和类型，还直接关系到承接产业与承接地区产业融合互动、共同成长升级。另外，随着区际产业转移更多地从企业分散的投资模式转向产业链及集群的整体转移模式，这就对承接优势提出了更高要求。进一步来说，产业链集群式的整体转移，不仅关注承接地区资源、劳动力成本等与转出地相比所具有的比较优势，更看重承接地区在产业基础、市场规模、市场化程度等方面的集聚优势，而集聚优势的提高更多需要靠深化经济社会体制改革，整合支援方和受援方的资源，改变以往更关注项目落户数量，而对项目后期发展壮大的可持续性缺乏跟踪性培育，如果通过整合支援方与受援方的资源，使得不论援助的项目还是当地成长的项目，能够真正在当地扎根，通过专业化分工合作成长为枝繁叶茂的大树，其对区域自我发展能力的作用，远比只是建设一些零散的项目而未形成专业化分工和集聚大得多。

深化经济社会体制改革，整合支援方和受援方的资源，增强承接优势，一方面，要发挥市场在资源配置中的主导作用，理顺生产要素与资源价格形成机制，避免政府通过人为扭曲资源和要素的价格，过度依靠土地、税收的大幅度优惠来进行招商引资的行为；另一方面，要充分认识到新疆各地州市对于援助项目和承接区际产业转移虽然存在竞争效果，但也存在新疆区域整体对承接产业转移的集聚效果（各相邻地州市承接的产业转移越多，越有利于东部产业转移到新疆来，比如喀什地区承接的东部产业转移越多，也越有助于与其相邻的和田地区承接更多来自东部的产业转移）。为此，要打破行政分割，在新疆各地州市之间形成统筹协调机制和利益共享机制，避免趋同竞争，使各地州市真正在自身具有发展基础和发展优势的产业上集中承接，促进承接产业与当地相关产业深入融合互动，不断扩展原有产业链，提高附加值，形成产业链上中下游的集聚发展，成为当地甚至新疆区域的经济增长极。

对于新疆来说，随着大开发战略中奠定基础的阶段顺利完成和加速发展阶段的正式启动，新疆的基础设施获得明显改善，援助的重点也逐步转换为市场化程度、公共服务水平以及配套的技术和人才支撑等软环境，为此，完善承接的软环境需要重点做好以下几点：一是优化政策环境。主要包括单独设立相关援助项目或承接产业转移配套的专项资金，对重大项目进行补贴和配套，其中特别值得强调的是，对工人的技术投资进行补贴会比直接补贴企业更有利于受援助地区经济发展；还要因地制宜设置土地、税收等优惠标准，由于区域间运输成本和集聚租金的存在，低于某一门槛值的土地、税收优惠并不能吸引产业转移，必须针对不同的承接地研究确定不同的土地、税收优惠标准。二是转变政府职能，优化市场竞争环境。通过建立法治型政府和服务型政府，减少政府的行政审批，简化办事流程，消除不合理的产业进入退出壁垒，优化市场交易环境，形成统一开放、有序竞争的市场环境和技术创新环境。三是强化人力资源供给环境。人力资源短缺是制约新疆援助项目和承接区际产业转移项目后续运作的瓶颈，为此，需要根据本地产业结构优化升级和承接区际产业转移人力资源需要，逐步落实相关的中等职业学校的学费减免政策和职业培训补贴政策，大力发展职业技能教育和培训，健全就业和社会保障服务体系，提高普通劳动者就业技能和素质，创新高层次人才的引进及服务保障机制，为本地企业的发展提供必要的人力资源和智力支持。

9.3.2　实行有差别的要素流动政策，扩充区域受援或承接规模

在东部地区实行完全自由开放的政策，清除东部要素流出时遇到的各种障碍，加快东部地区产业转型升级，促进要素向新疆流动。区际产业转移实质上是通过要素顺应比较优势的变化进行的跨区域流动实现的，而要素发生跨区域转移时产生的各种成本与预期收益，是决定要素流动方向的根本。但是，当前由于存在政府干预对要素价格的人为扭曲，使得完善市场机制下已经不具备比较优势的传统产业，仍能获得在东部地区继续发展的空间，制约了东部地区产业转型升级和区际产业转移的进程。同时，从前述分析已知，东部与新疆产业份额分布相比，与东部地区的市场自由度呈反方向变化（东部地区市场自由度越高，两区域产业份额差距越小），即提高东部地区市场自由度，有助于促进东部产业向新疆转移。但对于产业转出地的东部地区来说，短期内要素流出会减少当地的就业岗位，还可能会削弱该产业的整体竞争优势，特别是在接替产业还没有发展起来的情况下，当地政府存在"产业空心化"的担忧，进而会制造一些不利于要素流出的限制，增加了要素转出时产生的成本。可见，在东部地区产业转型升级缓慢和东部地区要素跨区域流动时遇到多种障碍的共同作用下，大大减少了新疆本该承接的区际产业转移规模，进而限制了其承接效果的发挥。为此，只有在东部地区实现完全自由开放的政策，真正建立充分反映市场供求关系、稀缺程度和环境损害成本的要素价格形成机制，才能对东部地区产业转型升级形成倒逼机制，促使大量在东部地区不具备比较优势的产业，通过要素自由的跨区域流动转移到新疆。

在新疆加大政府政策支持力度，增强对要素流入的吸引力，扩大承接规模，促进区域协调发展。从前述理论模型中，本书已经得出，东部和新疆产业份额分布相比，与新疆的市场自由度呈正方向变化（新疆市场自由度越高，两区域产业份额差距越大），即在东部和新疆存在显著发展差距的情况下，对新疆实行完全自由开放的政策，由于要素流动的趋利性，将会使新疆一些要素，尤其是对新疆长远发展有重要影响的稀缺要素如人才、技术等，流向能获得更高收益的东部地区。现实中，新疆人才流失严重的现象，不仅影响当地产业的发展，也直接影响承接产业的发展，这也可以解释为何新疆虽然资源丰富、劳动力成本低但其承接产业转移的规模远远低于劳动力成本较高的陕西、重庆等省市。从新疆各地州市

承接产业转移的规模来看，基本上经济发展水平越高的地州市承接产业转移规模也越大。进一步来说，承接产业转移也具有这种循环累积效果，即承接产业转移规模越大的地区，越容易吸引更多的产业移入。为此，仅靠市场机制，会进一步加剧东西部经济发展差距，必须对新疆承接地区，尤其是对新疆虽然具有比较优势（资源、劳动力优势），但集聚优势（产业基础、市场规模等）薄弱的区域，加大政府政策调节力度，通过制定各种优惠政策，不仅吸引要素流入，还要通过支持政策，提高要素收益，真正把稀缺的要素长期留住，通过要素长期流入的累积效果，发挥大规模持续的产业转移、区域协调发展的积极作用。

9.3.3　因地制宜地选择区域受援或承接产业的类型

做好产业发展规划，围绕区域特色优势产业的发展，来进行产业援助或承接，提高对口援助或承接区际产业转移的针对性和有效性。各承接方或受援方应根据自身的资源禀赋、区位特点、产业基础、市场结构、特色优势产业发展态势和主体功能区定位以及生态环境保护方面的实际情况，以培育完整产业链为目标，科学合理地编制地区产业发展规划。产业发展规划要明确指明：该地区特色优势产业发展的具体程度，围绕优势特色产业具体培育哪几条产业链，形成这几条产业链所需的关键节点是否已经具备以及哪些节点是薄弱的或者是欠缺的，限制区域产业链形成的因素具体有哪些。相关的促进对口援助或者承接产业转移的主管机构，先把具有相同或者相近特色优势产业的各承接地区内部，进行区域内资源整合，再围绕着延展或培育本地特色优势产业链欠缺的关键节点以及薄弱节点，积极搭建援助或者承接产业转移的平台与东部产业转移转出区域进行产业对接，促进相关援助产业或转移的产业整体转入，产生产业集聚效果，真正能为当地经济的发展提供产业支撑。

丰富区域受援或承接产业的类型，推动区域受援或承接产业向第三产业扩散。当前东部地区向外进行的产业转移很多属于扩张型产业转移，比如通用设备制造业、通信设备计算机及其他电子设备制造业等技术密集型产业也表现出向新疆扩张的发展趋势。这种扩张型的产业转移，为新疆接受援助或者承接多种类型的产业提供了机遇，新疆不仅可以充分利用自身在资源、要素价格、区位等方面的优势，承接东部地区的劳动密集型产业和以资源开采利用为主的资本密集型产业，更可以借助东部地区技术密集型产业的扩张，将技术密集型产业的引进与本地区具备发展基础和优势的新兴产业的发展结合起来，更加主动承接技术密集型行业，提高新疆产业的总体技术含量，加快本区域现代产业体系建设，为区域自我发展能力的提升提供产业支撑。当前，我国区际产业转移的重点集中在工业领域，新疆接受援助或者承接的产业的分布也是以第二产业为主。前述在对新疆承接优势演变的分析中已经说明，当前新疆与东部产业结构高级化差距主要体现在第三产业的发展差距上。为此，要充分借助东部产业结构升级加速、第三产业高速扩张的有利时机，引导承接产业更多向第三产业扩散。加快承接第三产业，不但能够带来较高的附加值，对资源的消耗较低、对生态环境的影响破坏也较小，而且第三产业的发展能够更好地促进要素流动（如金融、旅游产业），促进承接产业与当地产业融合互动，进而有助于形成更合理的产业组织形式，为承接地区产业结构优化升级发挥更大的作用。

当然，新疆很多非中心城市的基础设施和工业基础都很薄弱，同时存在大量素质较低的农村富余劳动力，更适合发展劳动密集型产业。劳动密集型产业的发展，不仅可以直接创造许多与普通民众就业能力相匹配的工作岗位，还能通过被现代服务业和现代制造业改造，提高精深加工度和附加值，比如现代物流业和采用电子信息技术的现代制造业对特色农产品加工、纺织服装、特色民族工业等劳动密集产业的改造。但从前文对区际产业转移的行业特征的分析中可以发现，很多劳动密集型行业如农纺织业、纺织服装鞋帽制造业、造纸及纸制品行业在新疆产值份额都不超过10%，这些劳动密集型行业在东部的产值份额占有绝对优势，这很大程度上能说明劳动力的跨区域流动性大大缓解了东部劳动密集型产业转移的压力。虽然新疆接受援助或者承接东部的劳动密集型产业转移对于增加就业岗位、改善居民收入有重要作用，但当前承接优势还不够突出，需要制定支持劳动密集型产业发展的扶植政策，提高援助或承接产业转移过程中民众的参与度和积极性，让普通民众获得更多实惠，切实提高当地劳动生产率，才能对自我发展能力提升发挥更大作用。

9.3.4 增强区域受援或承接产业的根植性

合力建设现代化产业园区，提高产业园区集中承接优势，促进受援助或承接产业与当地产业形成新的产业集聚。产业园区作为承接区际产业转移的重要载体，虽然新疆各地州市加大了园区的建设力度，但因为新疆总体承接配套能力较差，尤其是对于新疆的一些非中心城市来说，基础设施和工业基础更加薄弱，这些地区即使建立产业园区，但由于相关的产业配套能力很难保障，使得新疆很多县市的产业园区企业入驻率很低。为此，各承接区域要创新体制机制，打破行政区划限制，建立利益共享机制，在区域特色优势产业相似的地方，减少对脆弱生态环境的污染和破坏，整合产业承接方的资源，合作建设工业园区，提高园区的基础设施和配套服务水平，提高企业的入驻率，尤其是增强对有实力的大企业的吸引能力和园区的集中承接优势。通过产业园区的发展，不仅为承接外来产业提高有效载体，更要发挥产业园区对该区域内资源的优化整合能力，让当地更多相关产业进驻园区，使得承接产业或援助产业与当地相关产业形成紧密的产业链关系，形成以产业园区为载体的承接或援助产业与当地产业集聚发展的模式。通过集聚经济效果的发挥，吸引更多的资源或要素进入，进一步增强产业园区的发展水平，具备条件地推广清洁生产和循环经济，使其不仅成为带动当地经济发展的增长极，还能获得较高的生态效益和社会效益。

借助东部援助和产业转移，积极培育本土企业，重塑合理的产业组织形式，提升区域援助或承接产业转移的根植性。新疆通过积极利用自身的比较优势承接区际产业转移，虽然对于当地经济发展产生一定的积极作用，但也容易陷入比较优势陷阱，即新疆承接的产业基本处于价值链低端，通过区际产业转移，在东西部的产业分工中，新疆有可能被长期固化在价值链低端。同时，由于社会关系资本短时间内难以建立，同时还存在转出地与转入地在当地文化、风俗习惯等方面的差异，这都增加了转入企业与当地企业融合的困难。新疆经济长远发展，需要更多依赖本土企业的发展壮大。为此，要处理好招商引资和产业发展的本土化的关系，依托援助或承接产业转移，推动"土生土长型"特色优势产业发展和新进入产业相互融合，通过合资、合作或者设立分支机构的形式积极培育本土企业，增加生产环节，延长产业链条，提高产业的附加值，增加产品利润的区内留存，提升援助或承接产业转移的根植性，真正提升区域自我发展能力。

第 10 章　主要结论与研究展望

本章主要是对本书内容做出概括性的归纳和总结，包括主要研究结论和不足之处以及对后续研究的展望。

10.1　主要研究结论

本书在新一轮对口援疆实施和区际产业转移加速发展的背景下，以新疆这一不仅具有特殊战略地位，更是实现区域均衡发展的重点难点区域为研究典型，围绕着东部援助（以东部省市为主要支援方的新一轮对口援疆）和产业转移对于新疆自我发展能力提升的作用机理和作用效果，针对现有研究的不足，重点从三方面来展开：一是基础研究，即研究东部援助和产业转移与新疆经济社会发展进展，主要反映东部援助的进展及成效，产业援疆与新疆承接产业转移的进展及特征，新疆及各地州市经济发展进展及特征等。二是理论研究，即产业援助及转移与新疆自我发展能力提升的理论研究，主要内容是构建我国区域间产业份额空间分布变动与区域经济发展作用的理论模型，揭示东部产业援助及转移与新疆各主要经济变量（经济增长、市场规模、收入差距变动等）之间的内在作用关系，并进一步从影响新疆承接产业援助及转移的主要因素入手，分析各影响因素对新疆自我发展能力提升的作用机制。三是实证研究，主要内容是对新疆各地州市承接优势与自我发展能力演变进行具体评价，对东部援助和产业转移对于新疆自我发展能力提升的具体表现进行检验，对新疆具有显著承接优势的行业进行统计，对援疆政策的有效性进行评价等。

本书在理论研究和实证分析方面得出了如下重要研究结论和观点：

第一，在借鉴新经济地理学相关模型基础上，通过引入比较优势参数和经济增长参数，构建我国区域间产业份额空间分布变动（区际产业转移）与区域经济发展作用的理论模型，揭示东部产业援助及转移与新疆各主要经济变量（经济增长、市场规模、收入差距变动等）之间的内在作用关系。研究发现：在市场机制作用下，产业份额的空间分布主要是由市场规模决定的，东部地区市场规模越大，该区域的产业份额也越高（产业份额的空间分布更集中），全国经济增长率也越高，但新疆与东部区域实际收入差距也会加剧。为此，要改变这种产业分布非对称情况下的自我强化机制，促进新疆这样的欠发达地区的经济发展，就需要政府进行政策干预，这为政府对不同经济发展区域实施差别化干预政策提供了强有力的理论支持。

第二，形成了东部产业援助及转移与新疆自我发展能力提升之间的理论分析框架。即由比较优势和集聚优势决定的承接优势是影响区域自我发展能力的最根本因素，其中比较优势对承接规模和承接产业的类型起主要作用，集聚优势对承接模式和承接的根植性起主要作用，承接规模、承接产业类型和承接模式是影响区域自我发展能力提升的短期因素，承接模式与承接根植性是影响区域自我发展能力提升的长期因素。改善东部产业援助及转移对区域自我发展能力提升的效果需要从影响因素着手。

第三，对承接优势的本质进行了深入剖析，指出现有很多文献用绝对指标来衡量承接优势的缺陷，并重新从比较优势与集聚优势两层面建立相对指标体系，对新疆各地州市承接优势演变进行了具体呈现和评价；弥补现有区域自我发展能力研究中对微观的企业和居民关注不够的缺憾，从资源基础与经济社会发展能力、产业集聚与结构调整能力、企业成长与居民收入改善能力3个层面建立绝对指标体系对新疆各地州市自我发展能力进行具体评价。综合看来，两者的评价结果表明，援疆后新疆各地州市承接优势及自我发展能力都获得稳步提高，但各地州市之间仍存在较大差距。新疆各地州市承接优势和自我发展能力可以分为3个梯度，最高的地区是乌鲁木齐市、昌吉州、伊犁州直属县市、克拉玛依市；最低的地区是和田地区、克州、吐鲁番地区、喀什地区和塔城地区；其余地州市处于中间位次。

　　第四，产业援助和转移对新疆自我发展能力提升的计量回归结果表明：产业援助及转移对于提高新疆当地人均 GDP、第二产业增加值所占份额、农村居民收入和规模以上工业企业个数具有显著正向作用，而其对于第三产业增加值所占份额、城镇居民收入、工业集聚度等变量没有显著作用，说明当前其对于新疆自我发展能力提升效果还不够；同时，基于倾向得分匹配法对政府新一轮援疆政策的有效性评价也发现政策效果不够显著，这也能大致说明东部援助和产业转移对于新疆自我发展能力提升的效果还有待进一步发挥。

　　第五，遴选出的新疆具有显著承接优势的行业主要有石油和天然气开采业、石油炼焦及核燃料加工业、黑色金属冶炼及压延加工业、石油炼焦及核燃料加工业、化学纤维制造业、化学原料及化学制品制造业、电力热力的生产和供应业等，同时承接优势在资源型行业的下游呈现出逐渐增强的演变特征，一定程度上说明新疆石油工业"一支独大"的产业结构不合理问题开始好转。

　　第六，问卷调查和典型案例研究发现：民生和教育援疆满意度最高，调查对象的民族、地域分布、户口性质、收入及职业等对援疆成效评价存在显著差异；对口援疆过程中存在援疆资源缺乏有效整合、援疆项目成长性差、相关政府部门和民众参与不够、援疆干部人才水土不服等问题；通过总结各支援省市产业援疆的具体方式，总结归纳出 6 种典型模式（园区集中招商引资模式、政府金融贴息支持模式、股份合作模式、园区集群式对接模式、共建共享复合功能区模式、产供销一体化模式）。

　　第七，针对造成东部援助及产业转移对新疆自我发展能力提升效果不够理想的主要原因：东部援助与产业转移过程中存在援助项目分散、承接产业类型较同质、难以形成集聚优势和根植于当地经济等。指出借助东部援助和产业转移提升新疆自我发展能力的思路：一是需要整合双方资源，通过援疆资源的流量，盘活新疆资源的存量（围绕区域特色优势产业及其延伸产业链所需的关键节点，集中承接和培育当地具有潜力的企业，真正形成根植于当地经济的产业集群）。二是通过差别化政策支持，提高新疆的收入水平和消费能力，彻底改变新疆由于市场规模小而必然带来的产业份额低和自我发展能力差的问题。

10.2　不足之处与研究展望

本书在已有理论的基础上将基于比较优势的产业转移理论和空间集聚优势的产业转移理论综合起来，构建了东部援助和产业转移对新疆自我发展能力提升的理论模型，并配合问卷调查、实地访谈以及采用国家统计部门公布的相关统计数据和相关网站数据等，全面分析了东部援助、产业转移和新疆自我发展能力提升的演变进展及其效果。虽然本书在理论研究和实证分析方面都初步得出了一定的研究成果，然而，由于受到数据可获得性、自身掌握的研究文献及能力水平的限制，本书在以下方面存在不足之处：①成果偏向理论研究，资政服务的功能还未能很好地发挥出来；②受限于数据的可获得性，影响了本书中定量研究的解释能力。由于缺少对国内各省市之间直接投资的统计数据，也缺少对新增企业具体来源的相应统计，使得实证分析中必须用很多间接指标来替代，使得本书中的定量研究大打折扣，同时对于援疆政策有效评价，也由于只收集了 3 年的数据，且政策效果存在滞后性，而难以得到更客观的结论。

为此，需要从以下两个方面对东部援助、产业转移与新疆经济发展效果进行更深入的研究：

第一，在后续的相关研究中，要推动产业转移企业数据库建设。这样不仅可以有效解决现有研究中用替代指标对区际产业转移的研究得出很多不统一结论的问题，同时以区际转移企业数据库为依托，动态跟踪转移企业的发展情况以及与产业转出地和转入地的经济互动情况，才能更深入掌握产业转移的具体规模和行业特征，更深刻反映区际产业转移中的问题，更准确研究产业转移的具体效果。

第二，后续研究中使用实验方法和结构方法来客观评价各种援疆政策的实施效果。通过选择控制组分离出各个因素对产业转移的具体影响的实验方法，或者通过借助经济模型对参数进行校准的结构方法，对援疆政策的实施效果进行客观评价，并对援疆政策的作用通过数值模拟进行预测，并考察新疆不同发展程度的地区和产业的差异性对政策实施效果的具体影响。

附录1 "十二五"时期19个省市对口援疆进展统计表

附表1 2011~2015年北京援疆工作具体进展

对口支援双方及进展	2011年(168项)	2012年(150项)	2013年(前3年合计363项)	2014年(134项)	2015年(121项)
北京支援和田地区的和田市、和田县、墨玉县、洛浦县及新疆生产建设兵团农十四师团场，累计投入资金72.6亿元	完成对口支援安居富民任务32615户，实现了当年开工、当年完成，3万多群众住进新居，而且创造了"一市一村一规划"、"一户一方案"的实施模式；在"一市三县"各改扩建1所沈范高中和1所初中、小学，通过资本注入方式，搭建园区投融资平台，投入5000万元支持工业园区、物流园区基础设施建设；和田电视无线传输覆盖工程，总投资资金1.15亿元	2.4万户农村安居富民和定居兴牧工程已全部竣工，12.5万平方米城镇棚改房竣工交用；安排"一市三县"四所高中新建、改扩建的3所高中提供补助；完成了"一市三县"示范幼儿园及幼儿园现代化教学设备配备；搭制学校供暖设施改造竣工并投入人使用，投入7000余万元支持洛浦北京农业科技示范园建设，开垦3.1万亩沙漠戈壁荒滩	完成8.72万户安居富民工程和27.91万平方米棚户区改造，36万余城乡居民住房条件得到改善；新建改扩建中小学、幼儿园和职业技术学校23所，为21所示范校配备现代化教学设备；集中力量解决了和田教育阶段性突出问题；建设了一批医疗设施，新建、改扩建医院6所，为医院配备先进医疗设备；建设和田文化中心，实施数字电视无线传输全覆盖工程、实施乡镇(街道)、村(社区)数字影院全覆盖工程	棚户区改造项目全部竣工交用，1133户居民乔迁新居，保障援建的3605户安居富民，居兴牧工程当年开工、当年完工；投资1100余万元为当地医院配备现代化医疗设备；墨玉县新建三个双语幼儿园；完成民丰县市容治项目、墨玉县老城区改造、皮山县新城区水源水利设施建设	安排资金补助3.9万户安居富民工程，支持墨玉县等7个基础设施项目建设，围绕援疆加大产业援疆力度，继续支持发展特色林果业、种养殖业、特色优势产业发展，加大对温室大棚、等高效节水设施农业支持力度；开展当地乡镇卫生院达标建设试点，发挥现代文化引领作用，加快地区文化中心等重点文化项目建设进度，确保和田影剧院年内竣工交用

附表 2　2011~2015 年广东援疆工作具体进展

对口支援双方及进展	2011 年 (78 项)	2012 年 (72 项)	2013 年 (前 3 年合计 162 项)	2014 年 (143 项)	2015 年 (121 项)
广东支援喀什地区疏附县、伽师县、兵团农三师图木舒克市	援建了抗震安居房 19850 户，棚户区改造房 3000 户，完善了一批水电路、供暖、广播电视、医院和广播电视、气象服务等民生设施；投入 1.8 亿元援疆资金完善"两县一师"的重点产业园区基础设施建设；投资 6.5 亿元支援喀什广新纺织股份有限公司项目	喀什地区疏附县双语教育学区；新疆嘉纳仕摩托车有限公司整车制造项目，总投资 2 亿元；农三师 41 团安居工程东江花苑小区	广州新城一期开工并举办了首届"中国喀什——广州商品交易会"，总投资西进、疆货东流"，组资达 79.2 亿元。其中较大的项目有投资 10.3 亿元的深南电天然气发电项目，投资 5 亿元的共建疏附通用航空产业基地项目，投资 3.6 亿元的中广核光伏发电项目，投资 8 亿元的华贸市场项目等	广东省在疏附县广州西部城建立喀什中国西部电商总部基地，推动"货西进、疆货东流"，组织 500 名喀什务工人员到广州、佛山、东莞、惠州等地劳务输出	草湖 200 万锭广东纺织服装产业园是广东省产业援疆的重大项目；喀什国际客运枢纽中心站成为南疆最大的国际客运中心；完善旅游基础设施和配套设施；南络把喀什建成中国一中亚一西经济走廊的主要节点城市、重点依托喀什《喀什地区商贸物流业产业规划》，重点依托喀什东部新城、广州新城、曙光国际、远方贸易区等基地边民互市贸易综合商平台，积极培育贸综合商贸物流园区和物流枢纽基地。积极推进重大互联互通平台建设

附表3　2011~2015年深圳援疆工作具体进展

对口支援双方及进展	2011年（52项）	2012年（42项）	2013年（前3年合计126项）	2014年（39项）	2015年
深圳支援喀什市、塔什库尔干县，累计投入资金38.5亿元	喀什深圳产业园、喀什深圳城、喀什市农产品批发交易中心、深喀现代农业示范园、深喀文化旅游5个产业合作项目顺利签约；启动了喀什产权交易中心、喀什市土地交易中心、喀什市投资评审、工程招投标政务和电子监督监察五个平台建设；喀什市第十八小学供养和建成交付使用；安居富民工程已完成4600户建设任务	支持建设了4000户安居富民工程、1000户定居兴牧工程；深圳市27家知名电子电器企业参加第二届"亚欧博览会"，协议成交近2亿美元，34家企业参加第八届"喀交会"，签约项目10个，总金额达14.37亿元，全年促成招商项目落地12个，投资额68.25亿元；喀什产权交易平台、土地交易中心、工程招投标信息平台、科技援疆项目建成并投入使用，填补了喀什相关领域的空白	深圳市援助喀什地区安居富民、牧民定居房建设15246套，约5万名各族群众和农牧民住上了安居富民房；深圳市勇担喀什经济开发区建设重担，集聚15.8亿元用于深圳产业园、深圳城基础设施、公共服务设施和产业发展；先后组织516家企业赴疆考察，促成深业集团、中航集团等32家深圳企业入疆投资，实际到位资金34.8亿元	深圳市组织学生了为期一周的深喀学生"1+1"交流活动；深圳产业园内14.2万平方米的标准厂房和配套人才公寓已竣工验收，园区已投入实际运行；深圳安居富民工程工程资金7340万元，为喀什市新建、改扩建安居房5640套，为塔什库尔干县新建定居房1000房，牧民定居房1000套，安排700万元资金用于完善该县乡村水、电、道路等基础设施建设	全年将援助建设6490套安居富民房，其中喀什市5440套，塔县1050套；将完成深圳城3栋"写字楼推进产业园二期标准写字楼室内外装修，加快推进产业园二期建设，努力把"一城一园"建设成为软硬件设施配套齐全的产业基地；在深喀科技创新中心初具规模的基础新中国—中亚科技合作中心"，争取申报"中国—中亚科技合作中心"，喀什分中心；计划完成喀什大学新校区3栋合计6.4万平方米的学生宿舍楼建设的其余教学楼、实验楼，行政楼等实现开工建设工程的其余新校区8栋合计

注：2015年项目数量缺失。

附表 4　2011~2015 年江苏援疆工作具体进展

对口支援双方及进展	2011 年（50 项）	2012 年（192 项）	2013 年（前 3 年合计 682 项）	2014 年（72 项）	2015 年（172 项）
江苏支援克孜勒苏柯尔克孜自治州的阿图什市、阿合奇县、乌恰县，喀什哈萨克自治州（市）10 个县，以及新疆生产建设兵团农四师、农七师，累计投入资金 19.3036 亿元	完成城市保障性住房 978 套，农民安居定居 3428 户，牧民定居 1430 户，完成乡镇干部教师周转房 288 套；实施了阿图什市乡镇农牧民饮水管道入户工程，阿图什市来喀路改扩建工程，乌恰县城区道路改建工程；以"昆山速度"建设以及乌恰县阿图图什市戈壁天建成了阿图什市戈壁产业及农业示范园 6000 平方米的现代化高科技智能温室	建设了园区载体，由苏州工业园区霍尔果斯苏新置业有限公司投资 15 亿元建设的苏新商务中心、东部产业转移园区中心，东部产业转移园区已集聚区三个载体项目已有了良好的形象进度；促成了中哈铁路的成功接轨，"连一霍"集装箱公铁联运的成功试运营并顺利启动南部联检区	三年累计完成富民安居 93078 户，牧民定居 8274 户，棚户区改造和保障性住房 2131 户的建设任务；援建 219 个村级、66 个社区阵地，均已经投入使用；霍尔果斯经济开发区和清水河江苏工业园区，新疆名特优农产品营销中心成功落户南京	"两居工程"、保障性住房基本建成，市政基础设施配套项目，如阿图什市自来水厂二期公共交车采购，乌恰县公共交输服务中心等一大批基础设施项目建成并交付使用；阿图什市第一小学草场，昆山育才学校配套设施中小学教育基础化建设，乌恰县"双语"幼儿园，阿合奇县职业高中建设等一大批教育援疆项目均已建成并交付使用	在全疆率先开展"一村一社区"帮扶联系点工作，设立江（区），创造性引入江苏百强村（社区）与乡镇乡村帮扶联系点结对共建，重点帮强组织队伍、重点帮就业富民，帮提先进，带动机开进，以专列包机开进的"以伊犁交流活后劲，以伊犁交流活，苏伊一家亲"主题交流活动，在江苏旅游援疆的助推下，今年 1~7 月伊犁州实现旅游人次同比增长近 1 倍

附表 5　2011~2015 年上海援疆工作具体进展

对口支援双方及进展	2011 年（105 项）	2012 年（192 项）	2013 年（前 3 年合计 419 项）	2014 年（103 项）	2015 年（计划 122 项）
上海支援喀什地区巴楚县、莎车县、泽普县、叶城县，2011~2015 年安排资金 90.6386 亿元，累计实施援疆项目 650 个	上海援建四县安居民工程开工量达到 3.8 万户，超过喀什地区下达计划的 19%；将援疆资金的 30% 投向教育，建立了上海旅游专科学校喀什分校，以及淘宝大学喀什分校，上海东方建筑设计研究院新疆分院	在泽普以整村推进的形式完成 3500 户安居富民工程；该措择部将乡镇富民配套资金重点用于阿克塔木乡小城镇建设，今年 10 月已完成小城镇基础设施、服务设施工程，使其成为上海援建项目中第一个完整交给当地政府的集居住、休闲、旅游于一体的小城镇	完成 11.2 万户 "富民安居" 房建设，累计有 50 多万农牧民入住新房，投入援疆资金 7.5 亿元，建成了巴楚实训基地、泽普工业园区实训基地等一批设施先进的培训基地；依托当地资源形成产业特色，坚持把旅游业作为当地产业发展的重要抓手，泽普首个国家 5A 级景区·叶城锡提亚迷城、巴楚曲尔盖金色胡杨岛、红海水库都成为南疆旅游的重要景点	上海市与喀什地区合作建设新疆喀什企业孵化基地；上海市文化援疆，签约拍摄大型人文纪录片《喀什传说》，反映中国最美农村官刘国忠的电影《飘着金子的河》	今年上海市投入 100 万元援疆资金，设立了电子商务推广中心、青年创业指导中心和专业建设工作室；电子商务推广中心是在巴楚县建立的网上销售平台——与各乡镇多家专业合作社展开合作，初步形成巴楚红枣、鲜果、民族特色手工艺品等特色产品，并任网上销售曲尔楚 "城喜巴楚" 自主品牌，另外，与食库网达成合作，经营巴尔楚克羊肉，目前电子商务销售平台已逐步运行

附表 6　2011~2015 年山东援疆工作具体进展

对口支援双方及进展	2011 年 (97 项)	2012 年 (67 项)	2013 年 (前 3 年合计 192 项)	2014 年 (120 项)	2015 年 (计划 120 项)
山东支援喀什地区疏勒县、英吉沙县、岳普湖县、麦盖提县	在各受援县建立了远程医学会诊中心,与山东省立医院远程会诊网,开展专家远程会诊。为每个受援县建成了 120 个卫生急救指挥中心,为县、乡(镇)医院配置了救护车 56 辆,实现了受援的全 4 县 120 急救系统的全覆盖。新建、改扩建乡镇卫生院 4 个,提升改造县(乡)卫生院 46 个,配备了 188 台(套)当地急需的医疗设备,有力推动了医疗卫生服务件设施的改造与硬件设施提升	帮助受援县新建、改建安居富民住房 1.84 万户,新建富民安置住房 25 栋 890 户,9.3 万平方米;建立喀什农产品信息化平台和在山东的农产品销售网络,引进 3 家国家级农业产业化龙头企业,76 个农副产品深加工项目,带动建立 97 个农民专业化合作组织;开工建设县刀郎文化旅游区文化广场;改造提升了岳普湖县昆景区的基础设施,帮助岳普湖县昆景区由 3A 级升格为 4A 级旅游区	建成农村安居富民住房 5.79 万套、安居富民新农村 40 个,完成城市棚户改造工程 1280 户,改善了 26.1 万群众住房条件和 18.1 万群众饮水安全,为 29 个村庄配套建设了水、电、路等基础设施,对 10 个中心小城镇进行了改造提升;建设疏勒第二双语幼儿园、麦盖提刀郎中学等 10 余所学校,总计援建学校建筑面积达 26.6 万多平方米,并为所建学校配备了校车和一大批教学设备	山东省大力实施了"山东企业喀什行"和"鲁喀旅游产业合作交流考察"等活动,97 批次企业考察团相继到喀什地委、行署与喀什地委、行署举办了"齐鲁文化喀什行"活动,制作上演了大型歌舞剧《疏勒之恋》	山东计划安排援疆资金 10.95 亿元,包括续建建项目、富民安居、小城镇改造综合整治,其中医疗卫生、社会福利等民生,社会资金比重达 79.1%;加快英吉沙、岳普湖建设产业园基础设施建设,加快如意服装、梦卡丹、中兴手套、广新纺织、图力帕袜业、金博针织等 54 个重点纺织服装项目建设,培育一批中小微企业和民营企业,建设一批劳动密集型产业

附表7　2011~2015年浙江援疆工作具体进展

对口援助双方及进展	2011年(83项)	2012年(8项)	2013年(前3年合计178项)	2014年(68项)	2015年(161项)
浙江支援阿克苏地区的1市8县和新疆生产建设兵团农一师阿拉尔市，截至2015年8月底，累计完成各类项目654个，到位援疆资金74亿元	阿克苏·浙江产业园建设全面启动。南园、西园和台州产业园三个区块的园区基础设施建设已经全面展开；浙商浙企收购棉花约50万吨，其中90%经加工做成半成品后销往浙江；阿克苏果品销往浙江省区各类果品，占当地总产量的25%；促成浙江农业龙头企业与浙江省供销社系统合作，建立4家浙苏林果产品直销店；在杭州开设阿苏农产品展示展销中心	引进了总投资300亿元的浙江荣盛集团天然气化工项目；阿克苏浙江产业园的道路、标准厂房和研发楼已建成；成功举办"西部浙商恳谈会暨阿克苏浙江产业园推介会"，协调受援地36家农业企业参加"2012浙农博会"；浙江物产集团与中储棉在阿克苏浙江产业园合资建设了棉花储备库；在受援地投资建设的服务业综合体项目相继开工建设，部分已建成并投入运行；浙江中旅游集团在阿克苏设立旅游分公司，浙江省兴合集团在阿克苏开设了浙阿农特产品直销中心	新建和改扩建农牧民住房（含牧民定居）11.16万户；阿克苏市高级中学项目竣工并通过验收，阿克苏市高级中学项目占地面积207.6亩，总建筑面积5.5万平方米，包括教学楼、宿舍楼、科技楼、行政楼、图书科技综合楼、食堂、报告厅等12栋单体建筑物及配套附属设施。项目总投资1.57亿元，开设48个班，可容纳学生2400名，填补了阿克苏市属高中学没有独立高中的空白；浙江阿克苏地区棉花年消纳阿克苏地区棉花半成品达50万吨，每年在浙销售果品25万吨，占年产量的1/4以上	重点发展纺织服装等劳动密集型产业，如"一县一品"项目：浙江阿克苏湖羊种羊场科技示范基地，温宿县设施农业集中育羊苗中心、库车县肉用多胎羊（湖羊）养殖繁育基地设及增喜工程、阿克苏市电子商务培育工程、柯坪县湖羊种羊繁育推广及产业化项目、乌什核桃产业提升项目、拜城县蔡尔齐镇湖羊养殖建设项目等	"交钥匙"项目有20项，如阿克苏地区职业教育师资培训中心、阿克苏湖羊种羊场科技示范基地、温宿县设施农业示范基地、库车县第中育苗中心、库车县肉四双语幼儿园、拜城县畜牧业发展服务中心、沙雅县第一中学嘉兴第学楼、沙雅县嘉兴实验幼儿园、乌什中小企业创业园、乌什县人才公寓（二期）、新阿拉尔市客运中心等、和县乳鸽养殖示范基地、山东省从省长资金中拿出3000万元支持喀什维吾尔语网站建设

附表 8 2011~2015 年辽宁援疆工作具体进展

对口支援双方及进展地区	2011 年 (149 项)	2012 年 (103 项)	2013 年 (前 3 年合计 329 项)	2014 年 (141 项)	2015 年
辽宁支援塔城地区	沈阳恒星水泥及辽宁阜新煤化工项目已落地，并将新疆天业集团节水灌溉技术成功引入辽宁；先后组织 18 家各省和各领域驻疆企业商会长和各领域对接，300 余人次赴起疆区考察，签订协议金额超过 200 亿元（敖山）工业园引进辽宁铁法煤业建设公司，采取 BT 方式合作建设园区基础设施	为受援地新建安居富民，定居兴牧和保障性住房 2.1 万多套；新建或改扩建集中供热项目 4 个，幼儿园和职业培训中心 16 所，医院、基层救护站 26 座；以第二届中国—亚欧博览会为平台，举办了首届巴欧博图论坛，邀请国家 9 个部委的有关领导做主题演讲，强力推介巴疆渠道，争取了疆内首个兑区免签边民互市贸易区试点	为 "一地两师" 新建安居富民，定居兴牧和保障性住房 3 万多套；新建或改扩建集中供热项目 4 个、中小学、幼儿园和职业培训中心 22 个和基层救护站，医院，基层数护站所，援助 21 个产业园区，基地建设及基础设施建设；援助公路、供水、垃圾处理、有线电视网等公共设施改造建设；沈阳恒星石化水泥、盘锦兴胜石油化石油装备制造等 42 个产业援疆项目已落地、开工、投产，吸纳就业 1.3 万人	建立产业援疆企业库，收集整理辽宁企业名录近 700 家，筛选重点联系企业 98 家，与援城化 13 家对接洽谈合作项目；辽宁宝来集团等 13 家 "辽宁援疆医生走基层义诊" 活动，给基层群众送医、送药、送知识、送技能。义诊活动开展以来，共组织援疆医务人员 283 人，覆盖了 180 个行政村，为基层义诊患者 3921 人，群众免费用 14.1 万余元	辽宁省卫生计生委选派的 30 名医疗专家援疆医疗队定点对塔城地区人民医院进行两个月帮扶，8 月底，又启动了 "辽宁援疆医生组团走基层送健康活动"，解决 70 余万病人看疆难问题；"助力援疆，科技兴农"，辽宁企业向乌苏市、沙湾县、石河子市赠送了价值 5 万元的化肥

注：2015 年项目数量缺失。

附表9 2011~2015年河南援疆工作具体进展

对口支援双方及进展	2011年(30项)	2012年(63项)	2013年(前3年合计128项)	2014年(34项)	2015年
河南支援哈密地区、兵团农十三师，截至2015年6月4日，共安排援疆资金11.2亿元	72名支教教师平均授课16节/周以上，65位援疆医疗专家均担任科室学术带头人，接诊各族群众5万多人次，开展手术1089余台次，组织专题讲座295余期(次)，为受援地培训干部人才21000人次；援疆医疗队开展科研课题研究19项，新技术、新业务49项，其中8项技术填补了东疆地区医疗空白。实施"豫疆优质教学资源携手开展优质教学资源进教室项目""中小学'云服务''班班通'平台等具有国内领先水平的教育援疆项目	中行河南分行、新疆分行和哈密地区行署，河南援疆前省省签署《全面战略合作协议》，向哈密授信100亿元；河南煤化、洛钼集团、郑煤机、中平能化、昊华骏华、济源联创化工、三门峡正信集团等大企业大集团等落户受援地	新建富民安居房23522户，改扩建1953户，新建游牧民定居3150套，完成棚户区改造3070户，显著改善了8万农牧民居住条件；新建双语幼儿园25所，基本实现了"一乡(镇)一园"，学前两年少数民族适龄幼儿入园率提高到98%，双语教学班由284个增加到552个；建12项乡镇卫生院等医疗项目，乡镇卫生院覆盖率提高到100%。望海水库、柳树泉水汇流等水利援疆工程，有效解决了16300户群众安全饮水问题	完成地区数字化社区建设项目，哈密市人口计生综合服务中心建设项目等；举办哈密专场招商推介会，大力推介哈密的区位优势、资源优势、产业优势，促成信阳豪奇商贸有限公司投资6000万元在哈密成立农旺专业合作社；推进援疆干部人才"结对帮带"活动，建立结对帮带关系236对，专题培训25场次	创新开展了2015 "豫哈丝路行"主题旅游援疆活动，依托"河南省旅游援疆联盟"通过专列、专栏和自驾车组织河南游客赴哈旅游；大力发展学前教育，在全地区所有乡(镇)和规模较大的行政村基本实现"双语"幼儿园全覆盖。严格落实经济困难家庭学生资助政策和普通高中"三免一补"政策，凡是城乡低保户子女考上大中专院校的，各级财政筹集资金每人给予5000元一次性学费资助，同时，在校期间每个孩子每月发放生活费补助300元

注：2015年项目数量缺失。

附表 10　2011~2015 年河北援疆工作具体进展

对口支援双方及进展	2011 年（13 项）	2012 年（14 项）	2013 年（前 3 年合计 60 项）	2014 年（15 项）	2015 年
河北支援巴音郭楞蒙古自治州、兵团农二师	十件实事，例：编制完成《巴音布鲁克景区改造提升方案》；在河北省举办了“巴州·河北 2011 农产品内地营销渠道建设座谈会”，参加了 2011 中国（廊坊）农产品交易会、河北省华北片区农超对接连万村活动，与河北省签订了建设农产品内地营销渠道战略合作框架协议；为偏远地区农牧民提供了 1000 套数字电视机顶盒等	共安排安居富民和保障性住房项目 9 个，援助巴州的 1.56 万户已全部完工；巴音职业技术学院河北实训基地项目已开工建设；新兴际华集团 300 万吨特钢、万合集团物流等项目已投产；河北大唐钢木家具项目、石家庄巨力公司钢铁生产配套项目、廊坊军辉安防技术公司建筑保温材料项目已落户和静县工业园	实施“两居工程”建设 4.87 万户，新建改建基层组织阵地 262 个，建设学校、医院 8 所；兴建了二师河北现代农业研发基地、库尔勒市河北社会福利院等社会事业项目；在库尔勒国家级经济开发区挂牌河北工业园区，在每个对口支援县积极推进具有河北支援市产业特色的产业园区建设；在和静县引进 4 个仓储物流配送项目，建设南疆物流集散中心	库尔勒市、焉耆县、尉犁县、和硕县、若羌县、且末县 6 个安居富民工程项目已全部完工；轮台县双语小学项目已竣工；北诚信集团拟投资 45 亿元建设的精细化工项目已开工建设；河北冀中能源与新疆美克化工合作，投资 10 亿元建设的库尔勒塔什店矿区建设年产 120 万吨煤炭及新建 120 万吨洗煤场项目已开工建设	“张杂谷”已成为继“两红一白”当地特色种植后的又一大主导产业；开建库尔勒市河北小区、河北梨香中学两个项目，建设河北小区项目是库尔勒市城中村棚户区改造项目之一，总投资 4900 万元，总建筑面积 35884 平方米，可安置居民 378 户、1210 人；加快轮台“五一”水库、若羌米兰河水利枢纽、库尉地区输水工程建设；推动且末大石门水库、若羌河水库项目前期工作；加大博斯腾湖、车尔臣河大型灌区续建配套与节水改造力度

注：2015 年项目数量缺失。

附表11 2011~2015年山西援疆工作具体进展

对口支援双方及进展	2011年(16项)	2012年(10项)	2013年(前3年合计61项)	2014年(9项)	2015年
山西支援六师五家渠市、昌吉回族自治州阜康市	选派了首批89名援疆干部人才赴昌吉州、阜康市和农六师五家渠市任职；山西省总工会支援农六师五家渠市工会资金50万元，山西省安监局向师市安监局赠送了价值10万元的安检设备及办公设备，山西省残联建设师市价值43万元、太康复训练器材5套，太原市人民检察院向农六师检察分院捐赠首期援助资金50万元，朔州市检察院援助奇台县区检察院资金50万元	已完成1680户安居富民和455户定居兴牧工程建设任务，提前一年完成甘河子镇1350户棚户区改造任务；面积达8958平方米的晋阜"双语"幼儿园和能容纳360名儿童的甘河子镇"双语"幼儿园已全面投入使用；阜康市永辉煤化有限公司、阜康市华煤焦化有限公司、阜康市永辉铸造有限公司等5家企业已建成投产	阜康市安居富民、第四中学（晋阜"双语"中学）高中部食堂及浴室（12号楼）、农村敬老院（儿童福利院）等8个项目按计划完成年度任务；阜康市"晋阜双语幼儿园"、"甘河子镇双语区幼儿园"、"五家渠东区幼儿园"等一批学校已全部建成并投入使用，新增校舍面积4.06万平方米，可接纳入园儿童1660名，在校生2100名	总投资10亿元的山西阳煤化工机械有限公司5万吨化工专用压力容器项目已开工建设	今年计划完成山西省援疆民生项目8项，计划总投资16664万元，其中援疆资金8800万元，这些项目包括教育、卫生、就业等

注：2015年项目数量缺失。

附表 12　2011~2015 年福建援疆工作具体进展

对口支援双方及进展	2011 年（43 项）	2012 年（51 项）	2013 年（前 3 年合计 108 项）	2014 年（38 项）	2015 年
福建支援昌吉回族自治州的昌吉市、玛纳斯县、呼图壁县、奇台县、木垒县、吉木萨尔县六个县市，"十二五"期间，共实施援疆项目 184 个，资金 16.02 亿元	1800 多户游牧民定居工程，2200 多户农村危旧房改造工程建设顺利推进，部分农牧民已喜迁新居；福建南威软件股份有限公司携手微牧公司在昌吉投资 5 亿元，打造新疆威软（昌吉）产业基地和昌吉南威软件作业是微牧公司在新疆投资的首个项目	福建援疆企业新疆凤凰远山农业发展有限公司种植了 200 多亩、400 多个品种的菊花展示田，承办了新疆（昌吉）首届菊花节，为新疆鲜切花产业发挥了示范带动作用；投资 3 亿元的新铝铝业有限公司年可生产 2.4 万吨建筑节能铝合金型材，投产后每年为当地创税 4700 多万元	昌吉州奇台县中心人民医院建成运行；前后共投入援疆资金 9000 万元；富民安居工程顺利实施，受益农牧民 31576 户，大大改善了农牧民的生产生活；组织福建经济技术开发区等福建省 4 家开发区与准东经济技术开发区签订协议，推动成立新疆福州商会、龙岩商会和南平商会，福建在疆商会组织达到 6 家	厦门大学与昌吉学院联手合作，在昌吉州设立国家工程实验室煤化工研究中心并帮助昌吉州建立苗木组培训中心；福建省协助引进产业项目 8 个，项目总投资约 25.5 亿元，项目涉及信息产业软件开发、装备制造、商贸服务和中介服务业	福建省泉州支援昌吉市项目 6 个，总投资 1.1 亿元，其中：援疆资金 2191.41 万元，主要是安居富民、回民小学教学楼、农村安全饮水、高新区中小企业创业园 7 号厂房、广场及老旧小区体育健身器材和援智育才项目；加快现代农牧业示范园和智慧农业示范基地建设，大力推广农用无人机飞防作业、卫星导航自动驾驶等高新技术，种植业机械化水平达 92% 以上，新增高效节水 40 万亩

注：2015 年项目数量缺失。

附表 13　2011~2015 年湖南援疆工作具体进展

对口支援双方及进展	2011 年 (52 项)	2012 年 (31 项)	2013 年 (前 3 年合计 66 项)	2014 年 (17 项)	2015 年
湖南支援吐鲁番地区	三一重工计划分期投资 500 亿元在新疆装备制造业和煤化工产业，投资 50 亿元的三一西北重工产业基开工，五陵电力集团计划投资 400 亿元，在新疆发展风电、水电、煤电产业，布尔津、阿尔津克的两个风电项目已得到核准，湘煤集团投资 3 亿元在鄯善县探明煤炭储量 80 亿吨的煤田；湖南天利恩泽有限公司计划投资 2 亿元在鄯善建 1 个 20 头的光伏发电站、科研选址已全部完成	8640 户安居富民工程，1300 套廉租房已经全部完成，3 所幼儿园，3 个产业园福利中心、3 个产业园（大学生创业园）孵化中心、2 个职业技能培训中心（一期）和吐鲁番市二中综合教学楼已经建成；规划外项目吐鲁番地区实验中学图书馆、田径场、吐鲁番市群艺馆礼堂建成并吐鲁番大学生创业园并吐鲁番市大使用；建成吐鲁番市三一重工、曾湖南三一集团、五陵电力集团、湘煤集团等大企业大集团落户新疆投资建设	安居富民和定居兴牧工程已建设完成 2.68 万户，城镇廉租房建设已完成 1300 套、切实改善了农牧民生活条件；两县一市双语幼儿园师范工程建设完成并投入使用；中小学、职业教育和技能培训学校已建设并投入使用，明显改善了两县一市的教育基础设施条件；大学生石材工业项目，鄯善县石材工业园、托克逊县能源重化工业园孵化中心项目已经建成	湖南省经信委与地区行署联合举行湖南一吐鲁番产业合作对接会，签约 12 个项目，签约金额超 25 亿元，如总投资 20 亿元的长沙经济开发区鄯善产业园合作开发项目，总投资 3000 万元的湘茶集团黑茶运营中心；总投资 1.5 亿元的新疆黑茶加工 300 万立方米花岗岩石材项目	2015 年对口援助项目的测绘地理信息项目，部署决定将完成高昌区、托克逊县、鄯善县主城区基础航空摄影，启动一批区及产业园区基础测绘工作，测制 1：500、1：1000 大比例尺数字地形图；推进中泰 60 万吨电石及 2×33 千瓦动力站、黑山 2 万吨活性炭、神华黑煤山 1000 万吨煤矿等一批煤电煤化工产业项目顺利投产；加快葡萄种植结构调整，新建标准化生产示范基地 2 万亩，架式改造 4000 亩。建设葡萄酒庄 30 座和 15 个观光旅游型葡萄园、桑园、杏园、枣园

注：2015 年项目数量缺失。

附表 14 2011~2015 年湖北援疆工作具体进展

对口支援双方及进展	2011 年 (22 项)	2012 年 (31 项)	2013 年 (前 3 年合计 259 项)	2014 年 (28 项)	2015 年 (30 项)
湖北支援博尔塔拉蒙古自治州博乐市、精河县、温泉县与兵团农五师	6692 户安居富民、定居兴牧和棚户区改造工程全部完工，华师一附中博乐分校二期工程相继竣工并投入使用，楚天红星双语幼儿园即将竣工，楚星职工培训文化体育中心已完成主体工程	援助 2000 万元的博州中等职业技术学校综合楼、援助 1000 万元的博乐医院综合门诊大楼、援助 1500 万元的博乐市基层就业社会保障公共服务中心项目已完成主体工程，援助 600 万元的 240 户定居兴牧工程和援助 8131 万元的 10029 户安居民工程主体已完工，正在进行配套设施建设	建成"两居"工程 39800 户，解决 15 万多各族困难群众住房问题；先后投入资金 10649 万元，采用 BT 方式开展博州五台工业园 (湖北荆州楚产业园) 和五师荆楚产业园的规划、设计以及"七通一平"基础设施建设，为企业进入园区搭建基础平台	博州医院综合门诊楼建成并投入使用，增加床位 227 张，缓解了群众就医住院难问题，改善了医环境	博乐市安居富民工程有 664 户已开工，完成投资 8059 万元；博乐市中西医结合医院建设项目已开挖地基；博乐市中小学校校舍安全工程已建成；博乐市村级组织阵地建设项目也在主体施工中；"抵御极端思想，共建美好家园"农牧民大轮训已结束；产业要确保 20% 的增长目标 (其中，工业增加值增长 25%)，必须以"口岸强州"战略为突破口，坚持"综保区引领"，加大招商引资力度，扶优扶强现有骨干企业，全力打造"一区三园"产业联动发展平台

附表 15 2011~2015 年安徽援疆工作具体进展

	2011 年（35 项）	2012 年（40 项）	2013 年（前 3 年合计 113 项）	2014 年（27 项）	2015 年（30 项）
对口支援双方及进展					
安徽支援和田地区皮山县，"十二五"期间，援疆资金总共 13.63 亿元	为现有 30 所双语幼儿园及 33 所义务教育阶段中小学安装了集中采暖设备，为初中阶段学校建设了洗课设施；完成 40 个村的村级卫生室改扩建补助项目，捐赠急救车 3 辆。首批 14 名援疆医生诊疗人数超过 3 万人次，开展大型义诊活动及免费体检 4 次，各类学术辅导讲座近 200 次，实施各类手术 500 多台次，救治各类危重病人 500 多例	完成 4750 户安居富民和定居兴牧工程；完成了皮山县城规划修编，8 个城区专项规划、全部 16 个乡镇和 15 个示范村规划编制。基本完成了皮山县水资源综合规划和桑株河、杜瓦河流域规划；全面完成了皮山县 14 个乡镇卫生院的集中供暖工程。援疆医生共接诊各族患者 2.06 万人次，实施各类手术 570 台次，救治危重类病人 300 余例，开展各类学术讲座 170 次。组织"三下乡"开展医疗卫生活动 5 次，现场为各族群众咨询、诊疗 2000 余人次，免费发放药品 2.6 万元	共建成 16201 户安居富民房和游牧民定居房，建成的杜瓦河流域联合水厂、波斯干水厂、桑珠水厂，解决了 2.1 万多人的饮水问题；改造了皮山县 1950 亩沙漠，建设了 5000 亩高效节水农业示范区、1650 亩生态经济林，新建了 85 座、改造了 194 座农业设施大棚。建设了 200 亩中药材品种筛选及 800 亩现代农业示范制种基地、500 亩优质高产菊花管花肉苁蓉种子生产基地及 400 亩兔里雪菊原种繁育及标准化种植示范基地	由合肥市无偿援建皮山安徽工业园区的 1 万平方米的标准化厂房建成并投产；尚亿服饰有限公司建成投产；皮山县职业高中、二甲医院、双语教师培训、干部人才培训	教育援疆取得成效，2015 年，皮山县中小学"双语"普及率达 67%，比 2010 年提高 32 个百分点；已培训"双语"教师 1450 人次，"双语"教师比例比 2010 年提高 33 个百分点，达 59.5%；学前到小学双语衔接率提高 15 个百分点，达到 100%；投资 18500 万元建设皮山县职业高中，投资 4200 万元补助建设皮山县普通高中，结束两所学校有校无校，分散办学的历史

附表 16 2011~2015 年天津援疆工作具体进展

对口支援双方及进展	2011 年 (63 项)	2012 年 (114 项)	2013 年	2014 年 (47 项)	2015 年 (30 项)
天津支援和田地区的民丰、策勒和于田三个县	完成了 11798 户安居富民建设任务,成功将策勒县恰哈玛村安居富民工程打造成为和田地区新农村建设的示范工程。完成策勒县城棚户区改造任务 7 万平方米棚户区改造任务;已建节能温室蔬菜大棚食用菌大棚 2000 个、新建、改造棚 1000 个,共经济林滴灌 20000 亩,策勒县万亩生态园建设已完成 8000 亩	全面完成 9000 户安居富民工程,合手工编织中心、社区服务中心、幼儿园等配套服务设施的策勒县城棚户区改造项目——天津小区项目,已经全面入住;由中西部建的和田尧柏水泥项目已投产;农垦集团策勒县 10 万亩沙漠综合治理开发项目已开工建设,策勒食用菌基地已建成大棚 400 个,投入套建设 300 户,并配套建设了管理培训区、仓储物流区,生产形成规模、保鲜加工区、菌类生产形成规模	3 年来天津市共援建和田地区及其东三县 7 所普通高中及中职学校,建筑面积达 18.4 万平方米,扩大招生能力近 1.7 万人,在今年"津洽会"上专门为妇女手工编织项目设立手工编织展位,为新疆织产品打开销路,促进当地妇女增收致富	天津市为和田成功引进景辉科技有限公司落户于田天津工业园,项目总投资 4 亿元,预计 2015 年 6 月投入生产,年产服装 500 万件,其中科技服装 40 万件,可带动和田地区 6500 人就业	2015 年,天津在已援建大棚 2320 座,拱棚 4000 座的基础上,继续支持扩建大棚 1000 座,提升林果种植 5 万亩,并促成农产品深加工项目落户天津援建的策勒健康农业科技产业水库,加快于田县吾音水库、策勒县如尔水库等重大工程建设进度;于田机场及莎车—和田 750 千伏输变电(和田段)等重大工程前期工作

注:2015 年项目数量缺失。

附表 17 2011~2015 年黑龙江援疆工作具体进展

对口支援双方及进展	2011 年 (36 项)	2012 年 (35 项)	2013 年 (前 3 年合计 112 项)	2014 年 (47 项)	2015 年 (64 项)
黑龙江支援阿勒泰地区福海县、富蕴县、青河县和新疆生产建设兵团十师	黑龙江省相关园区与受援地园区建立了结对关系,完善了富蕴县城南工业园区物流园基础设施;黑龙江省水产研究所再次向阿勒泰市和福海县成功实现增殖放流哲罗鲑 15 万尾;黑龙江省地矿局与富蕴县众信哲罗鲑矿业开发有限公司共同对富蕴县 7 个探矿权开展地质勘查工作	青河县阿魏灌区龙江新村供排水项目已完工,形成了 4000 户供水能力;顺利完成了受援地所有园区与黑龙江省园区建立"一对一"结对关系、援建的福海县冷水鱼成果转化中心、推广示范水域 10 余万亩,农民人均增收 1600 元,增加就业岗位 100 余个。福海县现代设施农业示范项目已建成温室大棚 53 座、净菜加工厂 1 座、800 平方米保鲜库 2 座,预计实现产值 160 多万元,棚均增收 1 万元左右	累计支持建设了安居富民工程 10955 户,定居兴牧工程 3889 户,十师保障性住房 8071 套,改造 717 套,近 8 万名各族群众住进称心房;组织黑龙江省内企业参加亚欧博览会、提供展位、支持受援地区参加哈洽会等国家级展会,北大荒集团、大庄园集团等合作项目相继签约实施,福海县冷水鱼成果继续使用、增加就业岗位 100 多个;福海县设施农业示范园已建成温室 58 座;青河县超低温大棚项目提供稳定就业岗位超过 150 个	青河县龙江源工程(拜兴水库改扩建工程)已基本完成;福海县委党校教学综合楼主体通过验收;黑龙江省引进 71 名专家学者到阿勒泰帮助开展教育、医疗、卫生、信息化建设、园区建设、招商引资等工作,积极开展"万里送光明"活动,免费完成 200 例白内障手术	有 5 个重点项目,分别是:大庆市支持的福海县齐齐吉送乡整乡推进项目,牡丹江市支持的福海县农业科技示范园项目,佳木斯市支持的富蕴县青少年体育中心、鸡西市支持的青河县客运站项目、农垦总局支持的十师 183 团设施农业项目;确保富蕴(可可托海)机场今年 5 月正式投运

附表 18 2011~2015 年江西援疆工作具体进展

对口支援双方及进展	2011 年（24 项）	2012 年（10 项）	2013 年（前 3 年合计 21 项）	2014 年（16 项）	2015 年
江西支援克孜勒苏柯尔克孜自治州阿克陶县，截至 2015 年 9 月，累计援疆资金 10 亿元	做好安居富民、定居兴牧示范点建设，完成了 16 个农村连片点 2826 户的建设；江西新余钢铁集团赣鑫钢铁投资主体的克州赣鑫钢铁项目，该项目总投资 75 亿元，建设 300 万吨生产规模的高强度钢，目前，注册资金已到位 2 亿元，完成投资 5000 万元，完成了"三通一平"工作	江西二大道、阿克陶县第一中学、"双语"幼儿园、阿克陶县职业高中、阿克陶旅游产业服务中心、安居富民、定居兴牧、城镇保障性住房、村级社区阵地、劳动保障服务平台、江西农业科技示范园、规划编制、城乡社会福利供养中心、维吾尔医院等 19 个项目援建或基本完工；援建的阿克陶县一中、职业高中已全面完工并投入使用，使该县高中毛入学率由 22% 提高到 67%	安居富民、定居兴牧等保障性住房的实施、水、电、路等配套基础设施建设，使全县 50% 的农牧民过上了现代文明生活；城乡社会福利供养中心的建成，为 230 名孤寡老人、孤儿、流浪乞讨人员等社会弱势群体提供了基本生活保障；重点支持阿克陶县江西工业园区基础设施和产业孵化中心建设，14 家企业已落户园区。江西新余钢铁集团赣鑫钢铁组建的克州赣鑫钢铁公司，建设年产 300 万吨高强度钢项目，预计投产运行后可解决 2000 人就业	阿克陶县江西一大道，阿克陶县城市面貌明显改观；阿克陶县光明工程；阿克陶县"双语"教育完善项目，第三中学、文化科技、教育中心项目	江西省民政厅援助克州 1000 床棉被、1000 床毛毯、1000 件保暖大衣等救灾物资；江西省气象局与新疆克孜勒苏柯尔克孜自治州气象局签订克孜勒苏援疆对帮扶框架协议，根据援疆双方框架协议，江西省气象局将在气象现代化建设、体制机制创新、科技软实力提升、人才培养等方面给予新疆克州气象局援助指导，着力提升克州地县两级气象业务服务能力，在公共气象服务、气象预报预测、信息共享与装备保障等方面进行帮扶援助

注：2015 年项目数量缺失。

附表 19 2011~2015 年吉林援疆工作具体进展

对口支援双方及进展	2011 年（34 项）	2012 年（47 项）	2013 年（前 3 年合计 142 项）	2014 年（16 项）	2015 年（计划 37 项）
吉林支援阿勒泰地区阿勒泰市、哈巴河县、布尔津县和吉木乃县	3417 户安居富民工程竣工 2824 户，主体完工 593 户；1400 户定居兴牧工程房屋主体全部完工，牧场定居房竣工 1080 户；引进天然城市开发集团、建设喀纳斯（冲乎尔）国际清生态养生小镇；谋划清洁能源产业链。以风电开发为龙头，引入风机制造项目	"两居"工程全面完工，3620 户安居富民工程完工，1320 户定居兴牧工程房屋主体全部完工，设备安装完毕，压力管道铺设 18.7 公里；以吉林省技术为依托，试种寒地滴灌水稻 200 亩，种植玉米等作物 2600 亩，种植花卉药材、鲁花菊等 400 亩。布尔津县哈萨克医生等哈萨克医药健康产业园试种甘草、青蒿、鹿草、路驼蓬、沙生腊菊等 20 个地道哈萨克药材品种	"两居"工程及其配套建设，施建设三年来共计 1.9 万户农牧民受益；帮助新疆果业集团公司在长春市建成了"长春新疆特色农产品物流配送展示交易中心"；现代农牧业引育科研示范基地已经试种寒地水稻、大豆、玉米等农业新品种 204 种	阿勒泰市实施既有建筑节能改造（吉林"暖房子"）工程，吉木乃县场水灌区 3 万亩高效节水骨干工程，吉木乃县"吉林村"配套工程，吉木乃县"吉林村"（吉林学校）勒泰市三中（吉林学校）旧教学楼改造、吉木乃县初级中学配套设施，哈巴河县人民医院设备采购，哈巴河县社会福利园区附属工程和布尔津县旅游文化创业产业园供热工程等项目已基本完成	吉林省发展改革委把加强受援地发改委系统人员培训作为智力援疆的一项重要内容，2015 年 6 月 27 日至 7 月 6 日，首批新疆阿勒泰地区发展改革委机关及各县市发展改革委干部共计 21 人，到吉林省参加了"新型工业化发展培训班"；吉林省把援疆作为其改良牛种作为援疆项目之一，在财政十分紧张的情况下，拿出 100 万元为阿勒泰市选送品质优良的西门塔尔种公牛，为阿勒泰市改良牛品种，提高当地农牧民收入

附录 2　新一轮对口援疆成效评价问卷调查

尊敬的先生（女士）：

您好!

这是一份关于对口援疆经济效应的调查问卷，调研所取得的资料仅仅用于学术研究，请您根据您所了解的实际情况及您个人的实际感受作答，您的据实回答对本研究极为重要，本人承诺决不公开您个人的相关信息。

调查问卷填写完成后，数据采集员认定符合有效问卷的要求后，会支付 5 元/份，感谢您的配合和支持!

第一部分　对口援疆成效评价

一、产业援疆产生的成效评价	完全同意	基本同意	一般	不同意	完全不同意
1. 产业援疆提高了当地的经济发展水平	5	4	3	2	1
2. 产业援疆促进了当地更多人就业	5	4	3	2	1
3. 产业援疆提高了当地人的收入水平	5	4	3	2	1
4. 产业援疆未显著提高当地的物价水平	5	4	3	2	1
5. 产业援疆对当地的生态环境没有造成破坏	5	4	3	2	1
6. 产业援疆带动了当地农业和畜牧业的发展	5	4	3	2	1
7. 产业援疆带动了当地工业的发展	5	4	3	2	1
8. 产业援疆带动了当地旅游业的发展	5	4	3	2	1
9. 产业援疆提升了当地产业的竞争力	5	4	3	2	1

二、民生援疆产生的成效评价	完全同意	基本同意	一般	不同意	完全不同意
1. 安居富民工程提高了当地的经济发展水平	5	4	3	2	1
2. 安居富民工程促进更多的人就业	5	4	3	2	1
3. 安居富民工程提高了当地人的收入水平	5	4	3	2	1
4. 安居富民工程改善了农牧民的生活方式	5	4	3	2	1
5. 安居富民工程未显著提高当地的物价水平	5	4	3	2	1
6. 安居富民工程带动了其他行业（水泥、钢铁、电焊等）发展	5	4	3	2	1
7. 民生援疆项目完善了当地的基础设施	5	4	3	2	1
8. 民生援疆项目完善了当地的医疗卫生设施	5	4	3	2	1
9. 民生援疆项目（安居富民工程、基础设施建设等）对当地生态未造成破坏	5	4	3	2	1
三、教育援疆产生的成效评价	完全同意	基本同意	一般	不同意	完全不同意
1. 教育援疆促进了受援地教育设施建设	5	4	3	2	1
2. 教育援疆增加了学生的入学机会	5	4	3	2	1
3. 教育援疆提升了师资力量	5	4	3	2	1
4. 教育援疆提升了学校的教学水平	5	4	3	2	1
5. 教育援疆促进了支援地和受援地教学资源共享	5	4	3	2	1
6. 教育援疆促进了受援地青年教师专业素养和业务能力的提高	5	4	3	2	1
7. 教育人才援疆提升了当地科教文化水平	5	4	3	2	1
8. 教育人才援疆给当地带来了先进的教学理念	5	4	3	2	1
9. 技能培训援疆提升了未就业学生的就业技能水平	5	4	3	2	1
10. 职业培训援疆提升了当地劳动力就业技能水平	5	4	3	2	1
四、干部人才援疆产生的成效评价	完全同意	基本同意	一般	不同意	完全不同意
1. 教育人才援疆提升了当地科教文化水平	5	4	3	2	1
2. 教育人才援疆给当地灌输了先进的教学理念	5	4	3	2	1
3. 医疗人才援疆提升了当地医疗卫生水平	5	4	3	2	1
4. 医疗人才援疆给当地带来了先进的医疗理念	5	4	3	2	1
5. 干部培训援疆提高了干部的管理理念和能力	5	4	3	2	1
6. 干部人才引进提高了对口援疆的政策执行力	5	4	3	2	1
7. 人才疆外培训效果要强于疆内培训	5	4	3	2	1

五、政府政策执行落实成效评价	完全同意	基本同意	一般	不同意	完全不同意
1. 对口援疆政策使支援方与受援方双方受益	5	4	3	2	1
2. 对口援疆政策促进了社会的稳定	5	4	3	2	1
3. 对支援方援疆政策执行能力很满意	5	4	3	2	1
4. 对当地政府援疆政策执行能力很满意	5	4	3	2	1
5. 对当地政府工作效率很满意	5	4	3	2	1
6. 对当地政府的服务意识很满意	5	4	3	2	1
7. 对当地政府执法行为很满意	5	4	3	2	1
8. 对当地政府在援疆政策实施过程中所表现出的管理理念很满意	5	4	3	2	1
9. 对当地政府在援疆政策实施过程中所表现出的廉政建设很满意	5	4	3	2	1

第二部分　调查对象基本信息

一、您所在的地州市或县：

二、您的民族：

三、您的性别：

☆ 男 （　　） 　　　　☆ 女 （　　）

四、您的户口性质：

☆ 农业 （　　） 　　　　☆ 非农业 （　　）

五、您的年龄：

☆ 18 岁以下 （　　） 　　　　☆ 19~30 岁 （　　）

☆ 31~45 岁 （　　） 　　　　☆ 46~60 岁 （　　）

☆ 60 岁以上 （　　）

六、您的学历：

☆ 文盲 （　　） 　　　　☆ 小学 （　　）

☆ 初中 （　　） 　　　　☆ 高中 （　　）

☆ 大学及以上 （　　）

七、您的主要收入来源：

☆ 低保救济 （　　）　　　　　　☆ 务农 （　　）

☆ 个体户 （　　）　　　　　　☆ 进城打工或临时工 （　　）

☆ 单位正式职工 （　　）

八、您的月收入：

☆ 500 元以下 （　　）　　　　　☆ 501~1000 元 （　　）

☆ 1001~2000 元 （　　）　　　　☆ 2001~3000 元 （　　）

☆ 3000 元以上 （　　）

参考文献

［1］安虎森. 新经济地理学原理（第二版）［M］. 北京：经济科学出版社，2009：77-259.

［2］白小明. 我国产业区域转移粘性问题研究［J］. 北方论丛，2007（1）：140-143.

［3］陈凤桂，张虹鸥. 产业承接地评价模型及应用研究——以广东省为例［J］. 热带地理，2010（6）：64-69.

［4］陈刚，陈红儿. 区际产业转移理论探微［J］. 贵州社会科学，2001（4）：2-6.

［5］陈计旺. 区际产业转移与要素流动的比较研究［J］. 生产力研究，1999（1）：64-67.

［6］陈建军，葛宝琴. 区域协调发展内生机制的理论研究——以要素流动和产业转移为基点［J］. 中国矿业大学学报（社会科学版），2008（4）：59-66.

［7］陈建军. 长江三角洲地区产业结构与空间结构的演变［J］. 浙江大学学报（人文社会科学版），2007（2）：88-98.

［8］陈建军. 中国现阶段的产业区域转移及其动力机制［J］. 中国工业经济，2002（8）：37-44.

［9］陈立新，叶柏青. 梯度理论与区域经济发展战略分析［J］. 辽宁工程技术大学学报（社会科学版），1998，11（1）：56-58.

［10］陈明森，陈爱贞，赵福战. 国际产业转移对我国产业波及传导效果研究［J］. 经济管理，2011（6）：29-35.

［11］陈雪梅，余俊波. 政策推动产业转移研究——以"中—越产业转移"为例［J］. 经济与管理，2011（11）：4-9.

[12] 陈耀，陈钰. 我国工业布局调整与产业转移分析 [J]. 当代经济管理，2011（10）：38-47.

[13] 陈飞. 西部地区承接产业转移的影响因素及效果研究 [D]. 北京：中国农业大学博士学位论文，2013.

[14] 成艾华. 新疆承接产业转移的路径选择 [J]. 重庆工商大学学报，2011（12）：43-47.

[15] 崔建华. 域际产业转移与落后地区经济增长 [J]. 开发研究，1990（2）：11-12.

[16] 戴宏伟，田学斌，陈永国. 区域产业转移研究：以"大北京"经济圈为例 [M]. 北京：中国物价出版社，2003：31-46.

[17] 戴晓芳，黄晶. 基于外部性理论的产业转移协调性实证分析——以江苏省为例 [J]. 国际贸易问题，2010（11）：60-68.

[18] 杜传忠，韩元军，张宪国. 我国区际产业转移的动力及粘性分析 [J]. 江西社会科学，2012（5）：5-11.

[19] 樊新生，李小建. 中国工业产业空间转移及中部地区发展对策研究 [J]. 地理与地理信息科学，2004，20（2）：64-68.

[20] 范剑勇. 市场一体化、地区专业化与产业集聚趋势 [J]. 中国社会科学，2004（6）：39-51.

[21] 范剑勇. 长三角一体化、地区专业化与制造业空间转移 [J]. 管理世界，2004（11）：77-84.

[22] 冯邦彦，段晋苑. 广东省区际产业转移影响因素的实证研究 [J]. 广东工业大学学报（社会科学版），2009（9）：40-43.

[23] 冯根福，刘志勇，蒋文定. 我国东中西部间工业产业转移的趋势、特征及形成原因分析 [J]. 当代经济科学，2010（2）：1-10.

[24] 符正平，曾素英. 集群产业转移中的转移模式与行动特征——基于企业社会网络视角的分析 [J]. 管理世界，2008（12）：83-92.

[25] 傅鸿源，陈煌红，叶贵. 中国农村劳动力流动对产业梯度转移的影响探析 [J]. 经济经纬，2008（5）：104-107.

[26] 高杲，李海鹏. 鼓励引导产业有序转移　促进区域经济协调发展 [J].

宏观经济管理，2007（8）：41-43.

[27] 高广阔，李好好，张能进."长三角"产业转移现状及分行业优势比较 [J].统计与决策，2007，37（20）：70-73.

[28] 高见，覃成林.基于东部发达地区产业转移的中部地区工业发展分析 [J].经济经纬，2005（5）：91-94.

[29] 高新才，张新起.新疆承接产业转移问题研究框架 [J].甘肃社会科学， 2012（4）：212-215.

[30] 顾朝林.产业结构重构与转移——长江三角地区及主要城市比较研究 [M].南京：江苏人民出版社，2003.

[31] 郭丽，张美云.产业区域转移粘性分析 [J].经济地理，2009，29（3）： 395-398.

[32] 国家计委投资研究所，中国人民大学区域所课题组.我国地区比较优势 研究 [J].管理世界，2001（2）：45-55.

[33] 周世军，周勤.中国中西部"集聚式"承接东部产业转移了吗？——来 自20个两位数制造业的经验证据 [J].科学学与科学技术管理，2012（10）： 67-79.

[34] 何龙斌.区际产业转移的要素变化与现实表征 [J].改革，2012（8）： 75-81.

[35] 何龙斌.我国区级产业转移的特点、问题与对策 [J].经济纵横，2009 （9）：55-58.

[36] 何龙斌.新疆承接产业转移的生态困境与出路 [J].经济纵横，2010 （7）：65-68.

[37] 何奕，童牧.产业转移与产业集聚的动态与路径选择——基于长三角第 二、三类制造业的研究 [J].宏观经济研究，2008（7）：50-56.

[38] 何力武.转移支付、一体化与区域协调发展 [D].天津：南开大学博士 学位论文，2010.

[39] 贺清云，蒋菁，何海兵.中国中部地区承接产业转移的行业选择 [J]. 经济地理，2010，30（6）：960-964.

[40] 胡俊文.国际产业转移的基本规律及变化趋势 [J].国际贸易问题，2004

（5）：56-60.

[41] 黄钟仪. 产业转移：东部的趋势及新疆的选择——以重庆为例 [J]. 经济问题，2009（7）：117-120.

[42] 贾苏颖，马元鹤. 世界产业结构调整和产业转移 [J]. 国际贸易，1988（12）：16-19.

[43] 江飞涛，李晓萍. 直接干预市场与限制竞争：中国产业政策的取向与根本缺陷 [J]. 中国工业经济，2010（9）：26-36.

[44] 江洪. 中部地区承接产业转移的现状与对策 [J]. 中国经贸导刊，2009（18）：7-8.

[45] 金祥荣，谭立力. 环境规制视角下污染产业转移的实证研究 [J]. 浙江大学学报（人文社会科学版），2012（9）：52-60.

[46] 雷佑新，雷红. 新疆大开发和我国产业区域粘性分析 [J]. 晋阳学刊，2005（4）：38-41.

[47] 李钢，廖建辉. 中国省域工业结构的聚类与时空演化 [J]. 经济管理，2011（8）：18-27.

[48] 李国平，彭思奇，曾先峰，杨洋. 中国新疆大开发战略经济效果评价——基于经济增长质量的视角 [J]. 当代经济科学，2011（4）：7-10.

[49] 李国平，许扬. 梯度理论的发展及其意义 [J]. 经济学家，2002（4）：69-76.

[50] 李国平，赵永超. 梯度理论综述 [J]. 人文地理，2008，23（1）：61-64.

[51] 李具恒，李国平. 区域经济发展理论的整合与创新——基于梯度转移理论内在机理的扩展分析 [J]. 陕西师范大学学报（哲学社会科学版），2004，33（4）：94-98.

[52] 李具恒，李国平. 区域经济广义梯度理论新解 [J]. 社会科学辑刊，2004，33（5）：61-65.

[53] 李相银. 我国工业区域结构战略性调整研究 [J]. 暨南大学学报（哲学社会科学版），2001（1）：56-61.

[54] 李秀敏，张见. 我国制造业梯度推移粘性研究 [J]. 广东社会科学，2008（1）：16-23.

［55］李小庆，袁白鹤. 皖江城市带承接产业转移的影响因素研究［J］. 铜陵学院学报，2011（5）：60-63.

［56］李娅，伏润民. 为什么东部产业不向新疆转移：基于空间经济理论的解释［J］. 世界经济，2010（8）：59-71.

［57］李颖，杨慧敏，刘乃全. 新经济地理视角下产业转移的动力机制［J］. 经济管理，2012（3）：30-39.

［58］李应博. 国际产业转移背景下两岸产业协调发展现况、机制与对策［J］. 国际经济评论，2011（3）：148-160.

［59］李占国，孙久文. 我国产业区域转移滞缓的空间经济学解释及其加速途径研究［J］. 经济问题，2011（1）：27-30.

［60］廖才茂. 低梯度陷阱与跨梯度超越——对一个发展理论的思考［J］. 当代财经，2002（9）：11-14.

［61］林平凡，刘城. 产业转移：转出地与转入地政府博弈分析——以广东产业转移工业园为例［J］. 广东社会科学，2009（1）：33-37.

［62］刘英基. 中国区际产业转移的动因与协同效果研究［D］. 天津：南开大学博士学位论文，2012.

［63］刘国光. 中国经济发展战略研究［M］. 上海：上海人民出版社，1984.

［64］刘红光，刘卫东，刘志高. 区域间产业转移定量测度研究——基于区域间投入产出表分析［J］. 中国工业经济，2011（6）：7-8.

［65］刘录敬，陈晓明. 长三角制造业产业空间转移实证研究［J］. 商业时代，2010（25）：120-121.

［66］刘茂松. 发展中地区工业化反梯度推移研究——我国产业结构调整中处理工业化与现代化关系的一种新思路［J］. 求索，2001（1）：15-19.

［67］刘嗣明，童欢，徐慧. 中国区际产业转移的困境寻源与对策探究［J］. 经济评论，2007（6）：133-139.

［68］刘艳. 论东部产业集群对新疆开发的影响——对传统"梯度转移"理论的一种质疑［J］. 经济问题探索，2004（1）：22-25.

［69］卢根鑫. 国际产业转移论［M］. 上海：上海人民出版社，1997.

［70］卢阳春. "十二五"时期新疆承接产业转移的产业结构政策调整实证研

究 [J]. 经济问题探索, 2011 (10): 30-36.

　　[71] 罗浩. 中国劳动力无限供给与产业区域粘性 [J]. 中国工业经济, 2003 (4): 53-58.

　　[72] 罗若愚. 新疆承接产业转移中政府合作治理模式及路径选择 [J]. 探索, 2012 (5): 69-74.

　　[73] 罗云毅, 周汉麒. 工业重心东移与"十二五"期间的区域产业转移和承接 [J]. 宏观经济研究, 2010 (1): 10-12.

　　[74] 罗哲, 邓生菊, 关兵. 新疆承接产业转移的能力分析与规模测度 [J]. 甘肃社会科学, 2012 (6): 90-94.

　　[75] 吕冰洋, 余丹林. 中国梯度发展模式下经济效率的增进——基于空间视角的分析 [J]. 中国社会科学, 2009 (6): 60-72.

　　[76] 马国强, 孙华, 钱益跃等. 产业转移与生态环境的协调发展——以永康—武义为例 [J]. 国土与自然资源研究, 2008 (4): 55-56.

　　[77] 马海霞. 区域传递的两种空间模式比较分析——兼谈中国当前区域传递空间模式的选择方向 [J]. 甘肃社会科学, 2001 (2): 30-32.

　　[78] 马继民. 甘肃承接产业转移的路径研究——基于加快转变经济发展方式背景下的思考 [J]. 甘肃社会科学, 2012 (5): 92-94.

　　[79] 马涛, 李东. 地区分工差距的度量: 产业转移承接优势评价的视角 [J]. 管理世界, 2009 (9): 175-176.

　　[80] 毛广雄. 基于区位进入理论的苏南产业向苏北转移的动因及模式分析 [J]. 人文地理, 2009, 24 (4): 72-76.

　　[81] 潘伟志. 产业转移内涵机制探析 [J]. 生产力研究, 2004 (10): 119-120.

　　[82] 彭文斌, 吴伟平, 李志敏. 环境规制视角下污染产业转移的实证研究 [J]. 湖南科技大学学报 (社会科学版), 2011 (5): 78-80.

　　[83] 谯薇. 新疆承接产业转移问题的思考 [J]. 经济体制改革, 2008 (4): 140-144.

　　[84] 任静. 中部地区承接产业转移的现状、问题和对策 [J]. 武汉理工大学学报 (社会科学版), 2010 (3): 323-327.

　　[85] 任太增. 比较优势理论与梯级产业转移 [J]. 当代经济研究, 2001 (11):

47–50.

[86] 桑瑞聪，岳中刚. 泛长三角区域内产业分工与产业转移——来自四省一市的经验研究 [J]. 经济与管理研究，2011（9）：77–84.

[87] 沈静，向澄，柳意云. 广东省污染密集型产业转移机制——基于 2000~2009 年面板数据模型的实证 [J]. 地理研究，2012，31（2）：357–368.

[88] 宋煜. 江西承接产业转移基本特征、问题及政策启示 [J]. 江西社会科学，2012（9）：70–74.

[89] 孙翠兰. 梯度理论及其在我国中部崛起战略实践中的综合应用 [J]. 晋阳学刊，2006（3）：54–57.

[90] 孙久文，胡安俊，陈林. 中西部承接产业转移的现状、问题与策略 [J]. 甘肃社会科学，2012（3）：175–178.

[91] 孙久文，彭薇. 劳动报酬上涨背景下的地区间产业转移研究 [J]. 中国人民大学学报，2012（4）：63–71.

[92] 孙翊，熊文，王铮. 中国高技术产业空间转移的政策问题研究 [J]. 科学学与科学技术管理，2010，31（11）：163–168.

[93] 王兵，吴延瑞，颜鹏飞. 中国区域环境效率与环境全要素生产率增长 [J]. 经济研究，2010（5）：95–109.

[94] 王思文，祁继鹏. 要素流动性差异与地区间产业转移粘性 [J]. 兰州大学学报（社会科学版），2012，40（2）：105–110.

[95] 王文森. 近年广东产业转移演进趋势及发展对策研究 [J]. 统计研究，2012，29（1）：110–112.

[96] 王先庆. 跨世纪整合：粤港产业升级与产业转移 [J]. 商学论坛，1997（2）：31–36.

[97] 王小鲁，樊纲. 中国地区差距的变动趋势与影响因素 [J]. 经济研究，2004（1）：33–44.

[98] 王育宝，李国平. 狭义梯度理论的局限及其创新 [J]. 西安交通大学学报（社会科学版），2006，26（5）：25–30.

[99] 王云平. 产业转移视野的结构调整：市场与政府界别 [J]. 改革，2008（7）.

[100] 魏博通. 江西承接沿海产业转移的识别与分析 [J]. 特区经济，2012（2）：197-199.

[101] 魏后凯，白玫. 中国企业迁移的特征、决定因素及发展趋势 [J]. 发展研究，2009（10）：9-18.

[102] 魏后凯，贺灿飞，王新. 外商在华直接投资动机与区位因素分析 [J]. 经济研究，2001（2）：67-76.

[103] 魏后凯. 产业转移的发展趋势及其对竞争力的影响 [J]. 福建论坛，2003（4）：11-15.

[104] 魏敏，李国平. 梯度推移粘性：一个引致我国区域经济差异的因素 [J]. 探索，2004（5）：79-82.

[105] 吴国萍，张鑫. 新疆承接东部产业转移的政府角色定位 [J]. 改革，2009（3）：77-81.

[106] 吴汉贤，邝国良. 产业技术扩散溢出效果的分析——对广东产业转移承接地政府的启示 [J]. 科技管理研究，2010（18）：44-48.

[107] 吴晓军，赵海东. 产业转移与欠发达地区经济发展 [J]. 当代财经，2004（6）：96-99.

[108] 夏靓. 产业集群对产业 "梯度转移" 理论的挑战 [J]. 北方经贸，2005（1）：20-21.

[109] 夏禹龙，冯之浚. 梯度理论和区域经济 [J]. 研究与建议，1982（8）：15-17.

[110] 谢刚，李国平. 广义梯度理论中梯度的解释结构模型研究 [J]. 系统工程，2004，22（5）：1-7.

[111] 谢丽霜. 产业梯度转移滞缓原因及新疆对策研究 [J]. 中央民族大学学报（哲学社会科学版），2005，32（5）：11-16.

[112] 徐艳飞，和瑞芳，丁文君. 新疆承接产业转移空间分布研究 [J]. 资源开发与市场，2010，26（2）：160-164.

[113] 许德有，梁琦. 珠三角产业转移的推拉力分析——兼论金融危机对广东双转移的影响 [J]. 南方经济，2011（1）：68-73.

[114] 闫志英. 从梯度推移理论看新疆大开发战略 [J]. 理论探索，2004（3）：

68–69.

[115] 杨扬，徐现祥，舒元. 广东省内经济差距缩小与产业转移 [J]. 经济管理，2009，31（4）：41–49.

[116] 杨英. 我国东、西部地区污染密集产业转移比较研究 [J]. 生态经济（学术版），2008（1）：285–288.

[117] 叶绿秋，王培县. 梯度理论及其在中国新疆开发实践中的应用 [J]. 市场论坛，2004（7）：9–10.

[118] 余俊波，陈雪梅，罗永会. 政策推动产业发展研究——基于因子分析和产业集聚的测度 [J]. 现代管理科学，2012（2）：22–24.

[119] 袁岳骊. 要素流动、区域政策及其运行机制 [J]. 重庆社会科学，2009（9）：59–63.

[120] 臧旭恒，何青松. 试论产业集群租金与产业集群演进 [J]. 中国工业经济，2007（3）：5–13.

[121] 张存菊，苗建军. 基于 Panel-data 的区际产业转移粘性分析 [J]. 软科学，2010，24（1）：75–79.

[122] 张公嵬，梁琦. 产业转移与资源的空间配置效果研究 [J]. 产业经济评论，2010，9（3）：1–21.

[123] 张少军，刘志彪. 全球价值链模式的产业转移动力、影响与对中国产业升级和区域协调发展的启示 [J]. 中国工业经济，2009（11）：5–15.

[124] 赵峰姜，德波. 长三角地区产业转移推动区域协调发展的动力机理与区位选择 [J]. 经济学动态，2011（5）：26–31.

[125] 赵伟，张萃. 市场一体化与中国制造业区域集聚变化趋势研究 [J]. 数量经济与技术经济研究，2009（2）：18–32.

[126] 赵张耀，汪斌. 网络型国际产业转移模式研究 [J]. 中国工业经济，2005（10）：12–19.

[127] 郑燕伟. 产业转移理论初探 [J]. 中共浙江省委党校学报，2000（3）：19–22.

[128] 郑耀群，胡新，常芸. 新疆承接东部地区产业转移的实证分析 [J]. 统计与信息论坛，2012（5）：71–75.

[129] 周怀峰，廖东声. 静候产业转移抑或选择全新技术产业——落后地区产业选择新思路 [J]. 探索，2007（6）：87-90.

[130] 周江洪，陈矗. 论区际产业转移力构成要素与形成机理 [J]. 中央财经大学学报，2009（2）：66-70.

[131] 周炼石. 评梯度推移理论与政策在中国的实践 [J]. 上海经济研究，1996（5）：12-15.

[132] 周石生. 新疆承接东部产业转移问题研究 [J]. 湖北社会科学，2008（10）：73-76.

[133] Akamatsu，Kaname. A Historical Pattern of Economic Growth in Developing Countries [J]. The Developing Economics，1962（11）：3-25.

[134] Amiti，Mary. Location of Vertically Linked Industries：Agglomeration Versus Comparative Advantage [J]. European Economic Review，2005，49（4）：809-832.

[135] Balassa B. European Integration：Problems and Countermeasures [J]. American Economics Review，1966（53）：12-35.

[136] Bertil Gotthard Ohlin. Interregional and International Trade [M]. Harvard University Press，1933：45.

[137] Bernstein J.，D. Weinstein. Do Endowments Predict the Location of Production? Evidence from National and International Data[J]. Journal of International Economics，2002，56（1）：55-76.

[138] Brühart M.，Traeger R. An Account of Geographic Concentration Pattern in Europe [J]. Regional Science and Urban Economics，2005，35（5）：597-642.

[139] Cieeone A.，Hall R. Productivity and the Density of Economic Activity [J]. American Economic Review，1996，87（1）：54-70.

[140] Dupont V.，Martin P. Subsidies to Poor Regions and Inequalities：Some Unpleasant Arithmetic [J]. Journal of Economic Geography，2006，6（2）：223-240.

[141] Dunning John H. Toward an Eclectic Theory of International Production：Some Empirical Tests[J]. Journal of International Business Studies，1980：9-31.

[142] Fujita M.，Gokan T. On the Evolution of the Spatial Economy with Multi-

Unit Multi-Plant Firms: The Impact of It Development [J]. Portuguese Economic Journal Forthcoming, 2005 (4): 34-68.

[143] Fujita M., Thisse J. F. Does Geographical Agglomeration Foster Economic Growth? And Gains and Loses from It? [J]. The Japanese Economic Review, 2003 (54): 121-145.

[144] Fujita M., Krugmam P. When is the Economy Monocentric [J]. Regional Science and Urban Economics, 1995 (25): 505-528.

[145] Grossman G., Hel Pman E. Innovation and Growth in the World Economy [M]. Cambridge. MIT Press, 1991.

[146] Haddad M., Harrison. Are There Positive Spillovers from Direct Foreign Investment? From Panel Data for Morocco [J]. Journal of Development Economics, 1993 (42): 51-74.

[147] Krugman P. R. Increasing Return, Monopolistic Competitions and International Trade [J]. Journal of International Economics, 1979 (9): 46-79.

[148] Krugman P. R. Increasing Returns and Economic Geography [J]. Journal of Political Economy, 2002, 99 (3): 483-499.

[149] Kyoshi Kojima. Direct Foreign Investment: A Japanese Model of Multi-National Business Operations [M]. London: Croom Helm, 1978: 8-9.

[150] Peter Gourevitch, Roger Bohn and D. Mckendrick. Globalization of Production: Insights from the Hard Disk Drive Industry [J]. World Development, 2000, 18(2): 301-317.

[151] Zixiang Alex Tan. Product Cycle Theory and Telecommunications Industry-foreign Direct Investment, Government Policy, and Indigenous Manufacturing in China [J]. Telecommunications Policy, 2002, 26 (1-2): 17-30.